U0008926

初年

しょねん

陳紫渝　寫真

時報出版

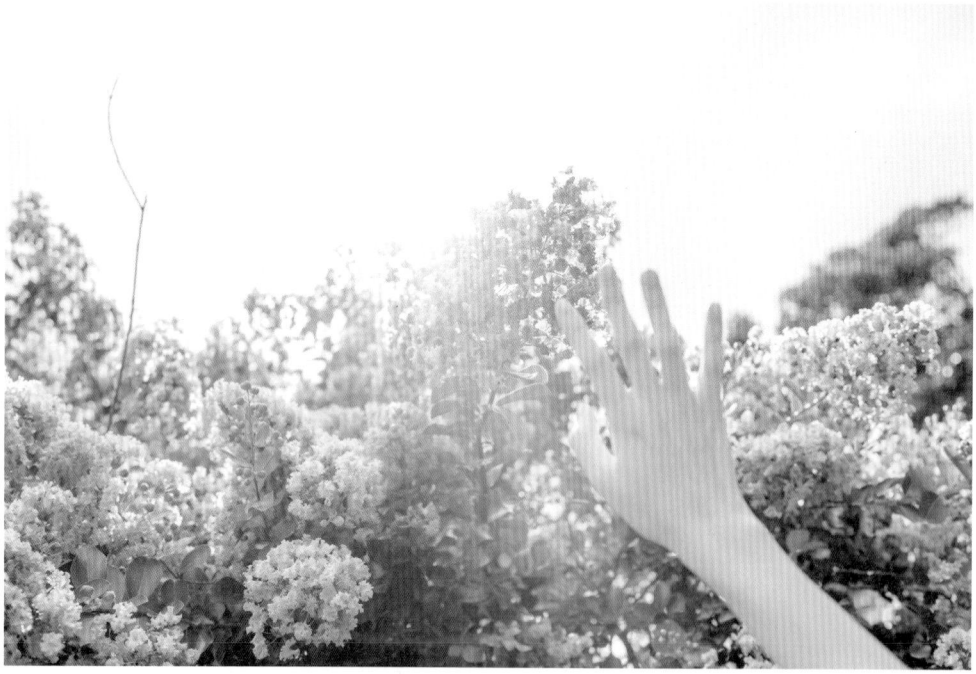

作者序

AUTHOR'S PREFACE

2022年的七月，我做了一個決定

當時還是一個上班族的我，想著的是「能否給自己一個挑戰的機會？」。

不只是希望能跟爸爸一樣做個甘之如飴的里長，更的望能讓我在自己還能揮霍青春的年紀，多些不一樣的選擇！我不知道未來會面對什麼課題，但我知道自己不怕學、不怕苦，只要是我下定決心想要做的事，就一定會全力以赴地去完成它。

面對競選以來各種質疑、嘲諷、大眾的關注、媒體的跟拍。

我會害怕，也並不是完全的堅強。

只是我不想輕易的放棄。

因為我知道，只要我願意做，一切都會是最好的安排。

一年後的今天，我是新北市永和區永和里里長。

我叫陳柔渝。

現在的我，依然將生活中的點滴，當成是我不斷成長的養分。

所以請不要著急定義我，因為有期待和期許。

我們才能遇見，每個更好的自己。

願我們的每個明天，都能是最好的自己

陳柔渝

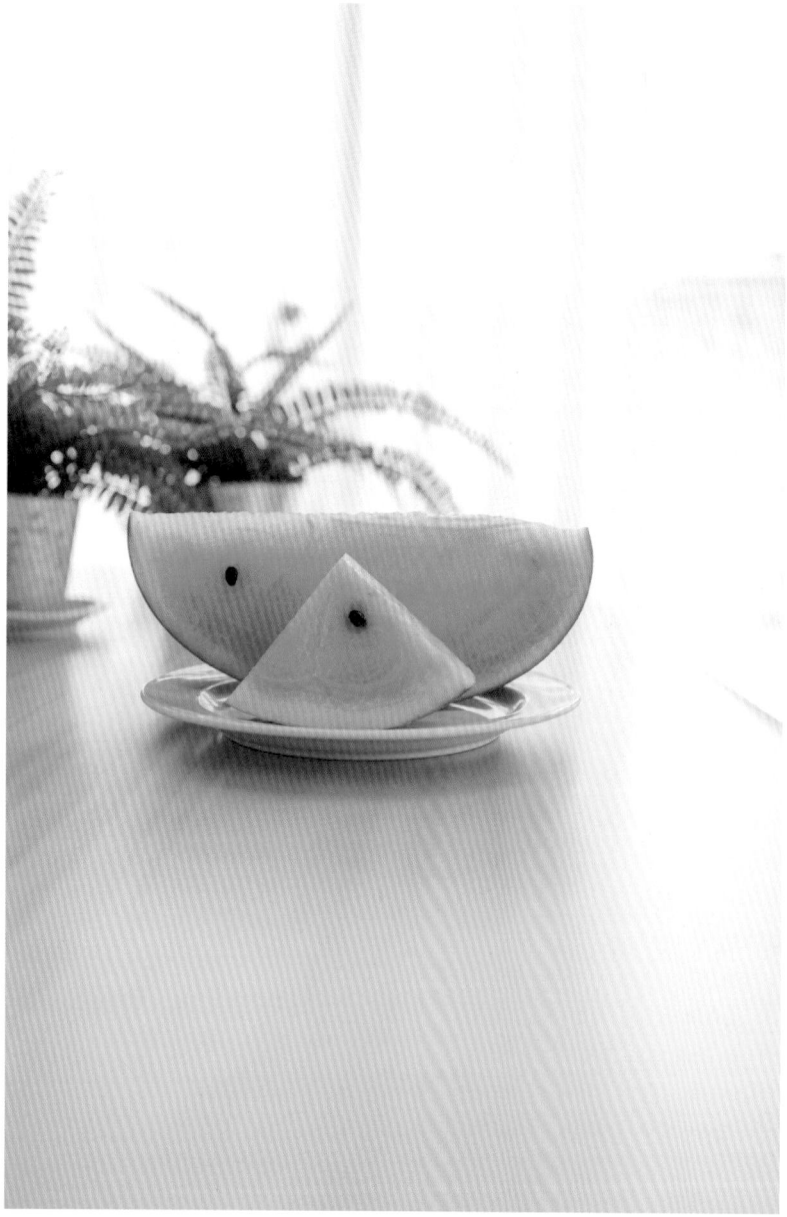

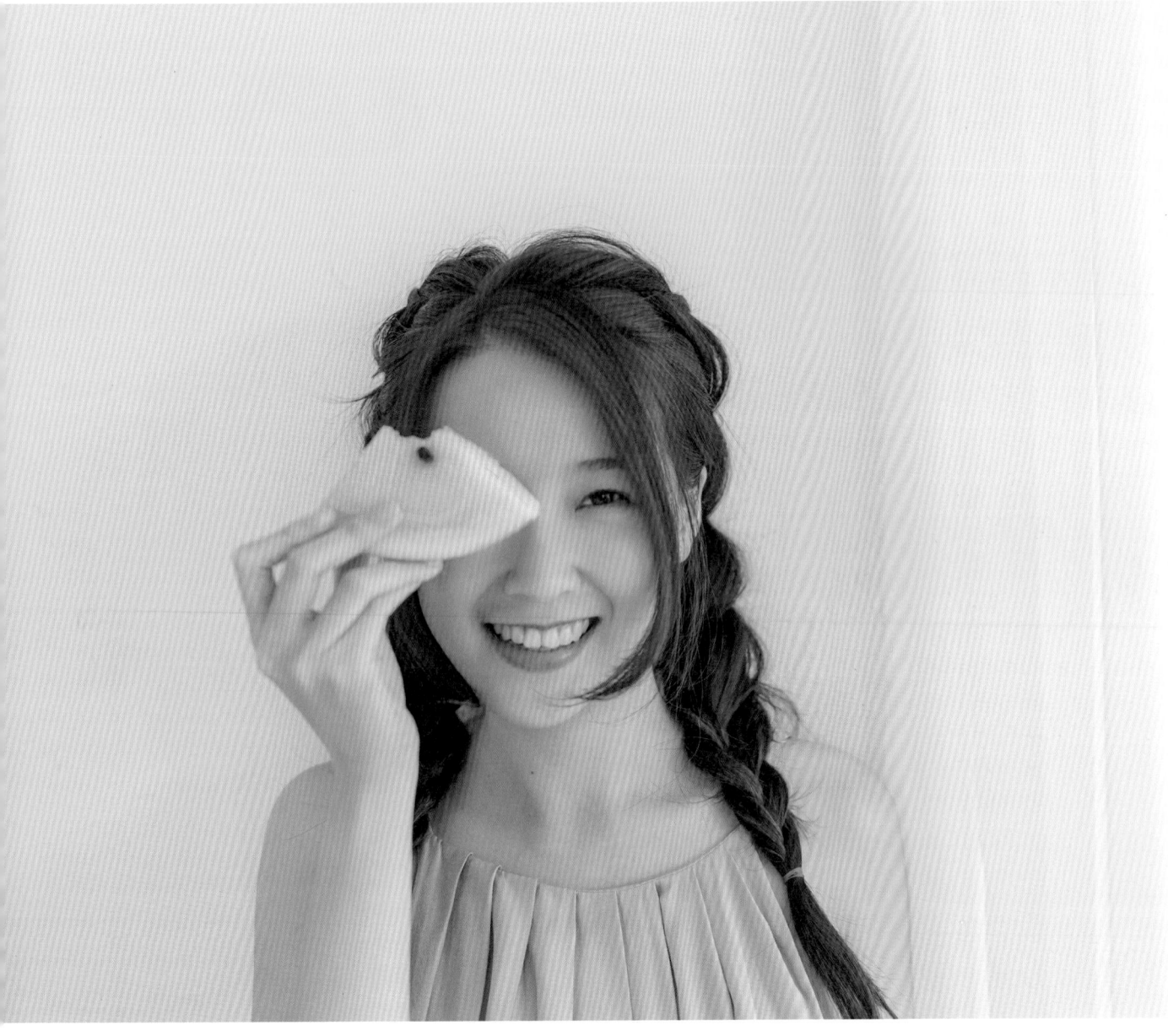

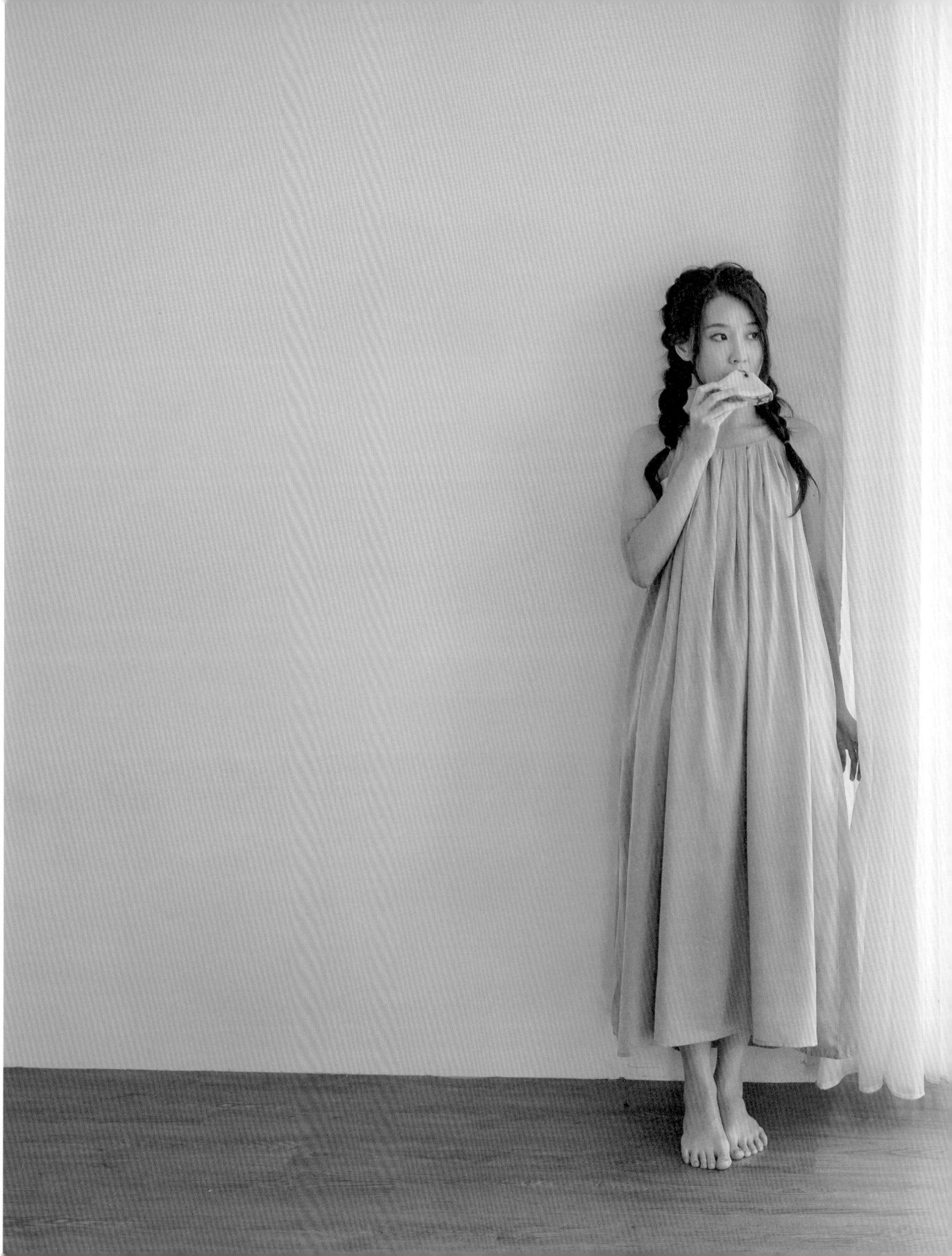

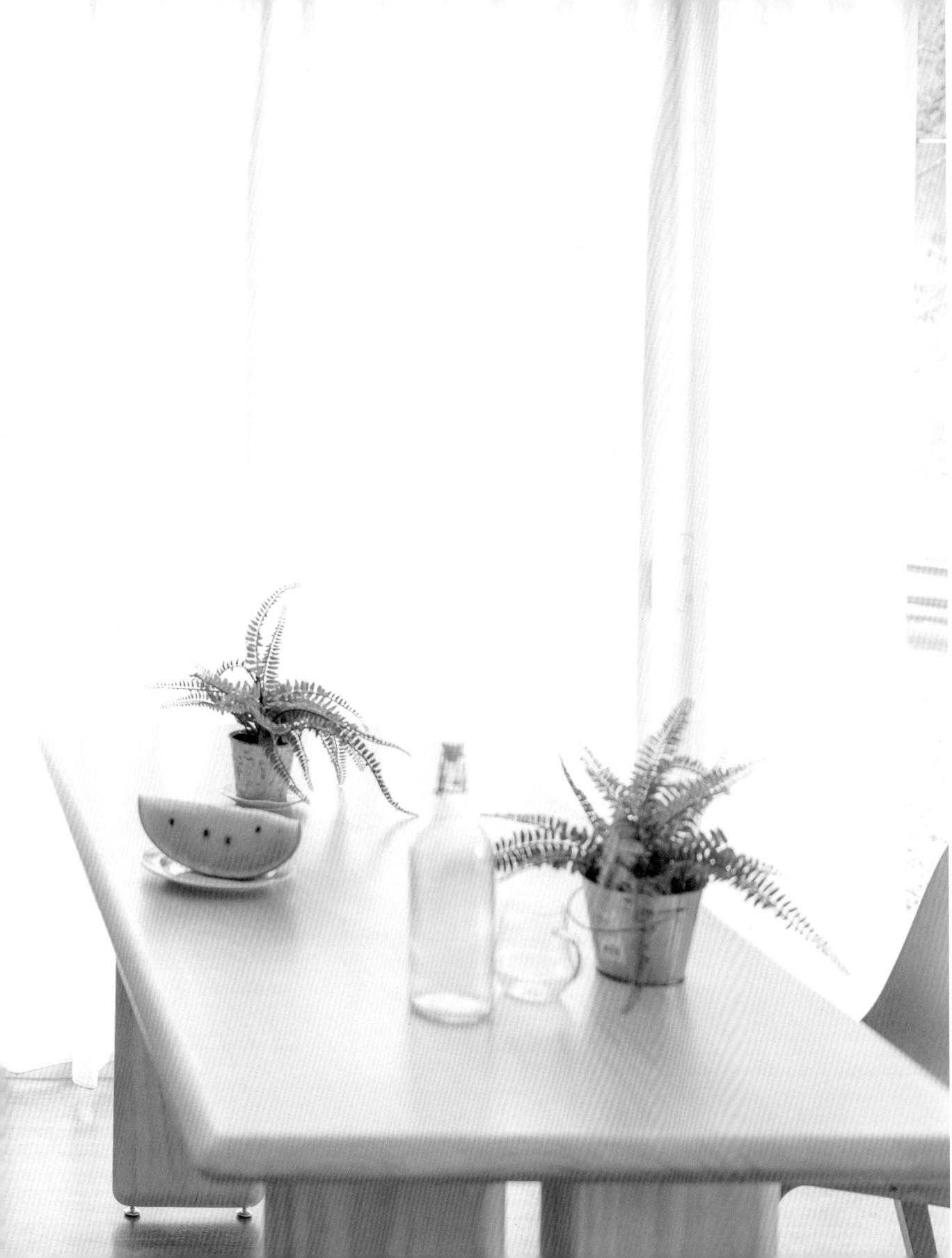

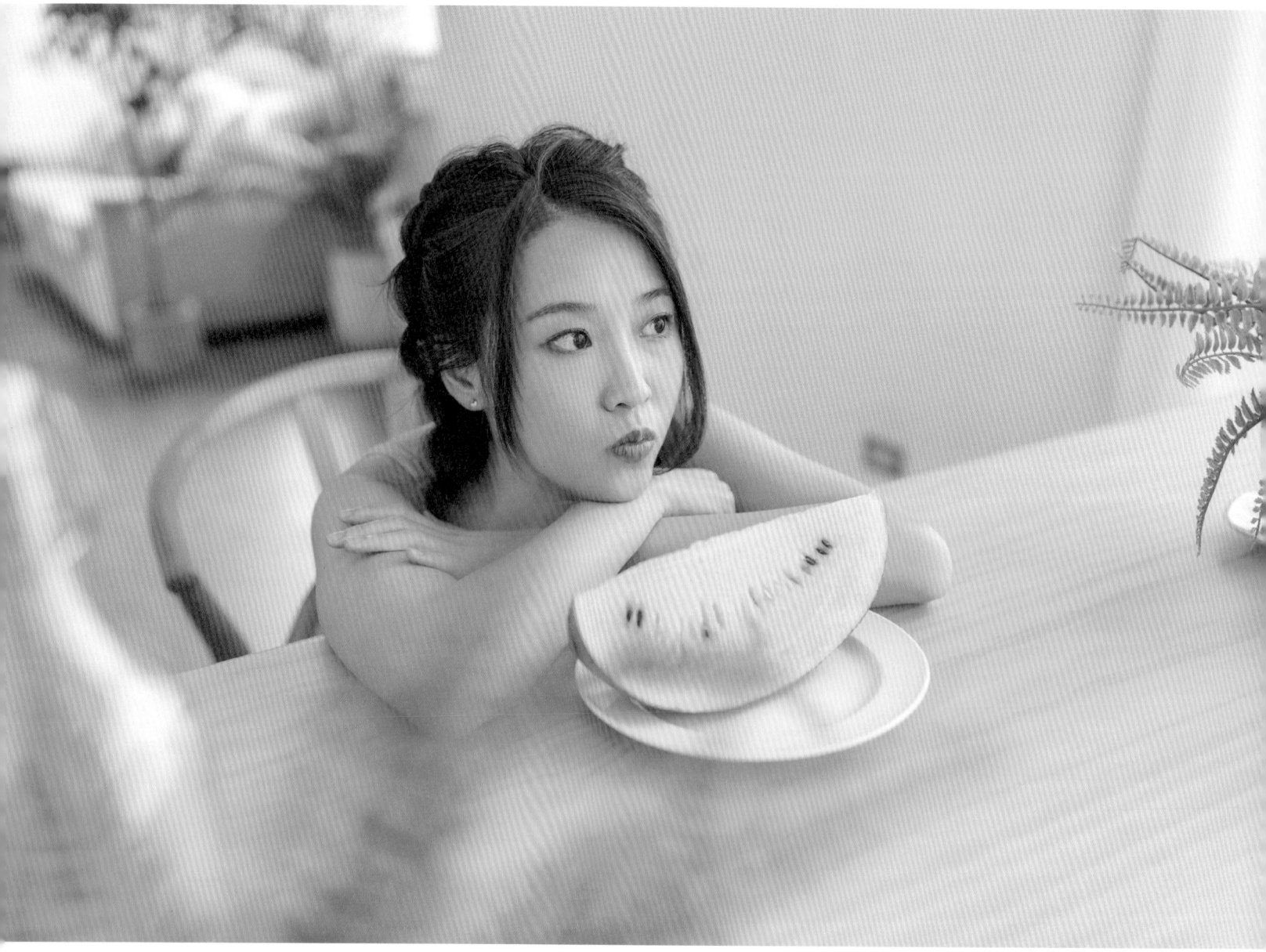

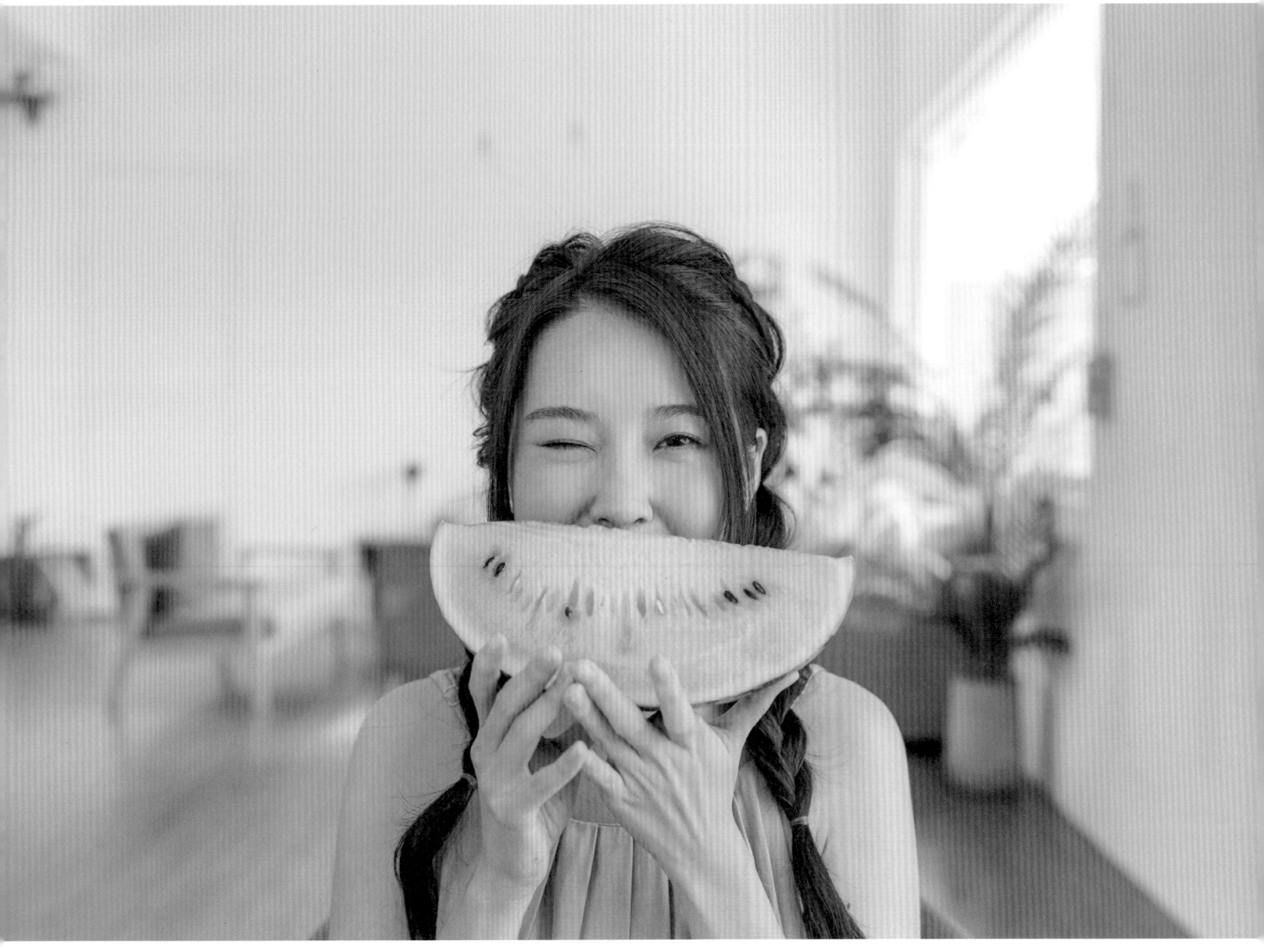

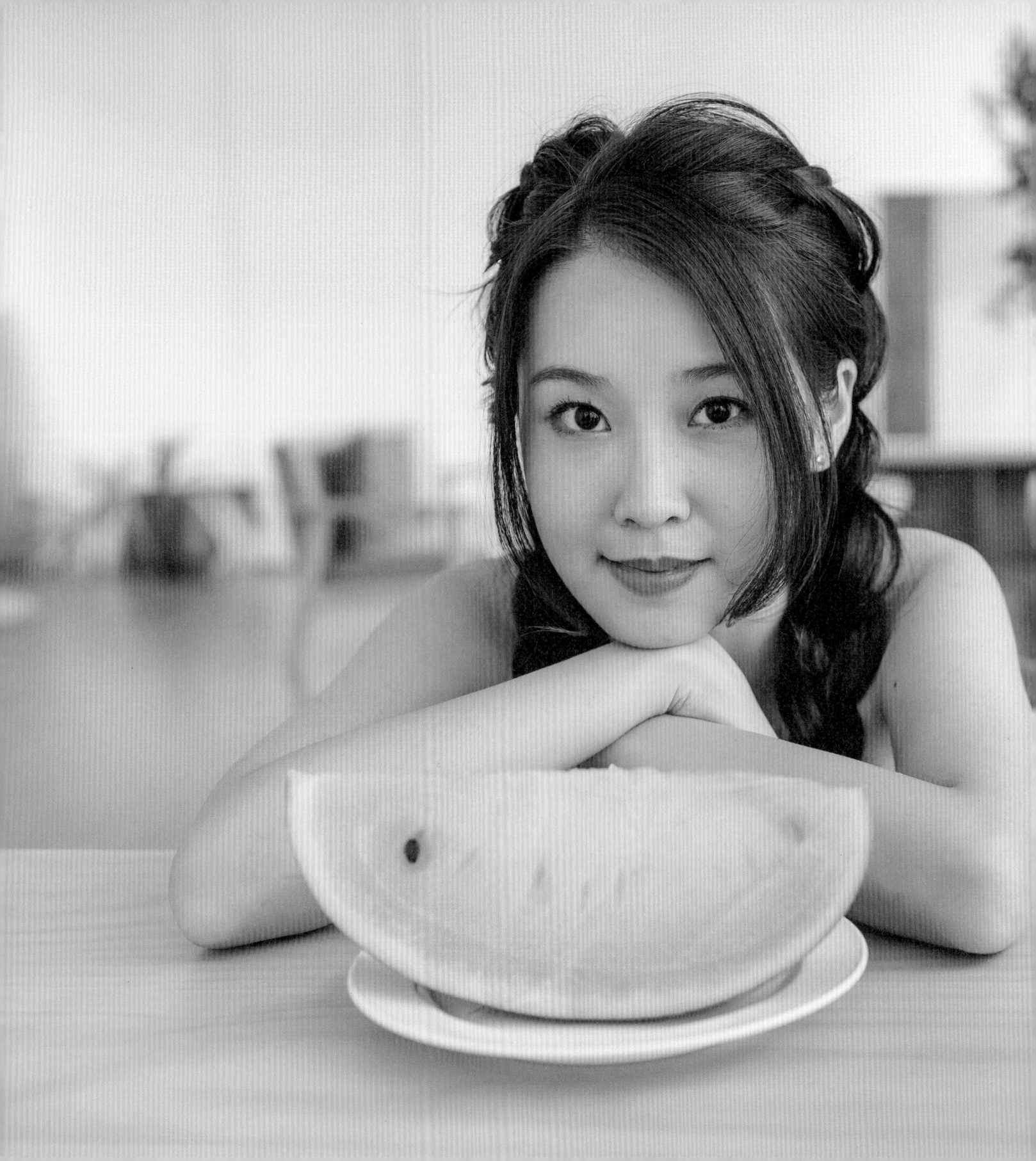

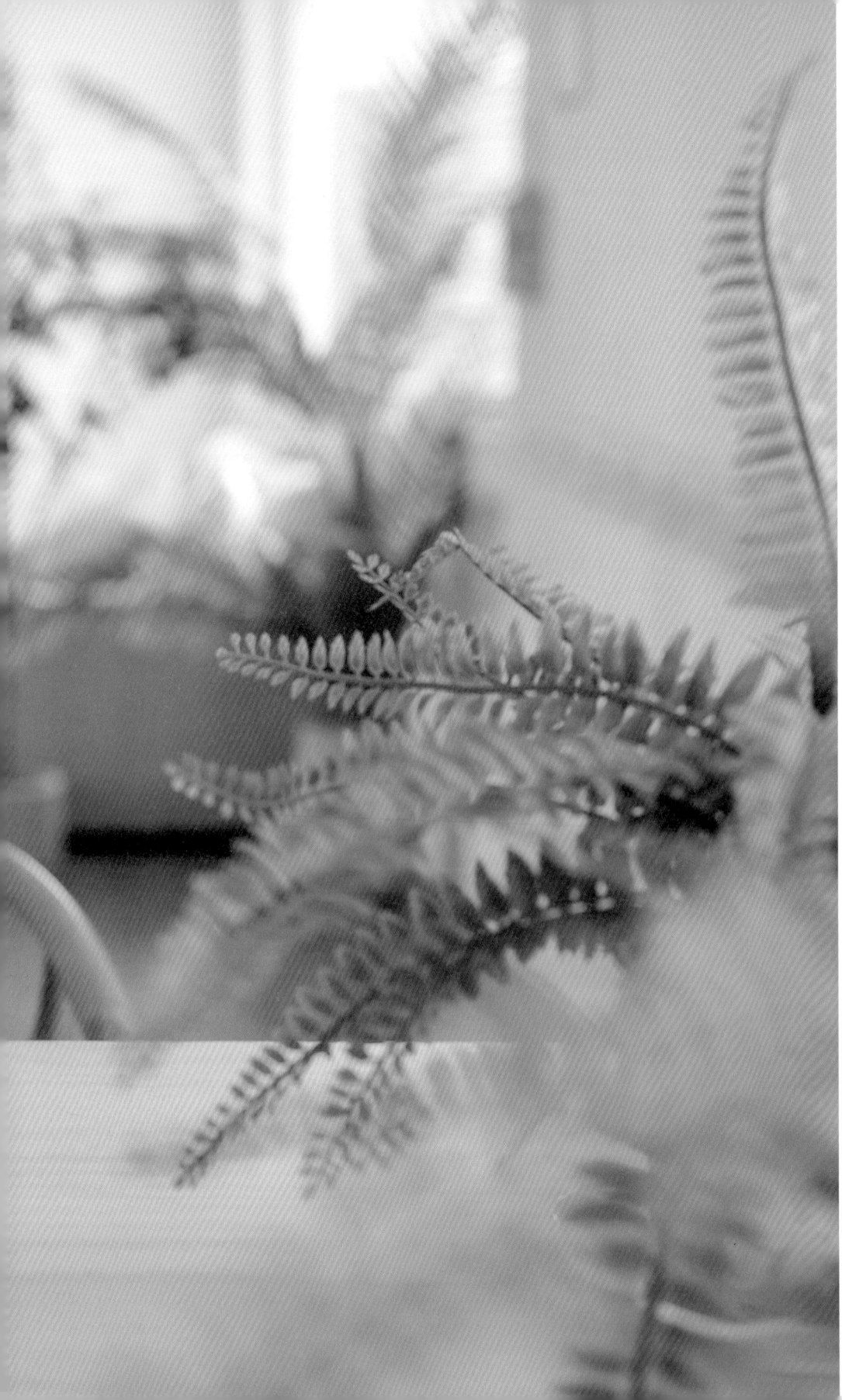

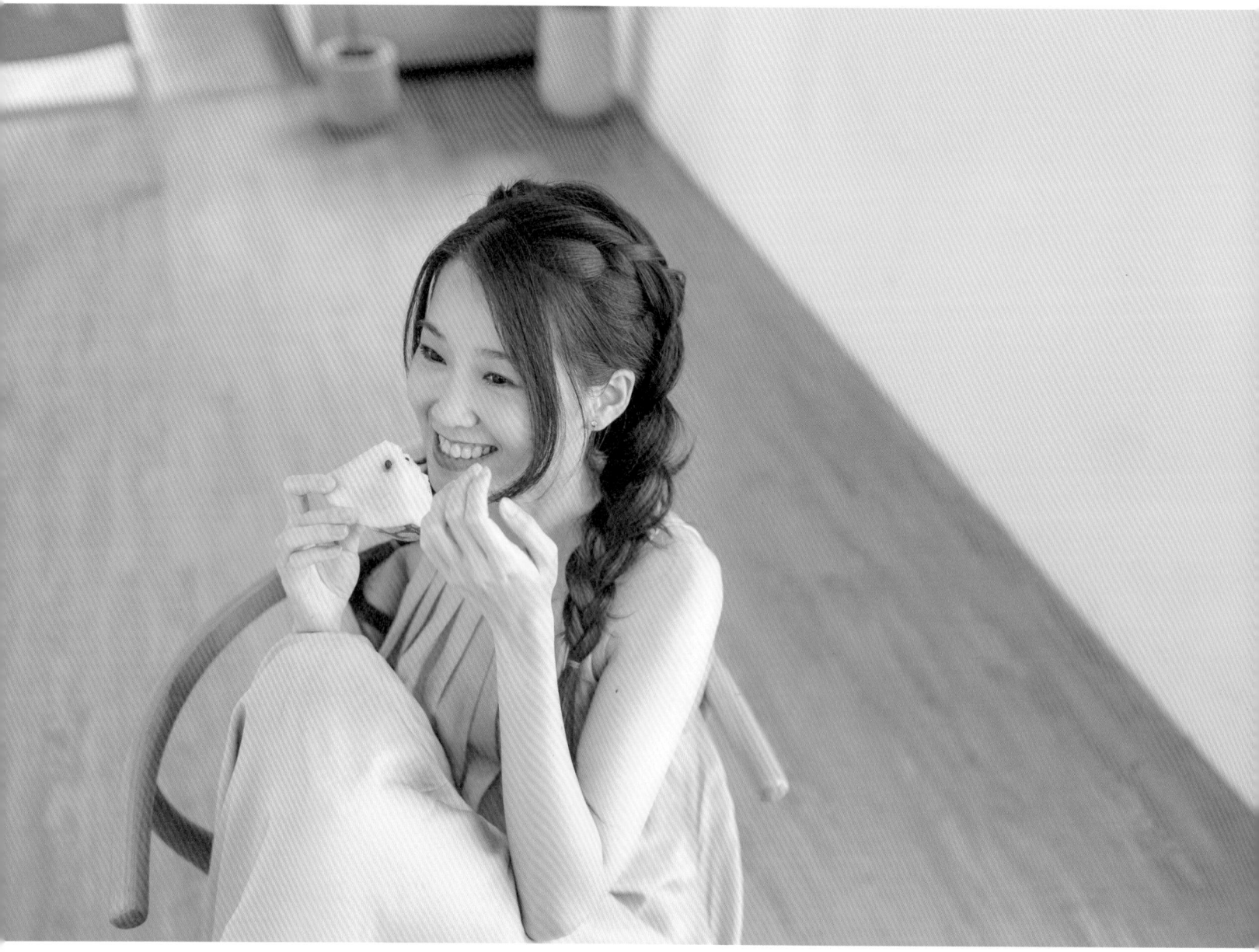

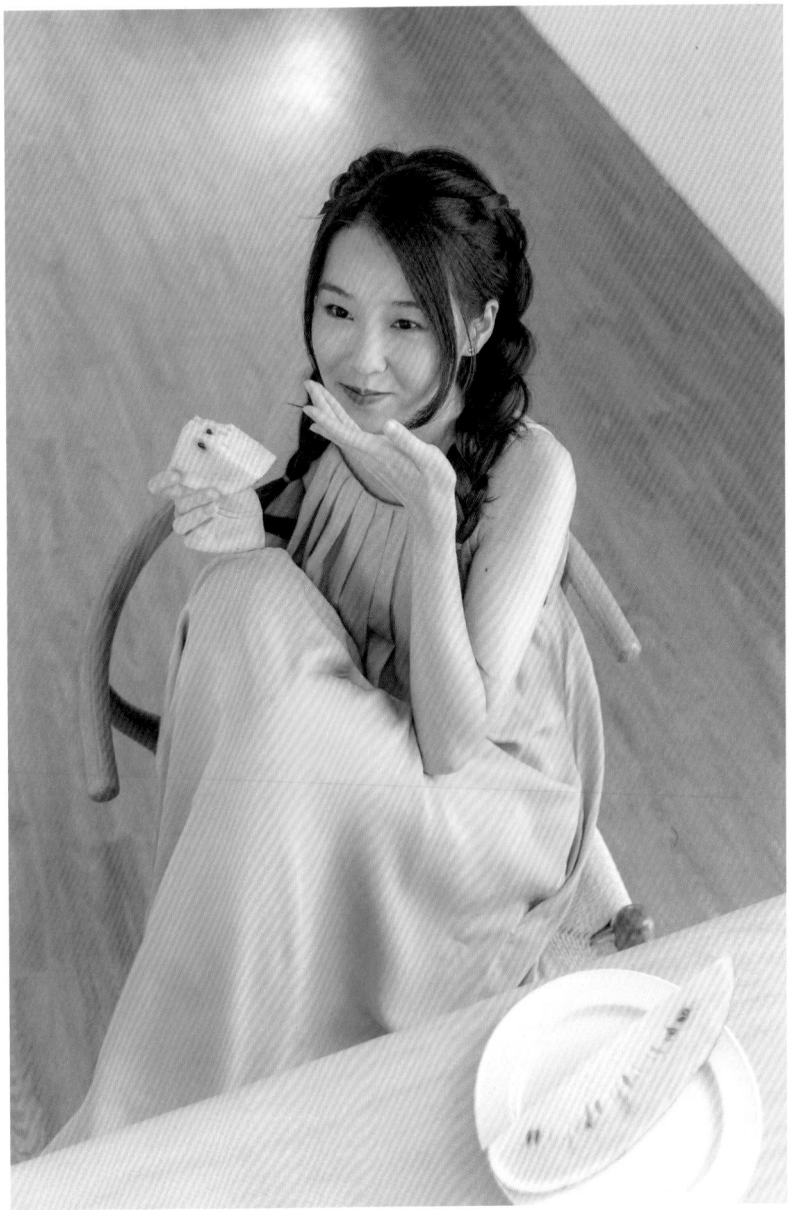

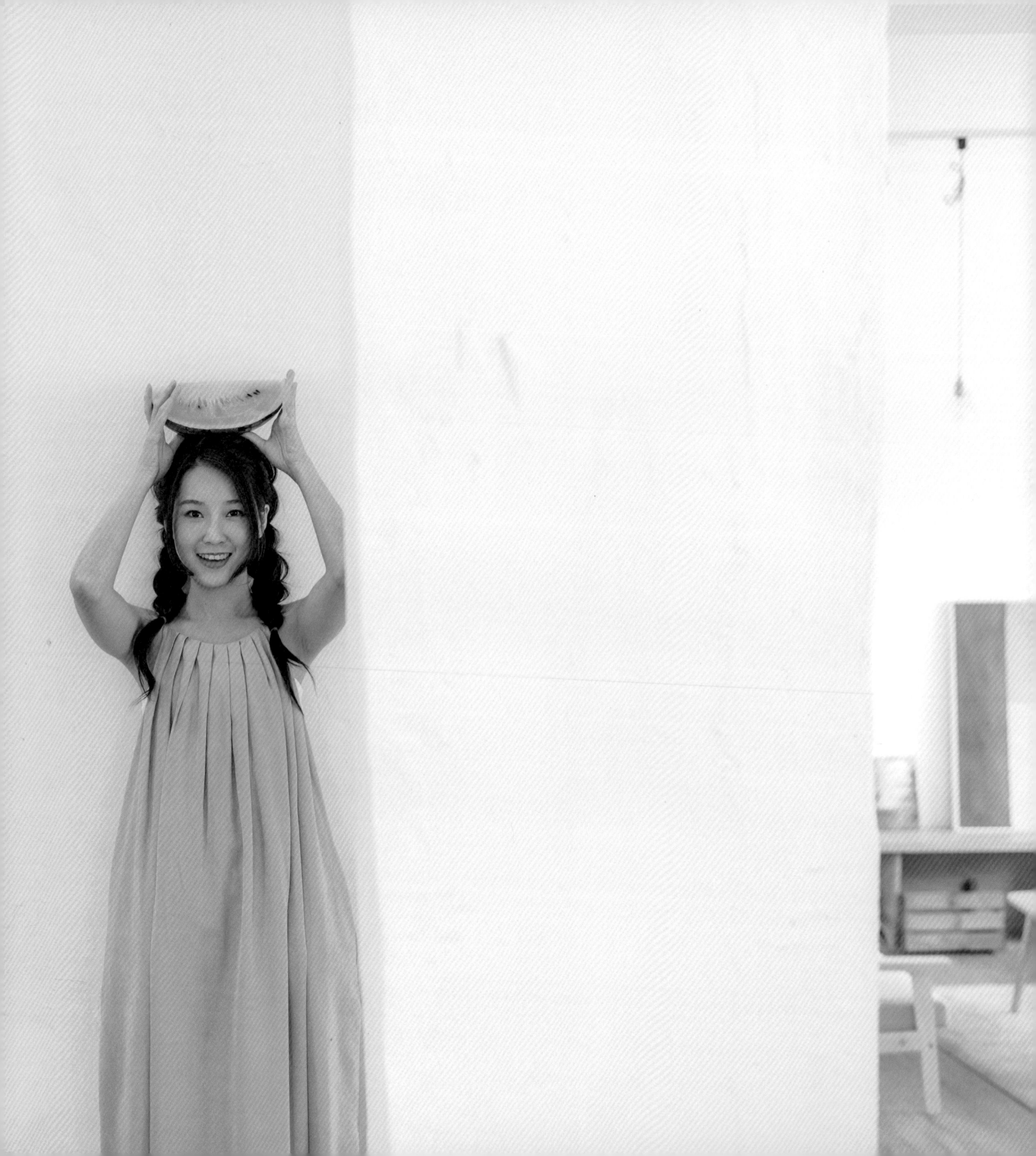

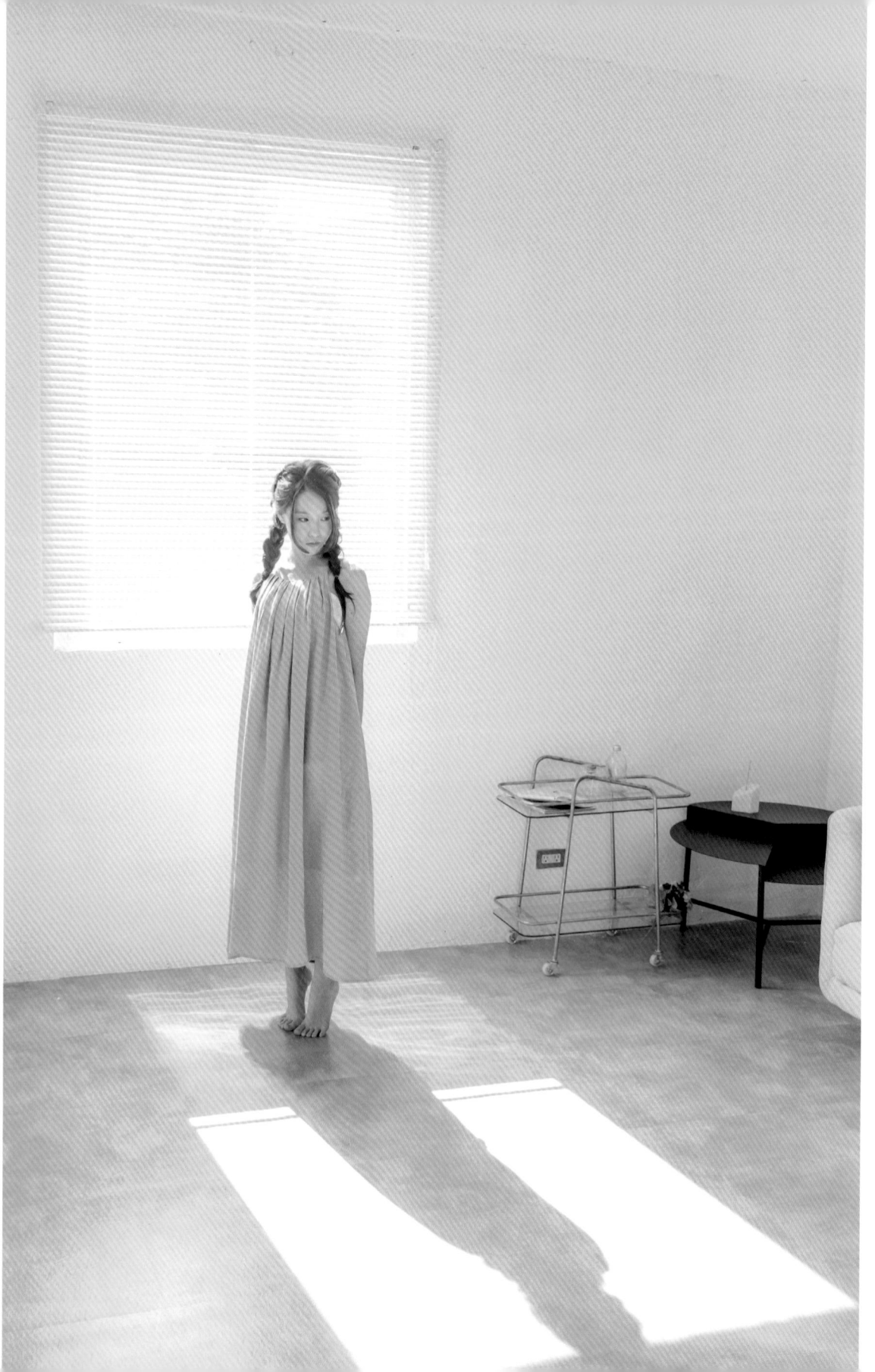

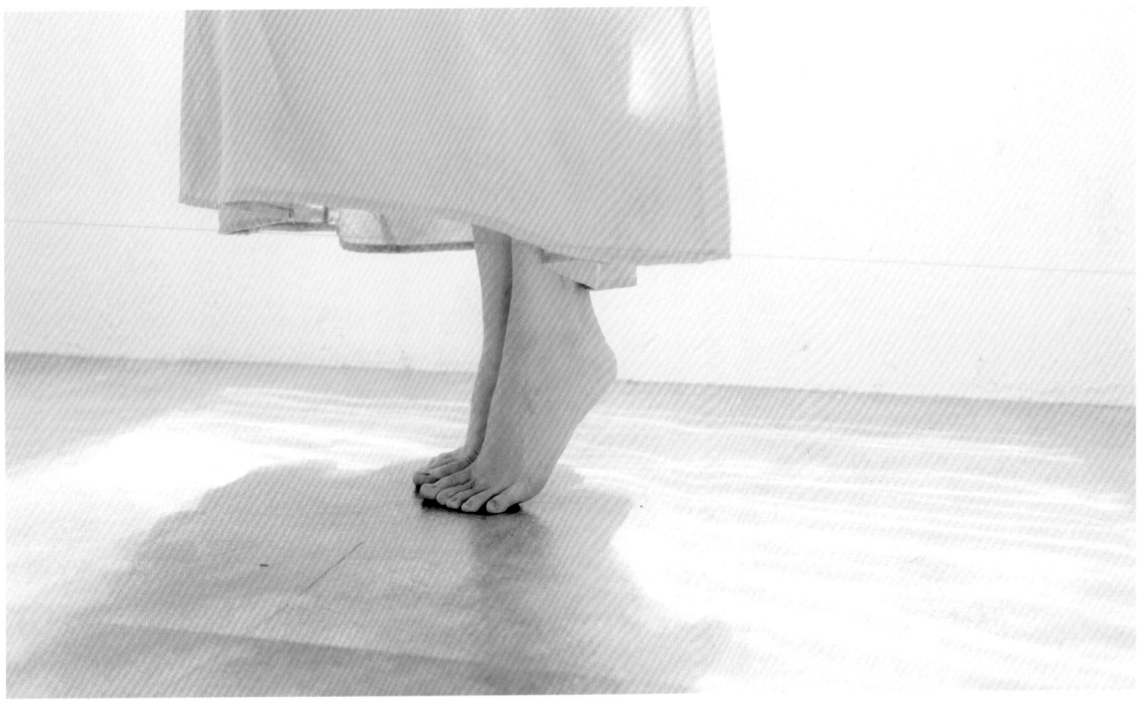

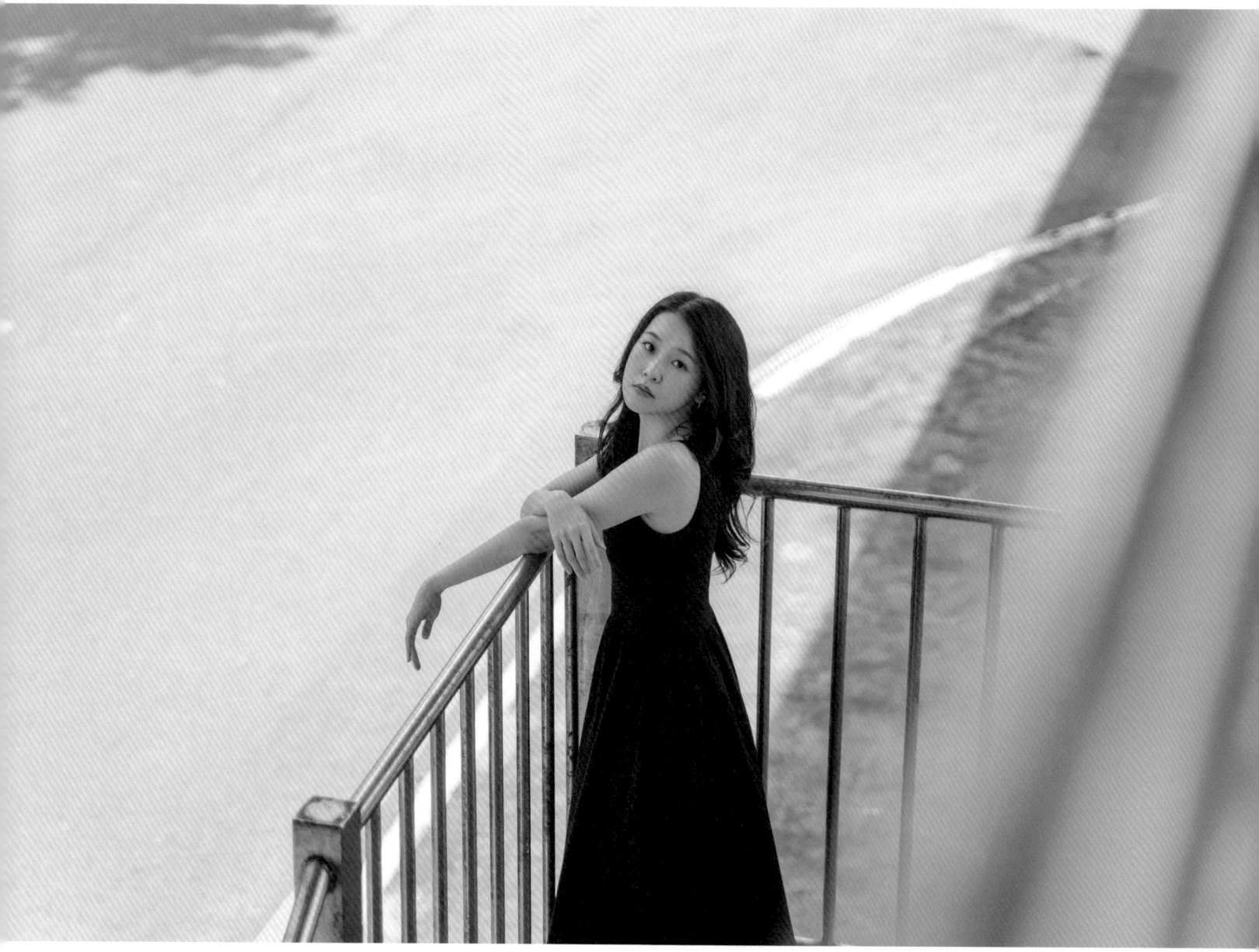

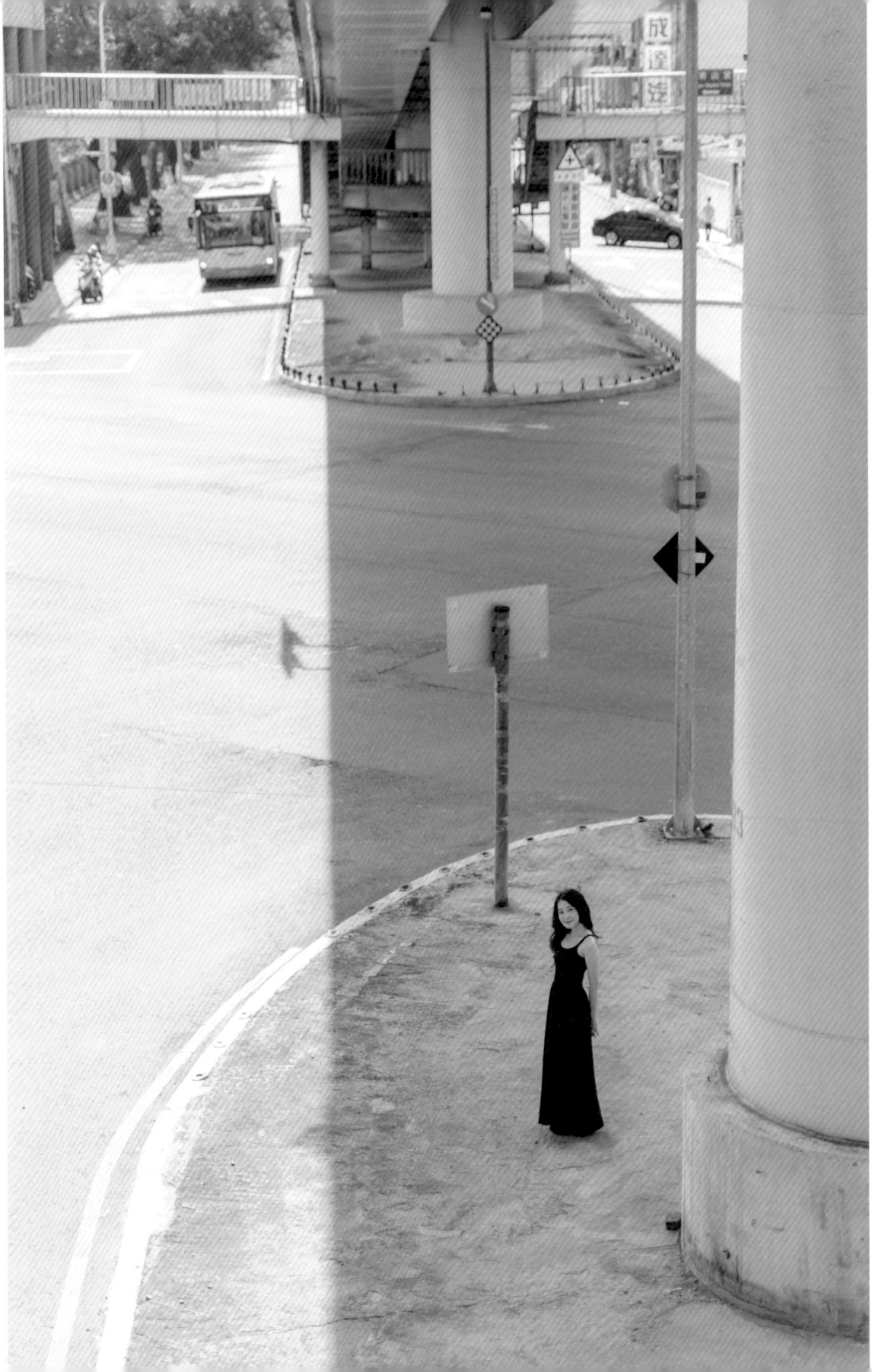
成
渝
线

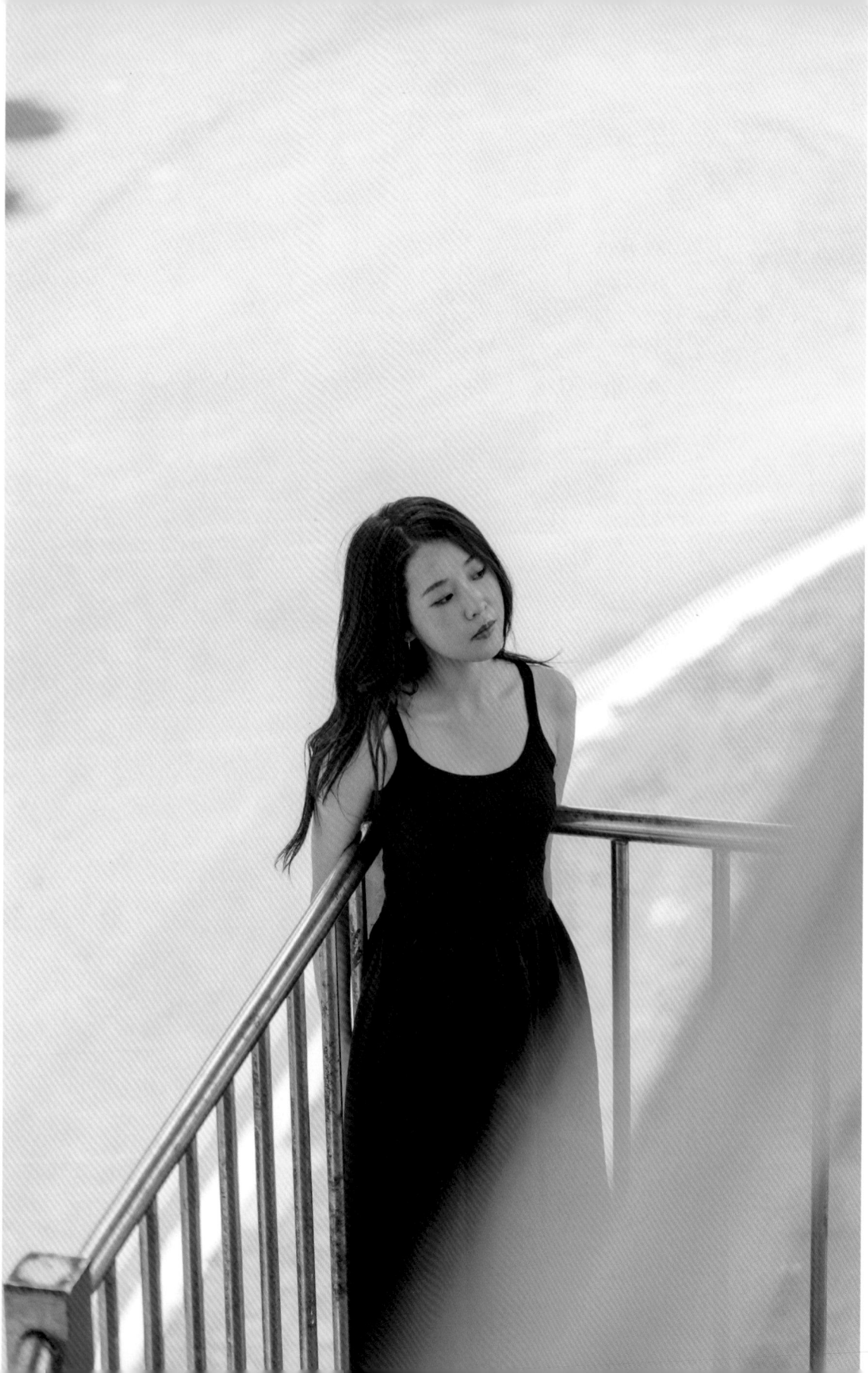

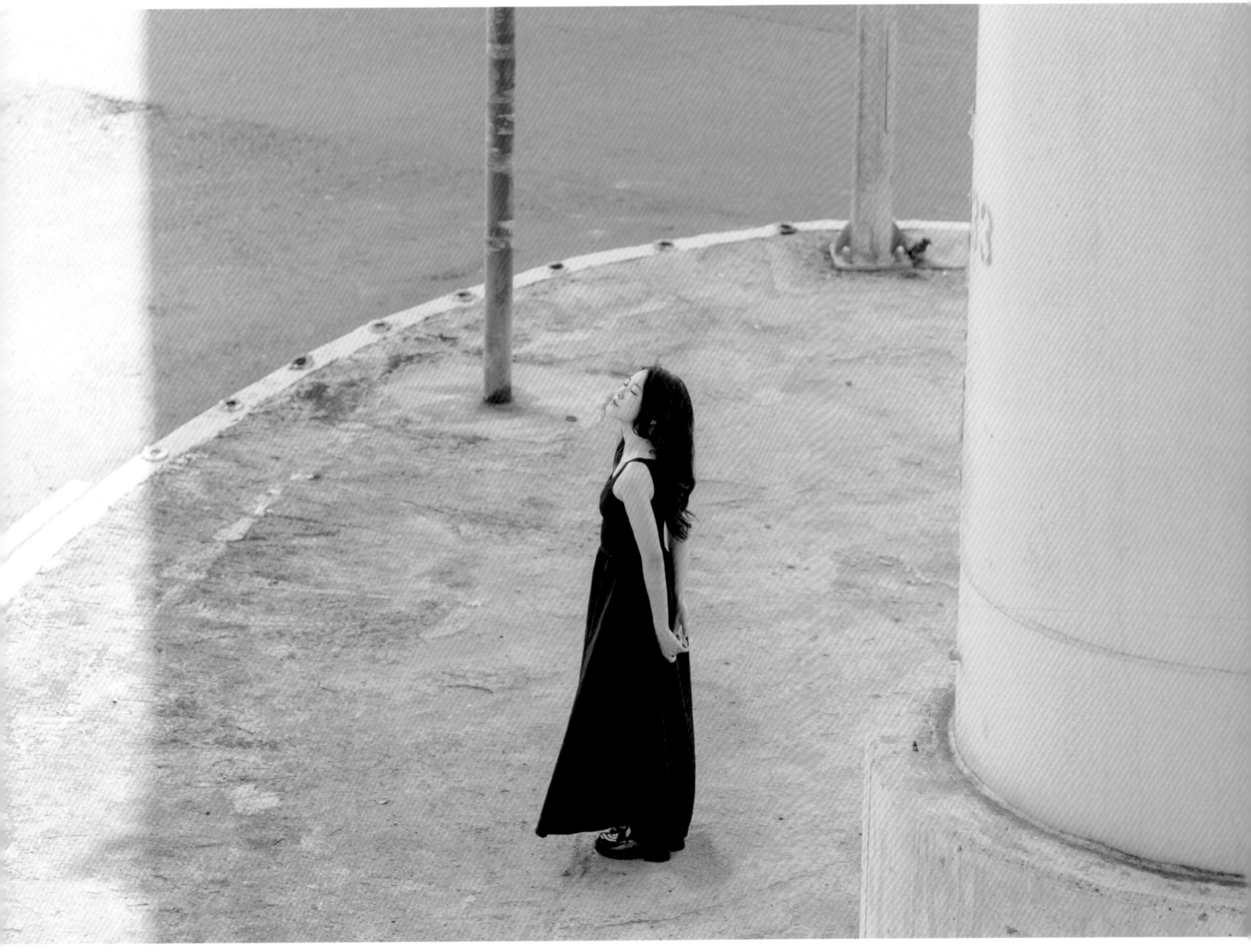

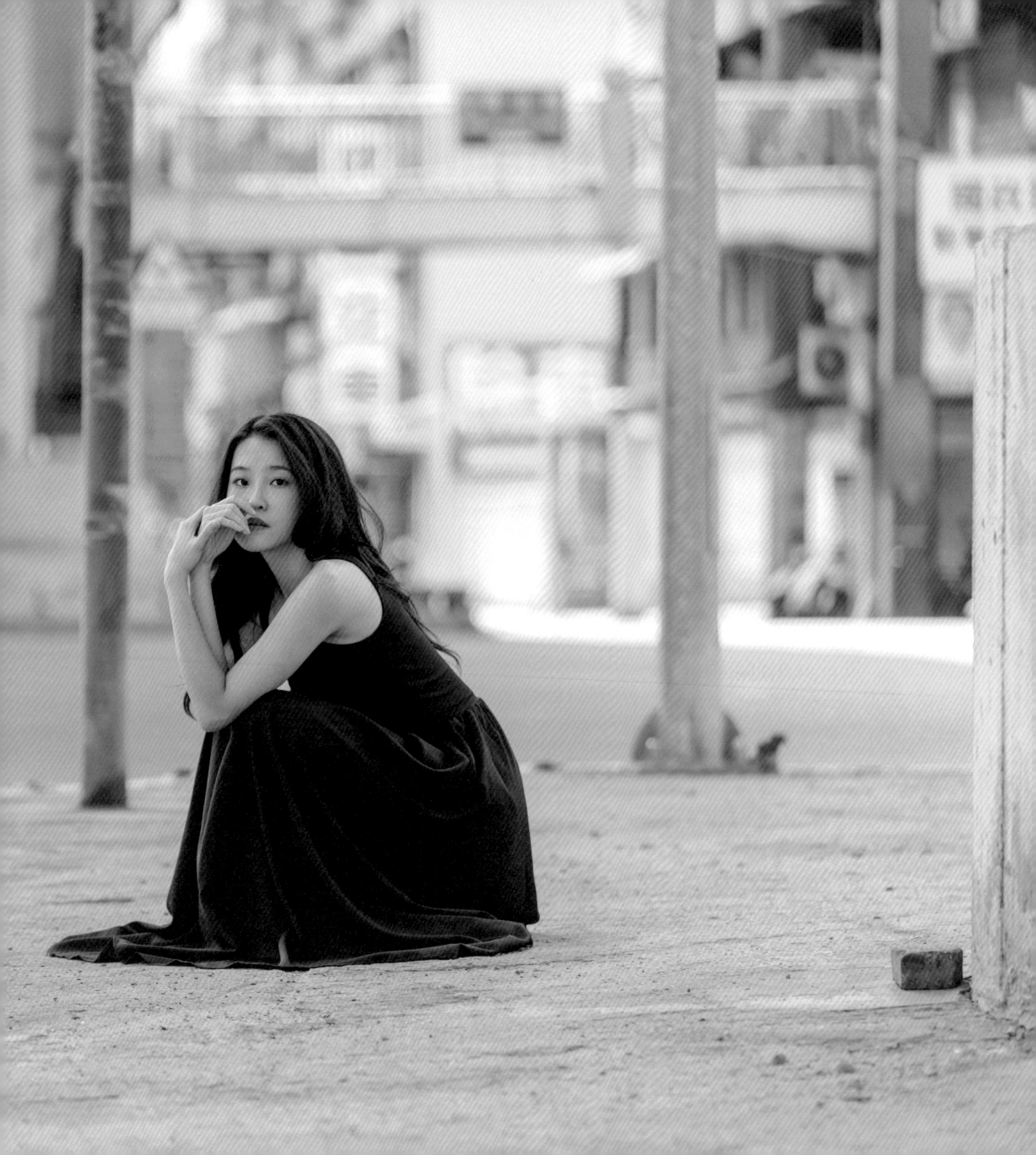

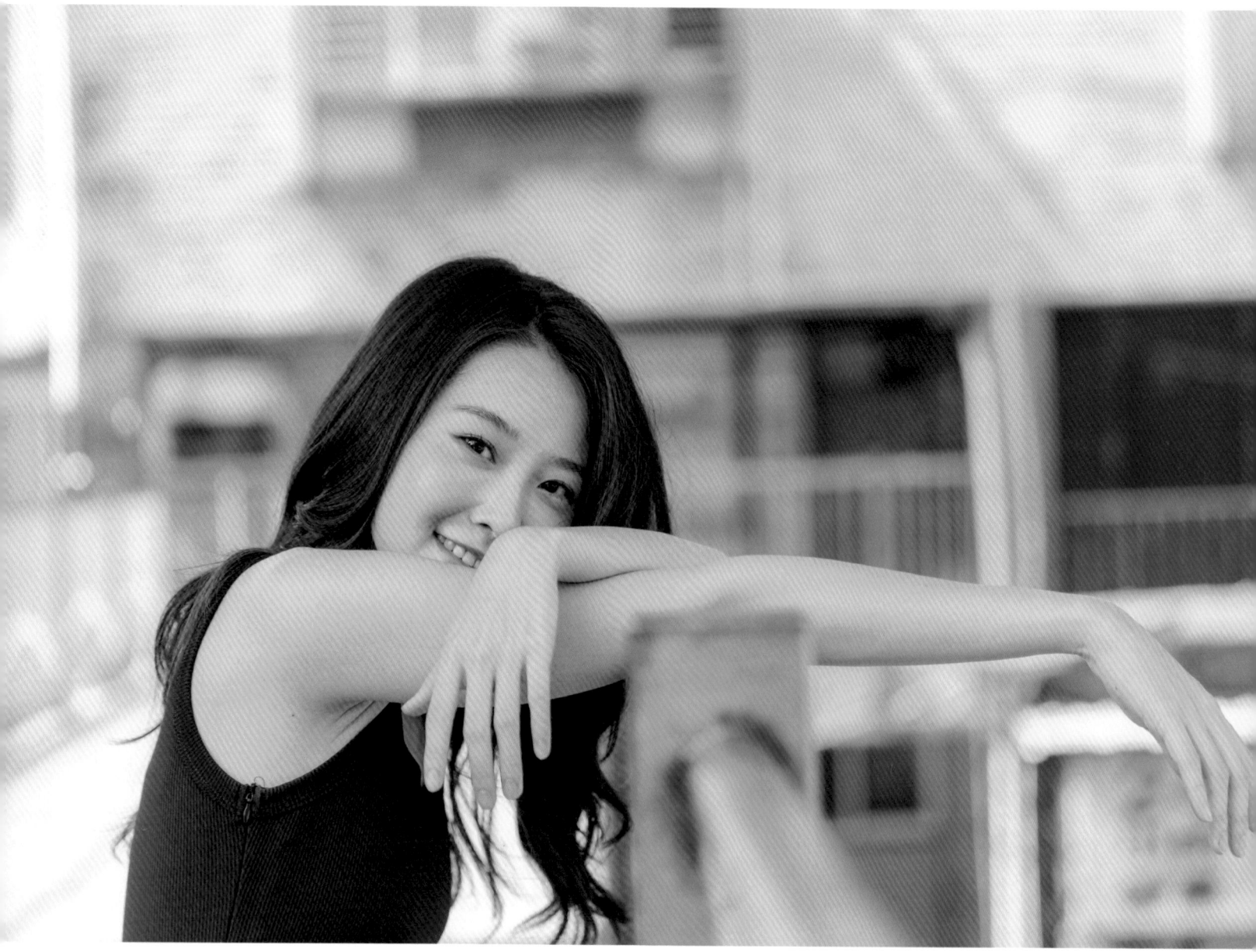

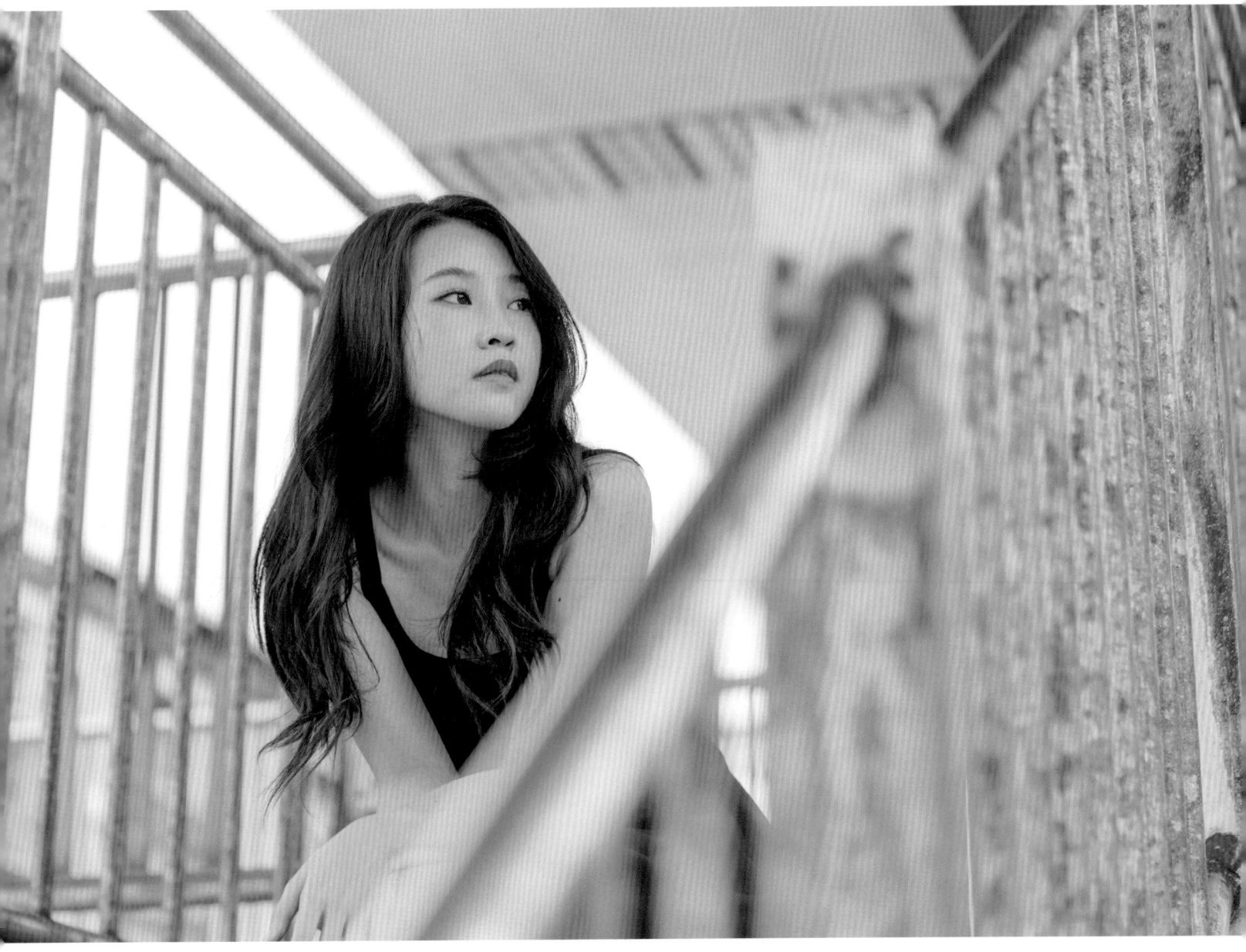

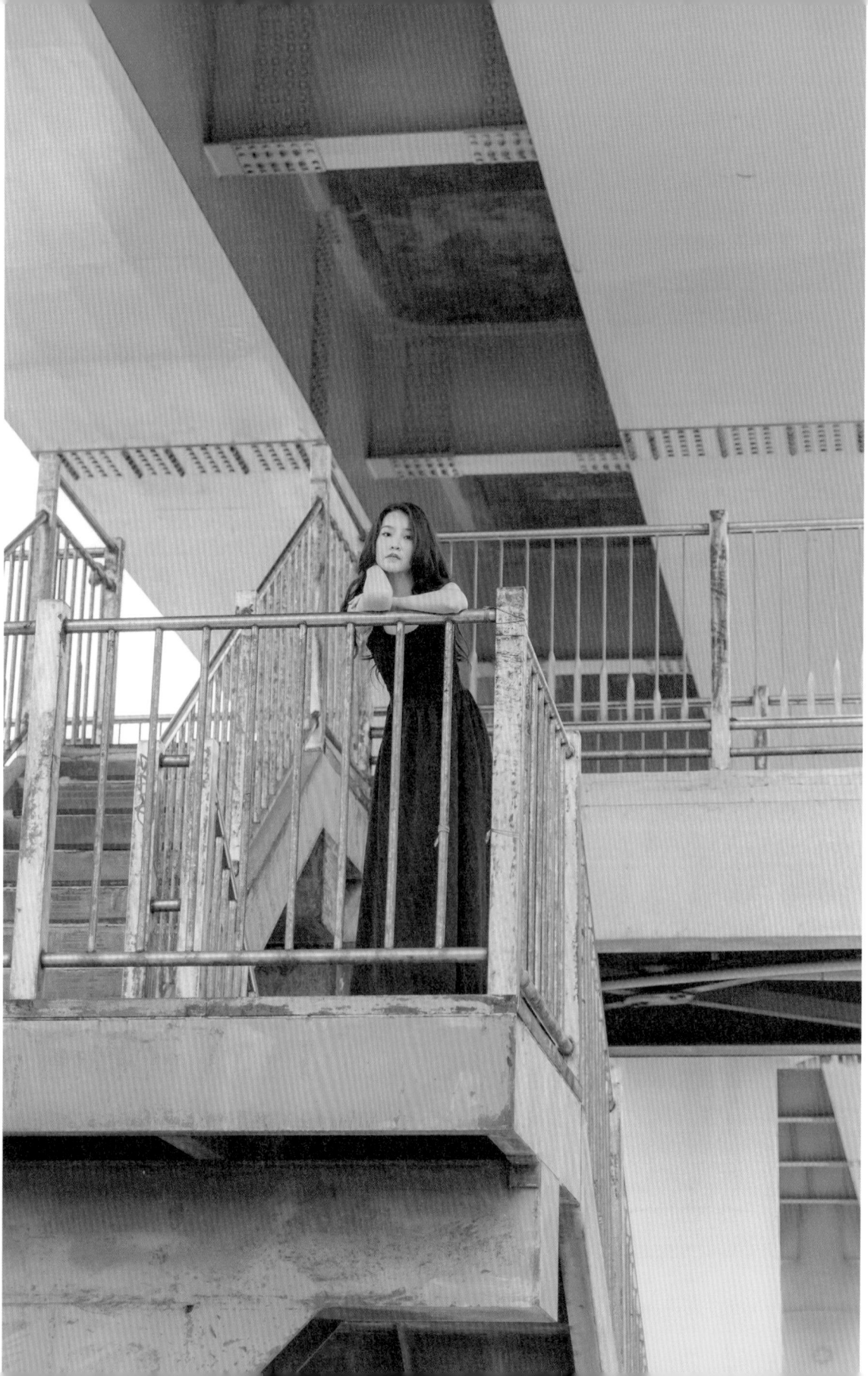

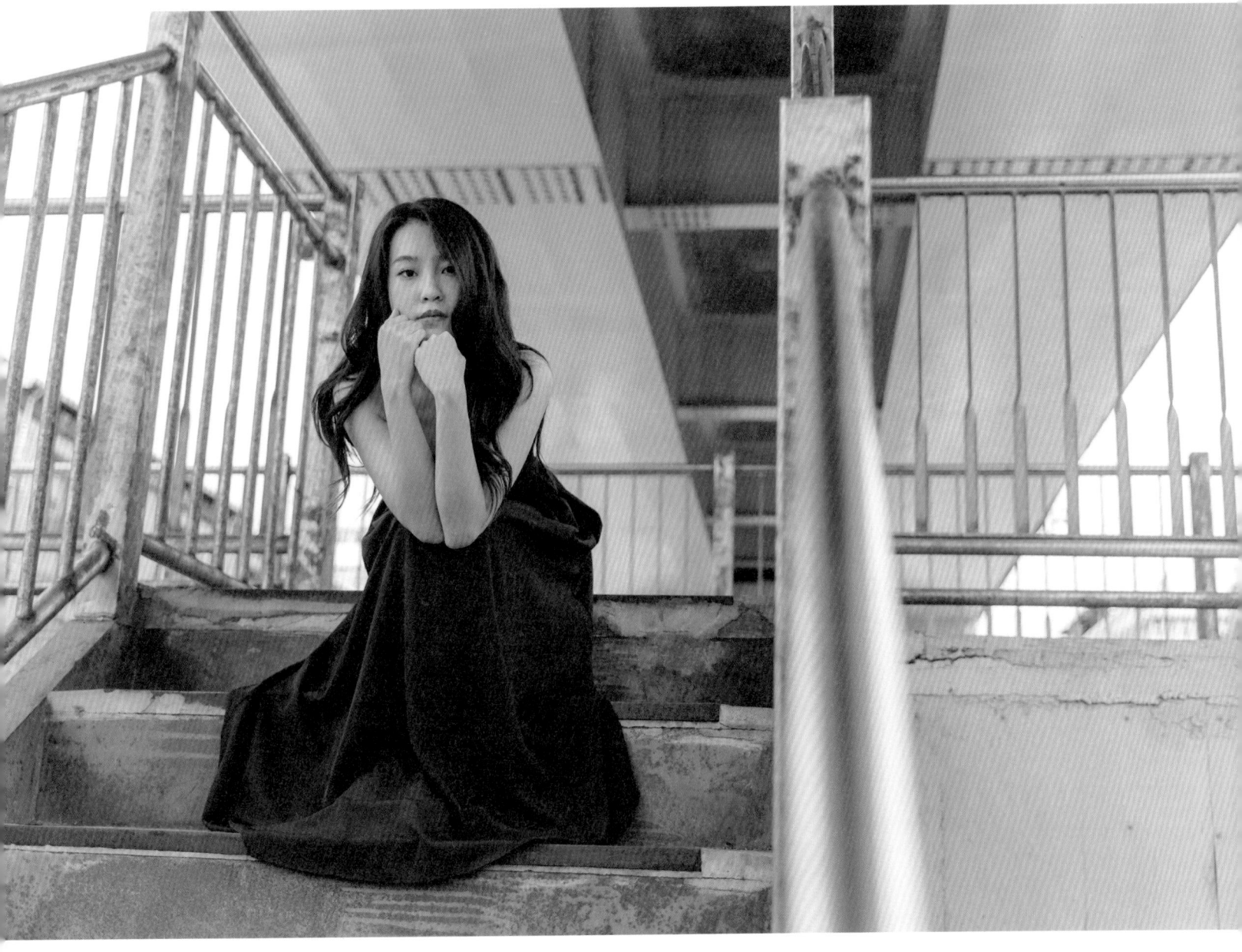

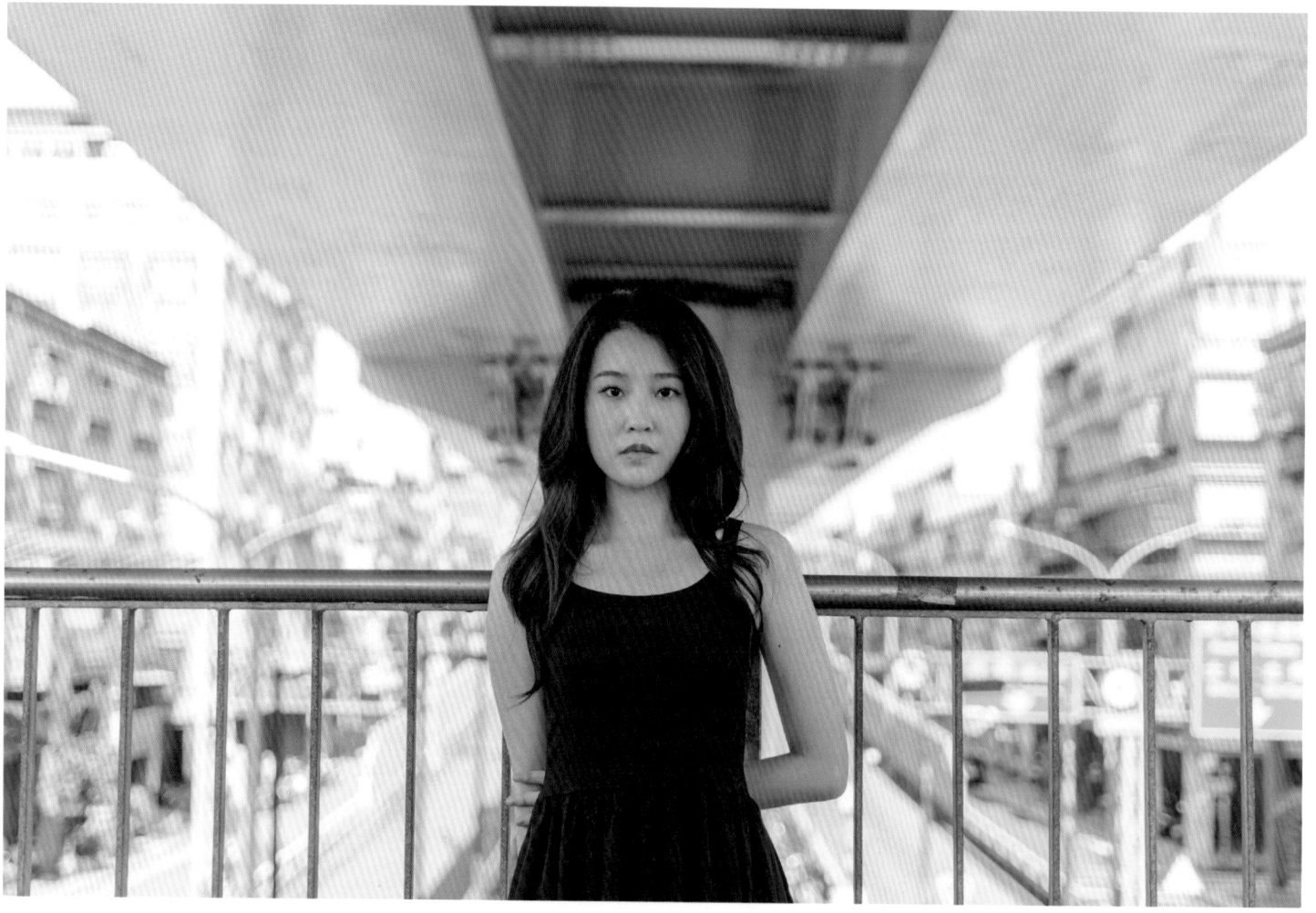

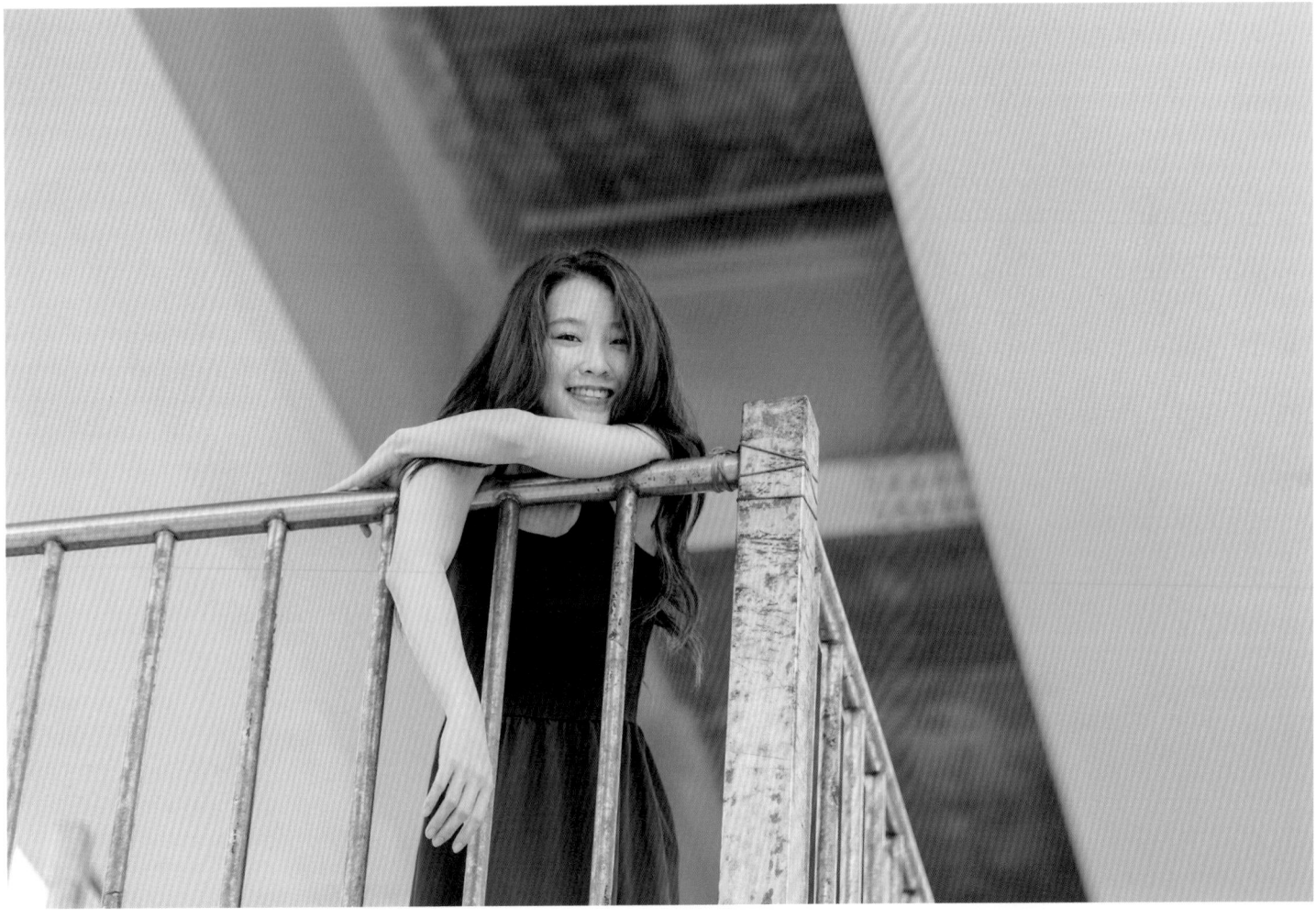

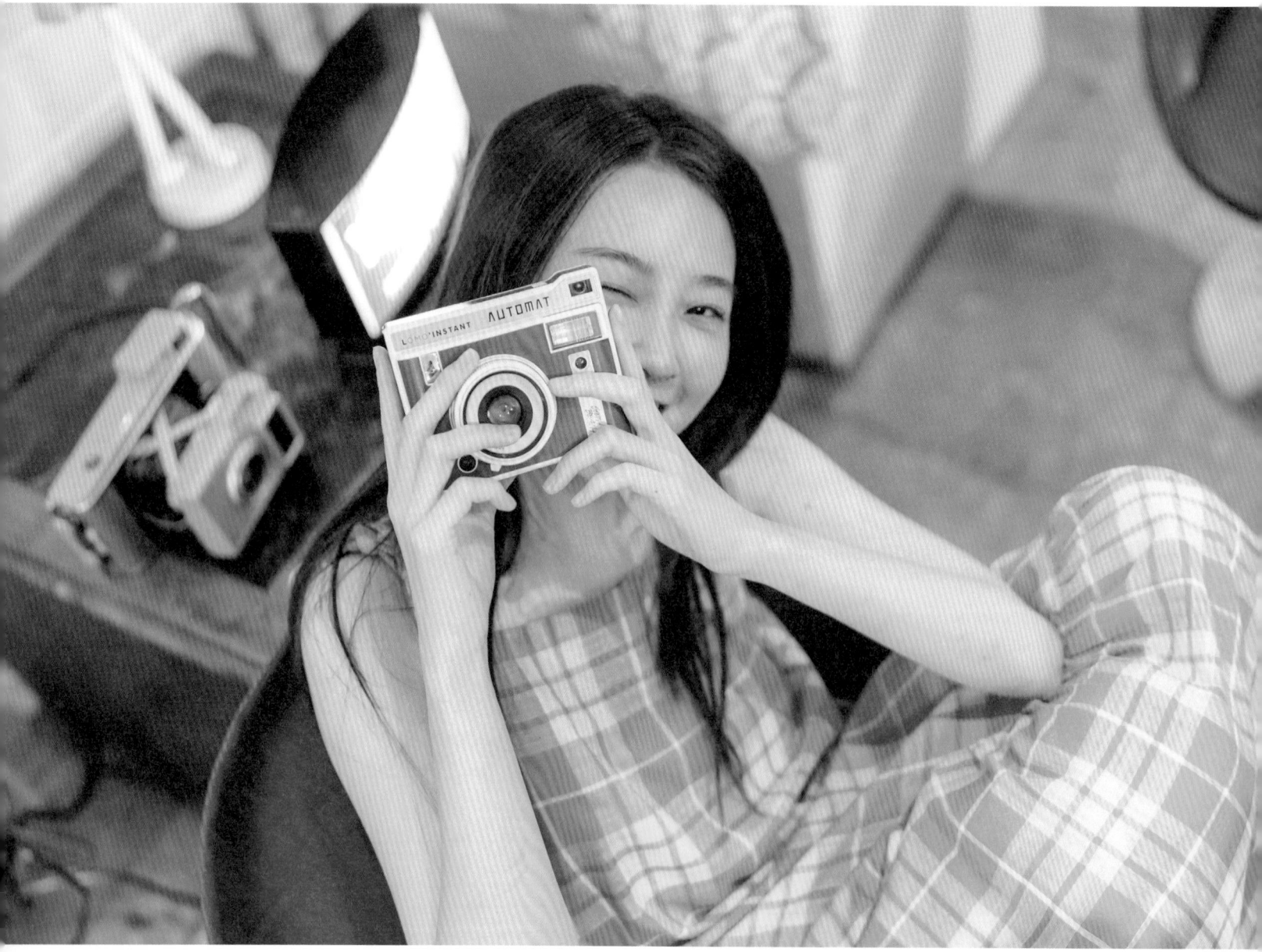
AUTOMAT

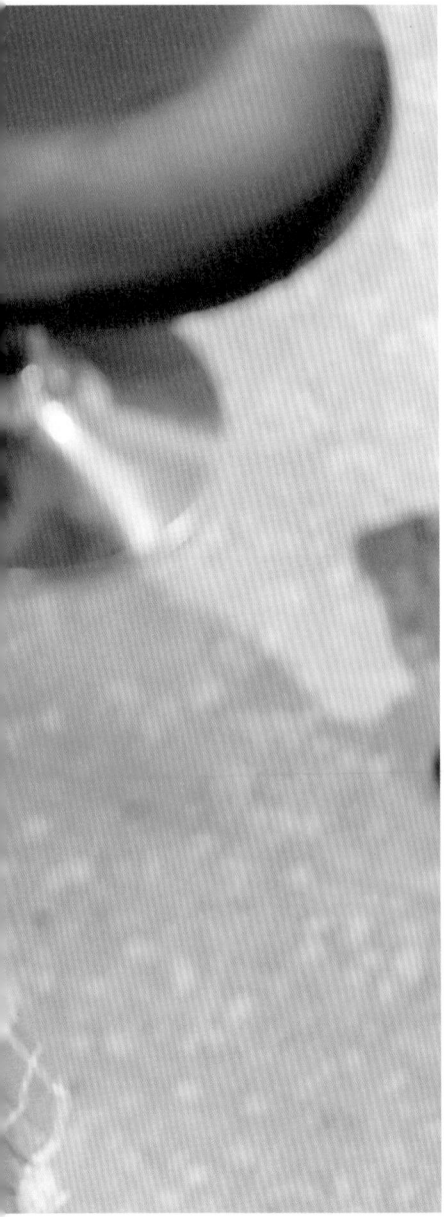

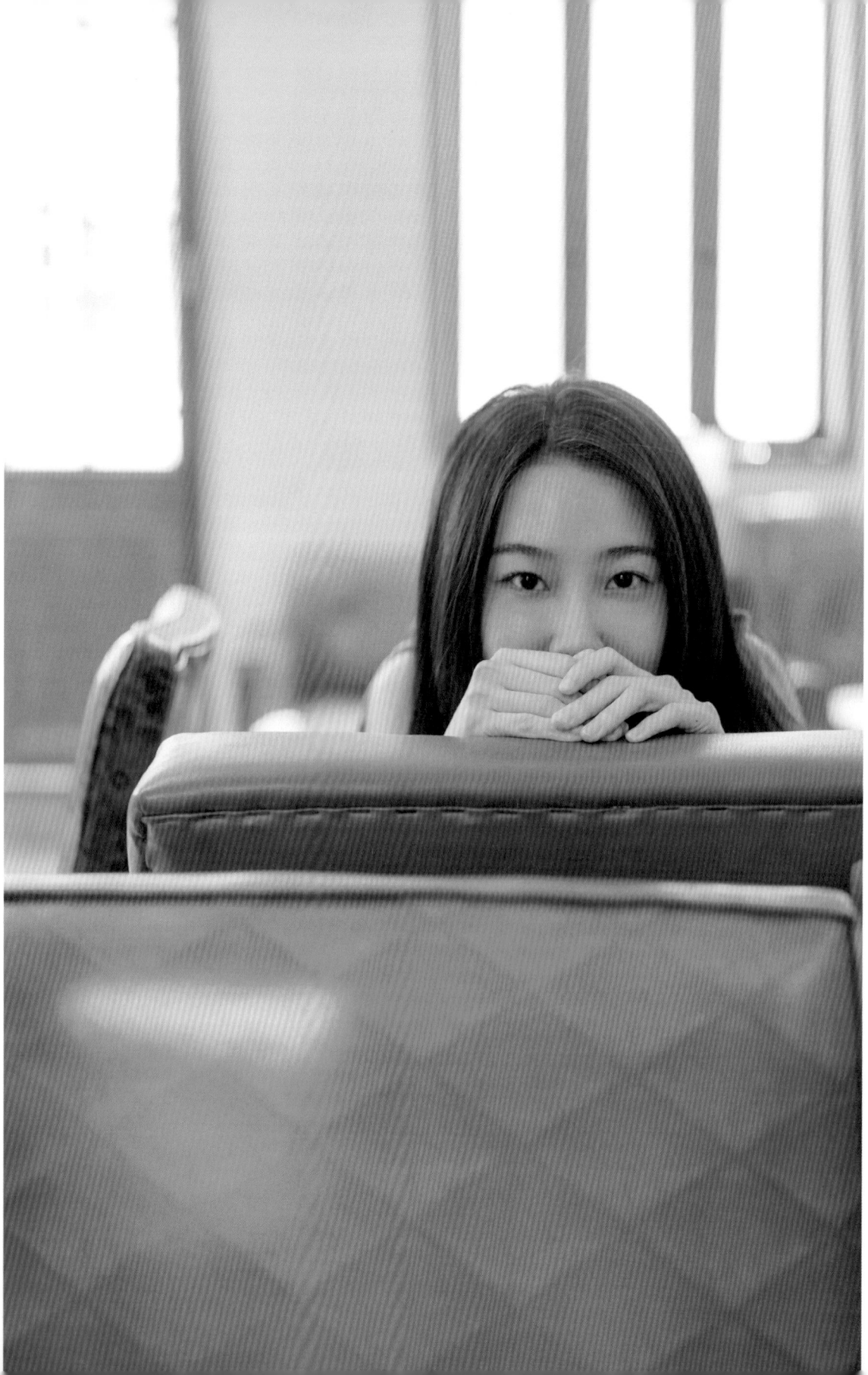

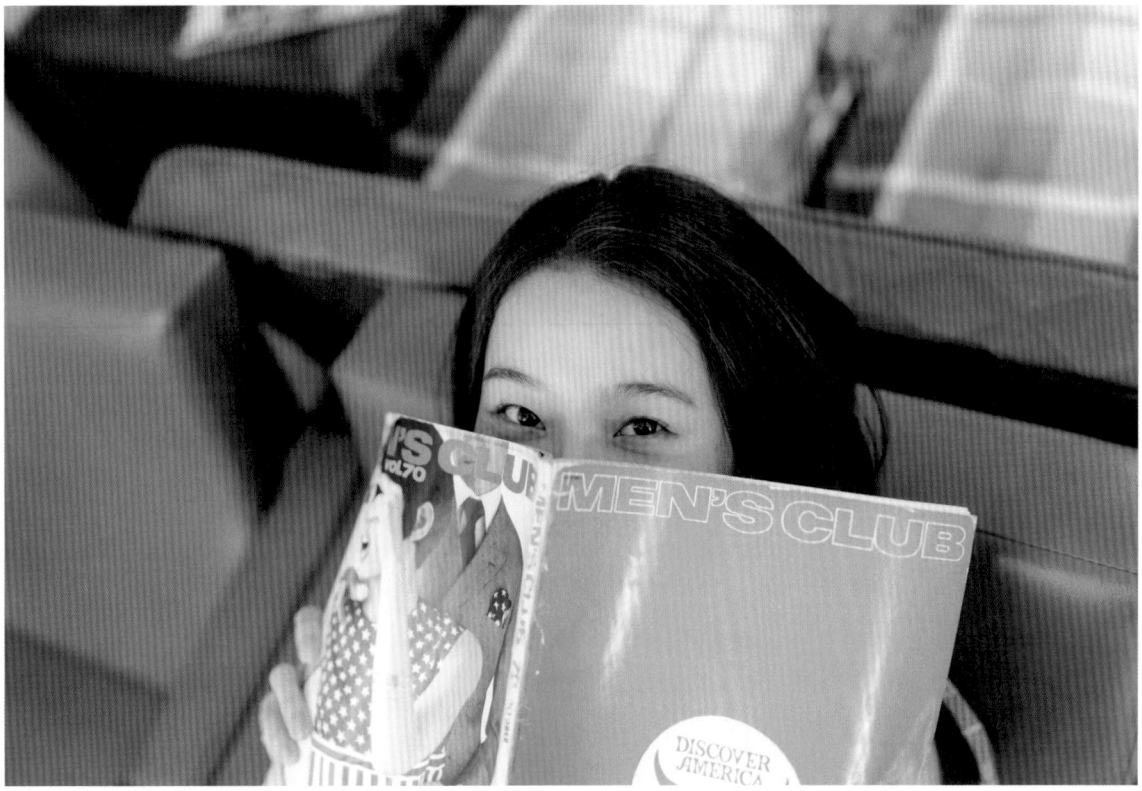
MEN'S CLUB
DISCOVER
AMERICA

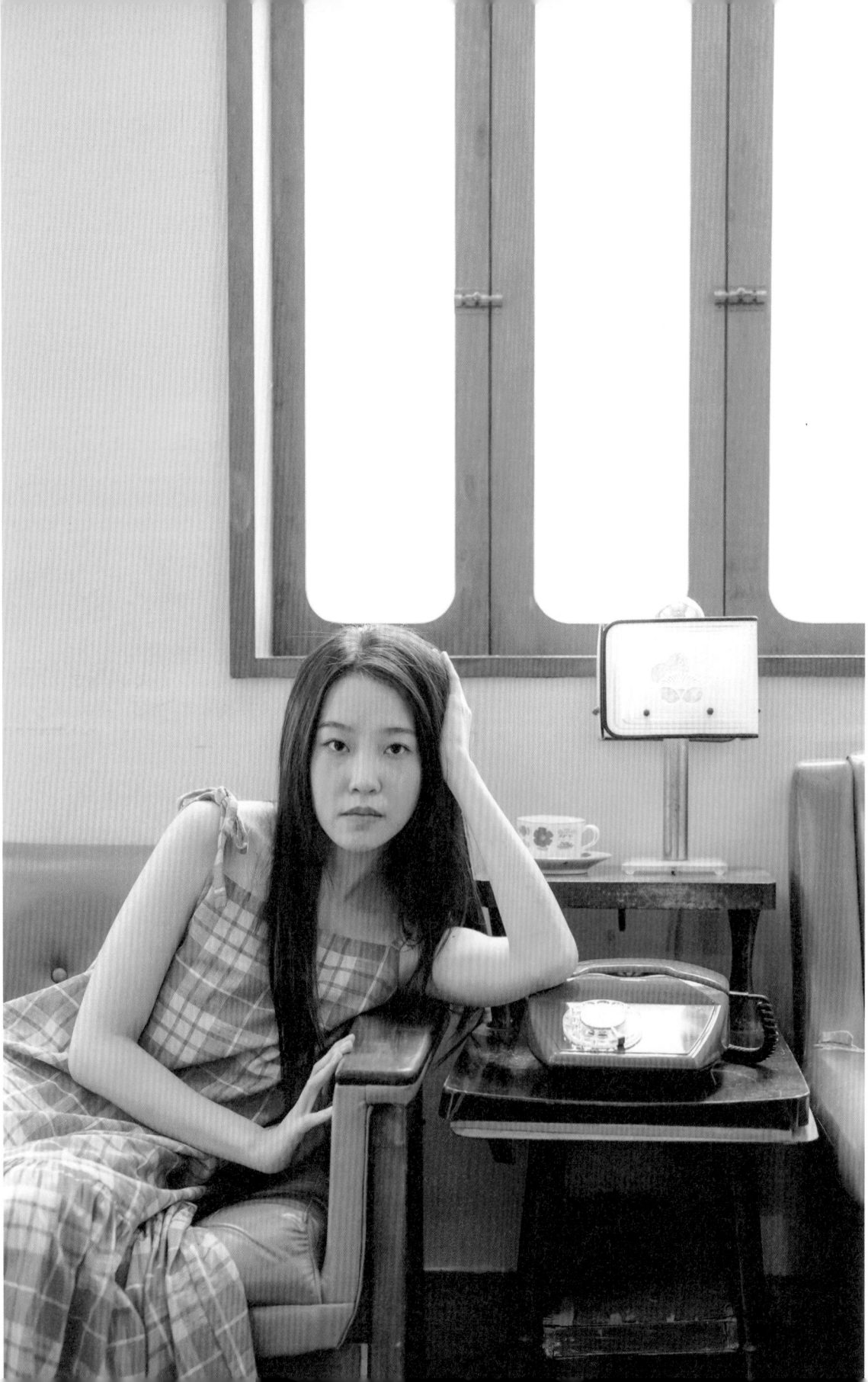

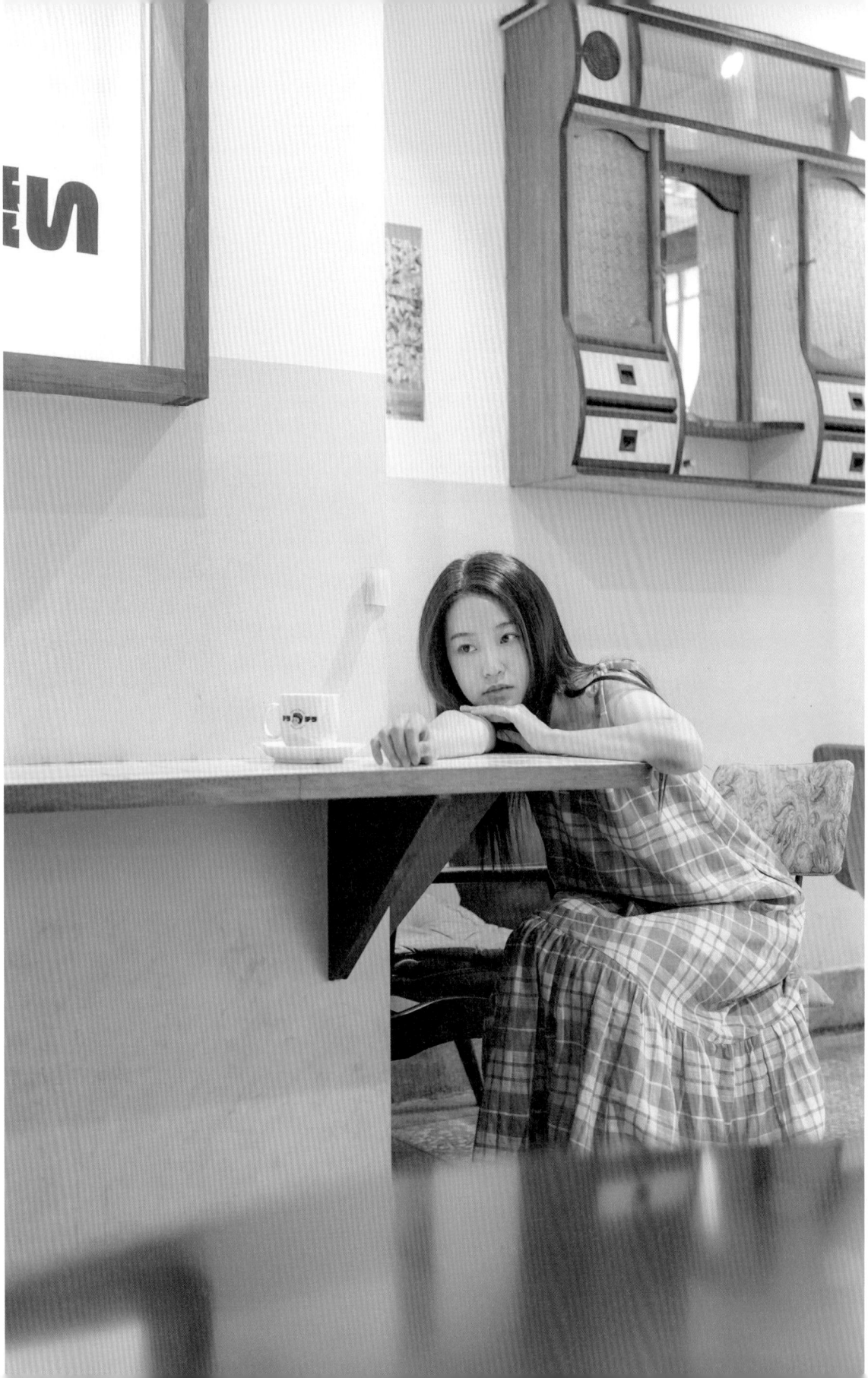

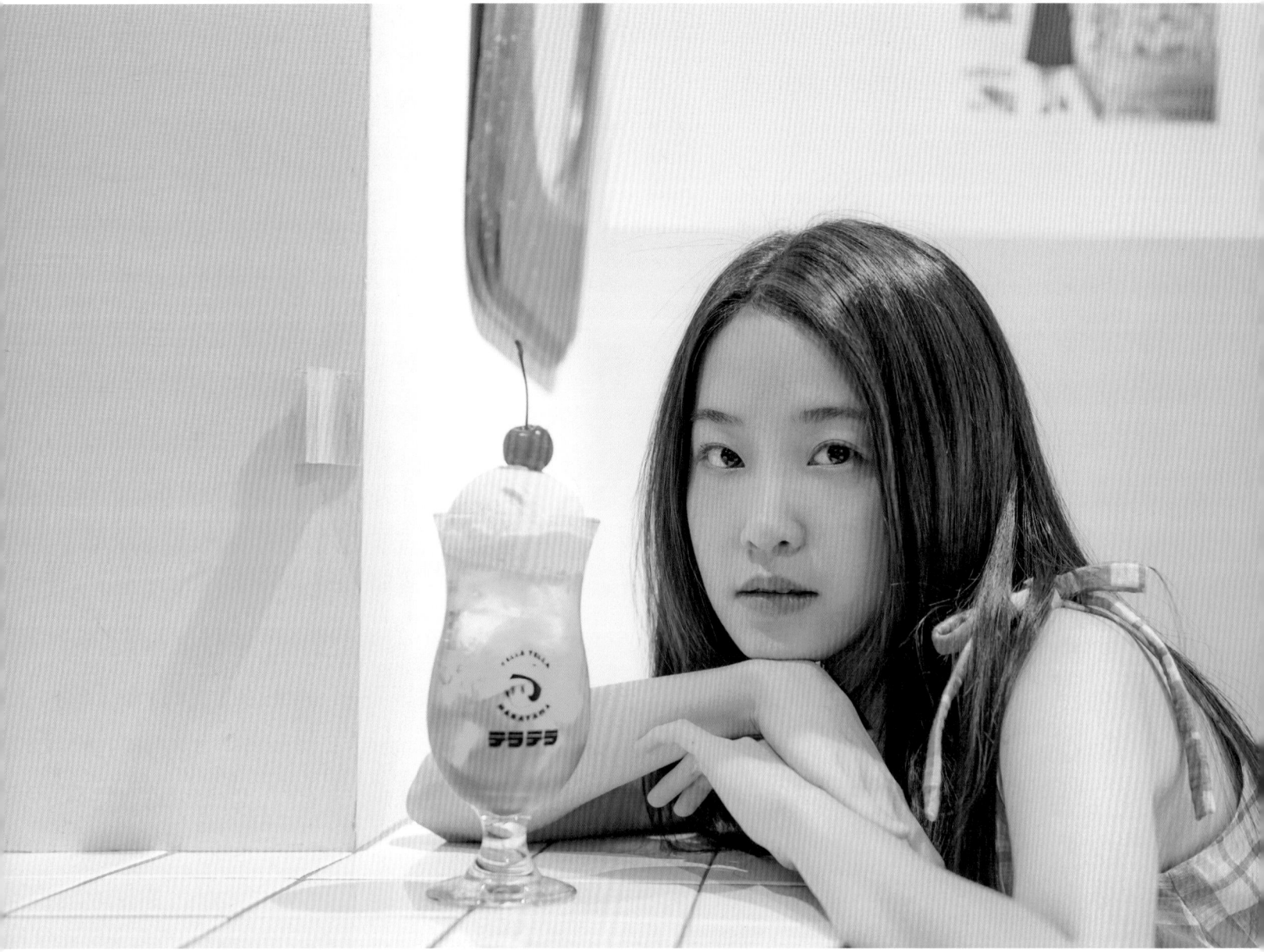
テラテラ

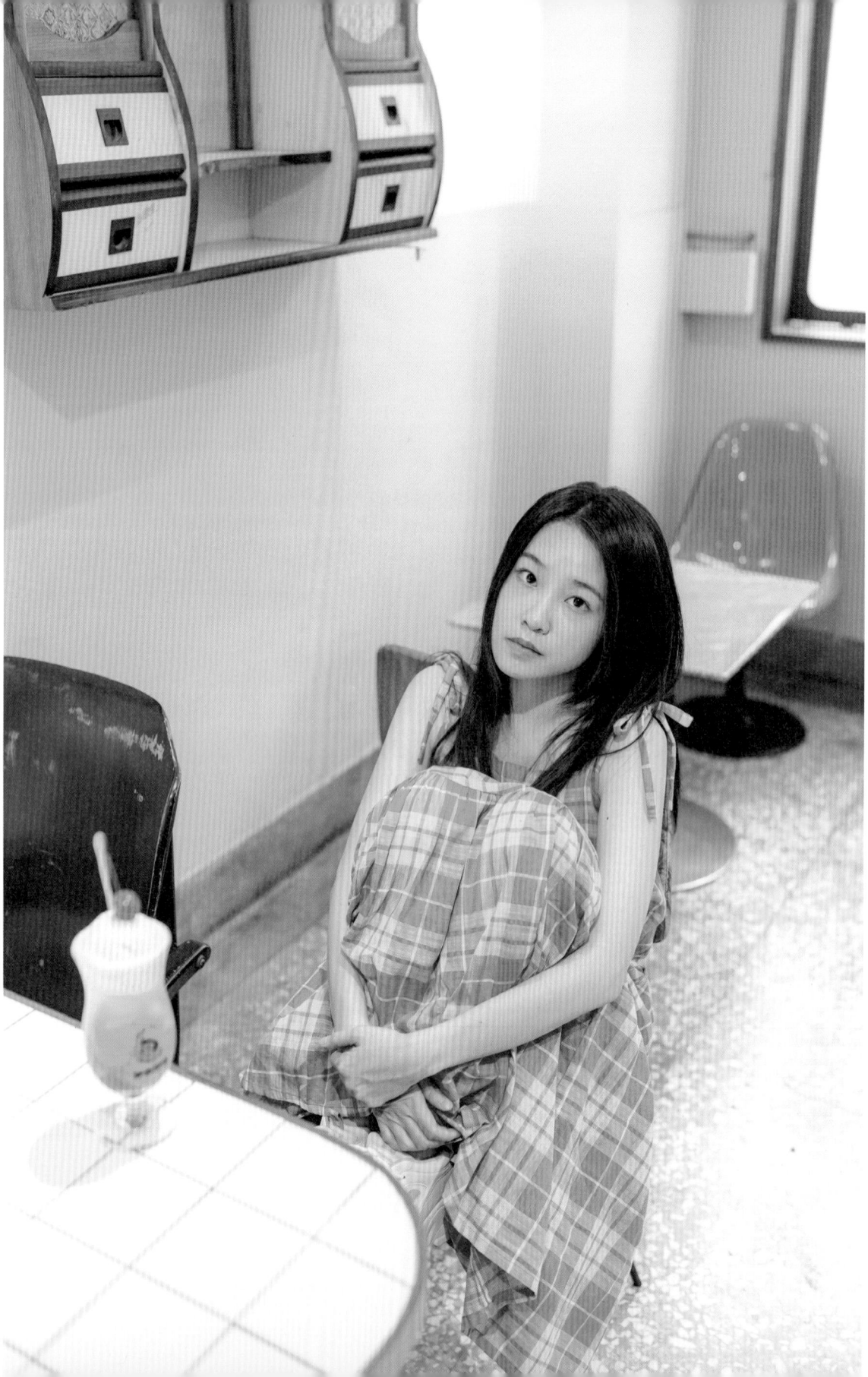

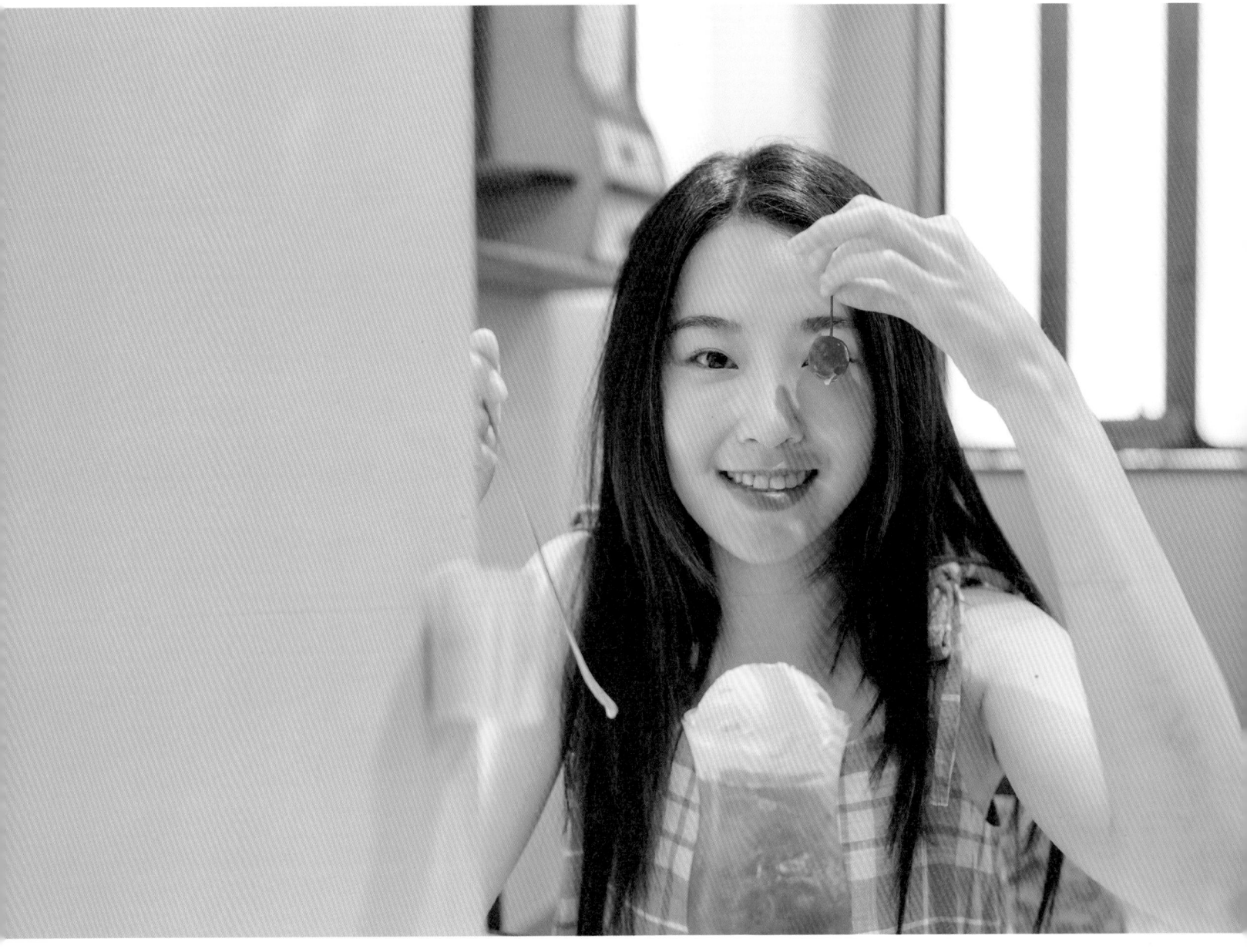

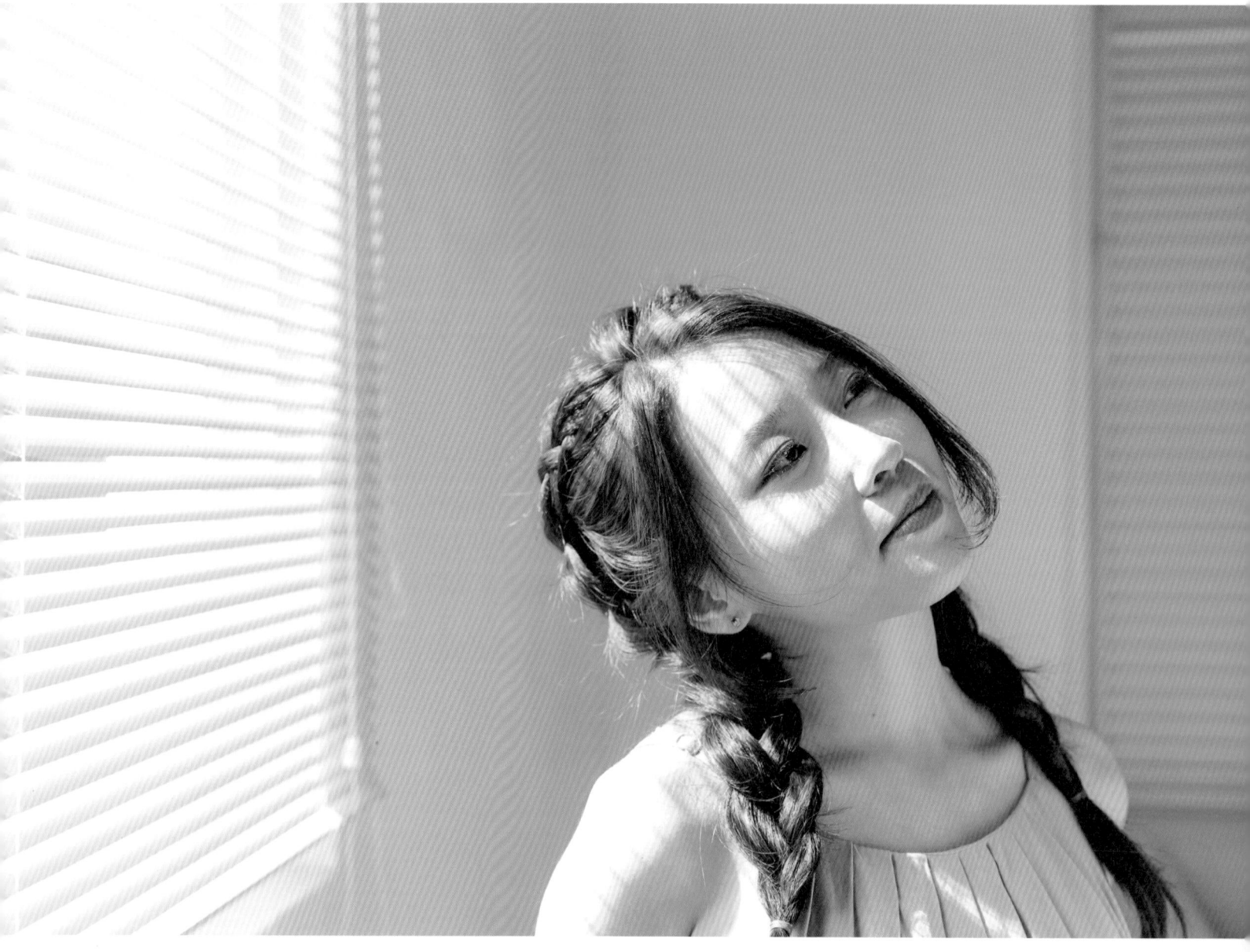

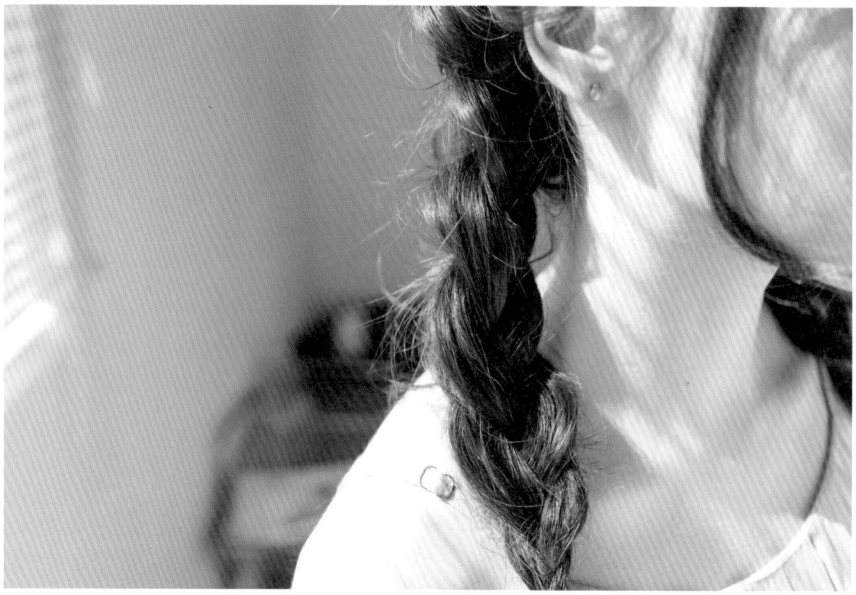

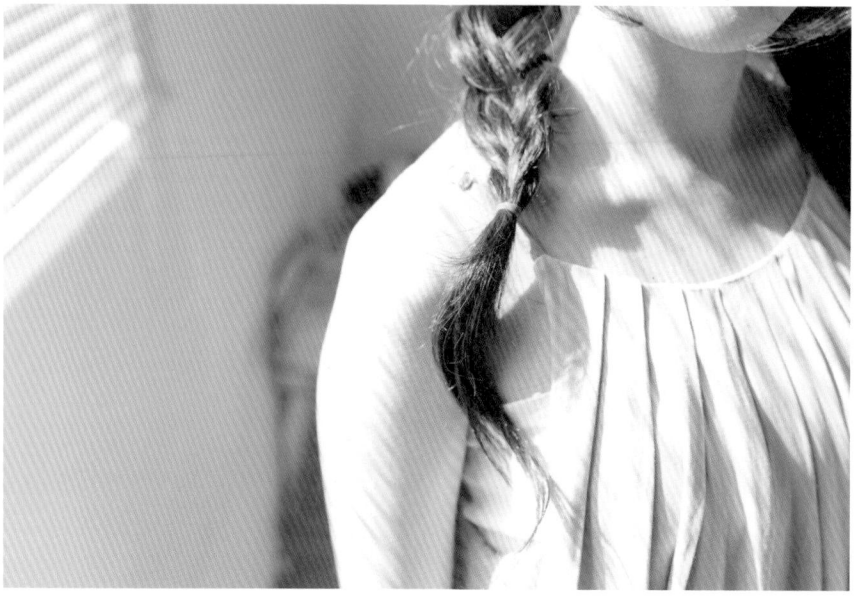

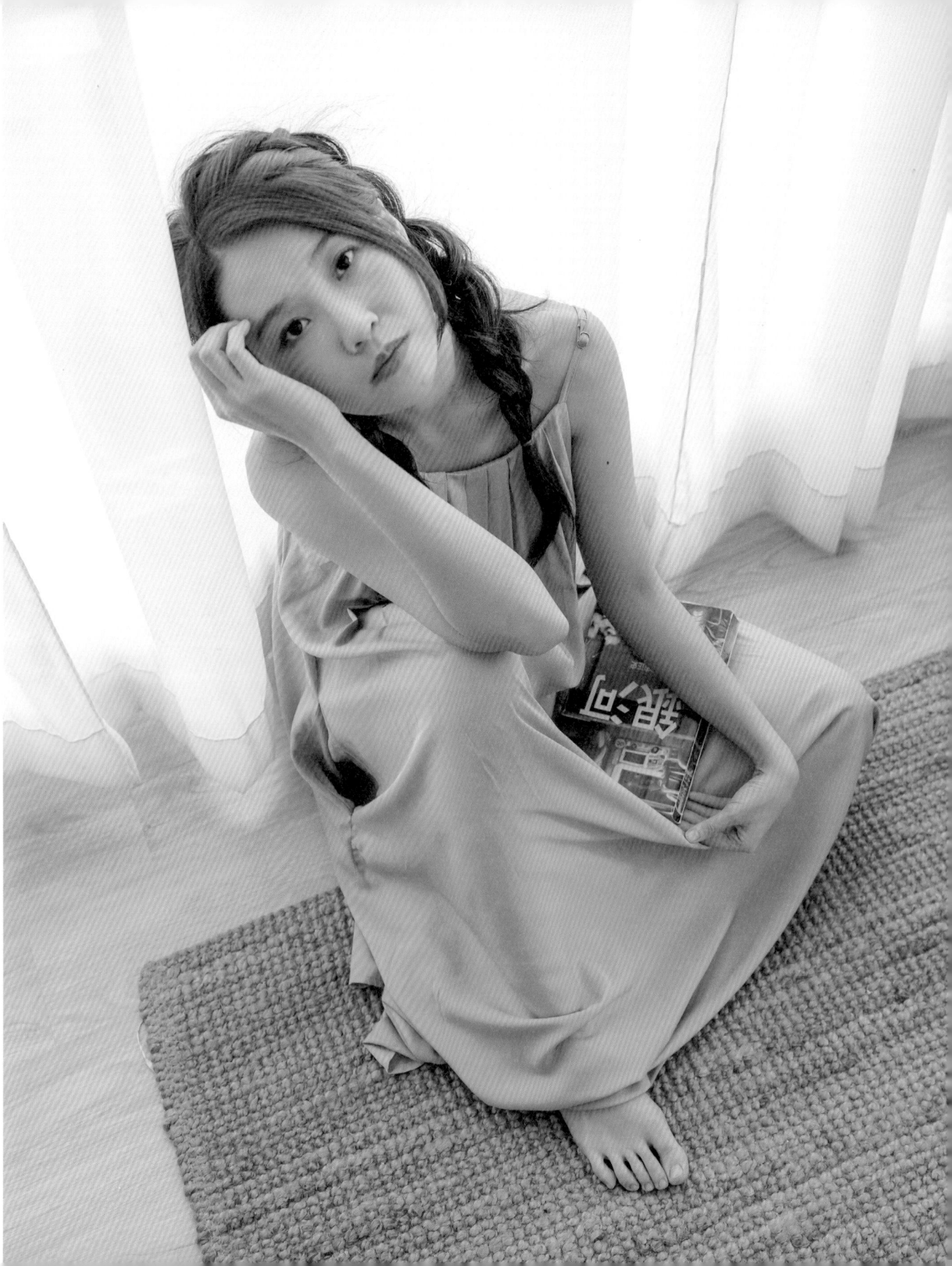

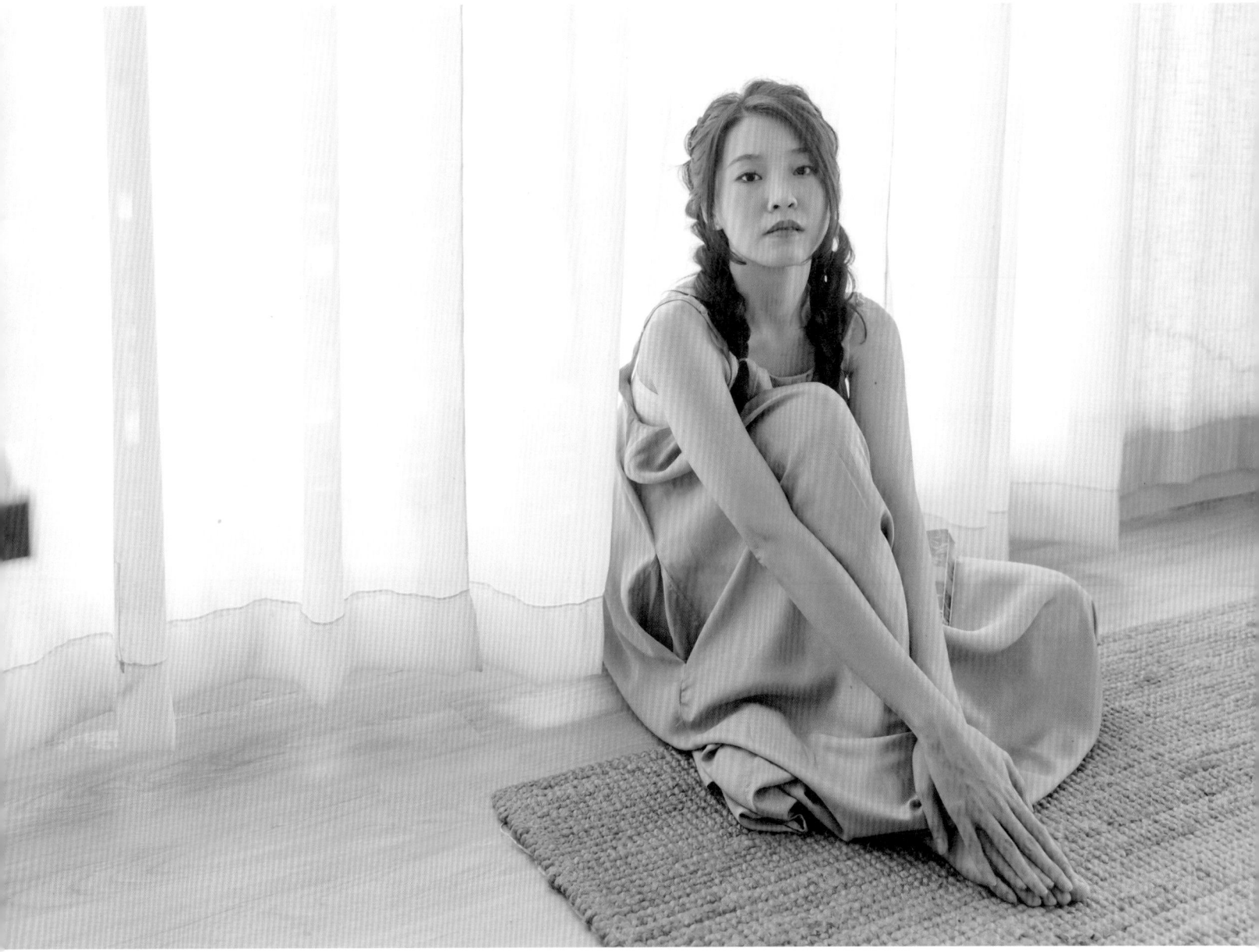

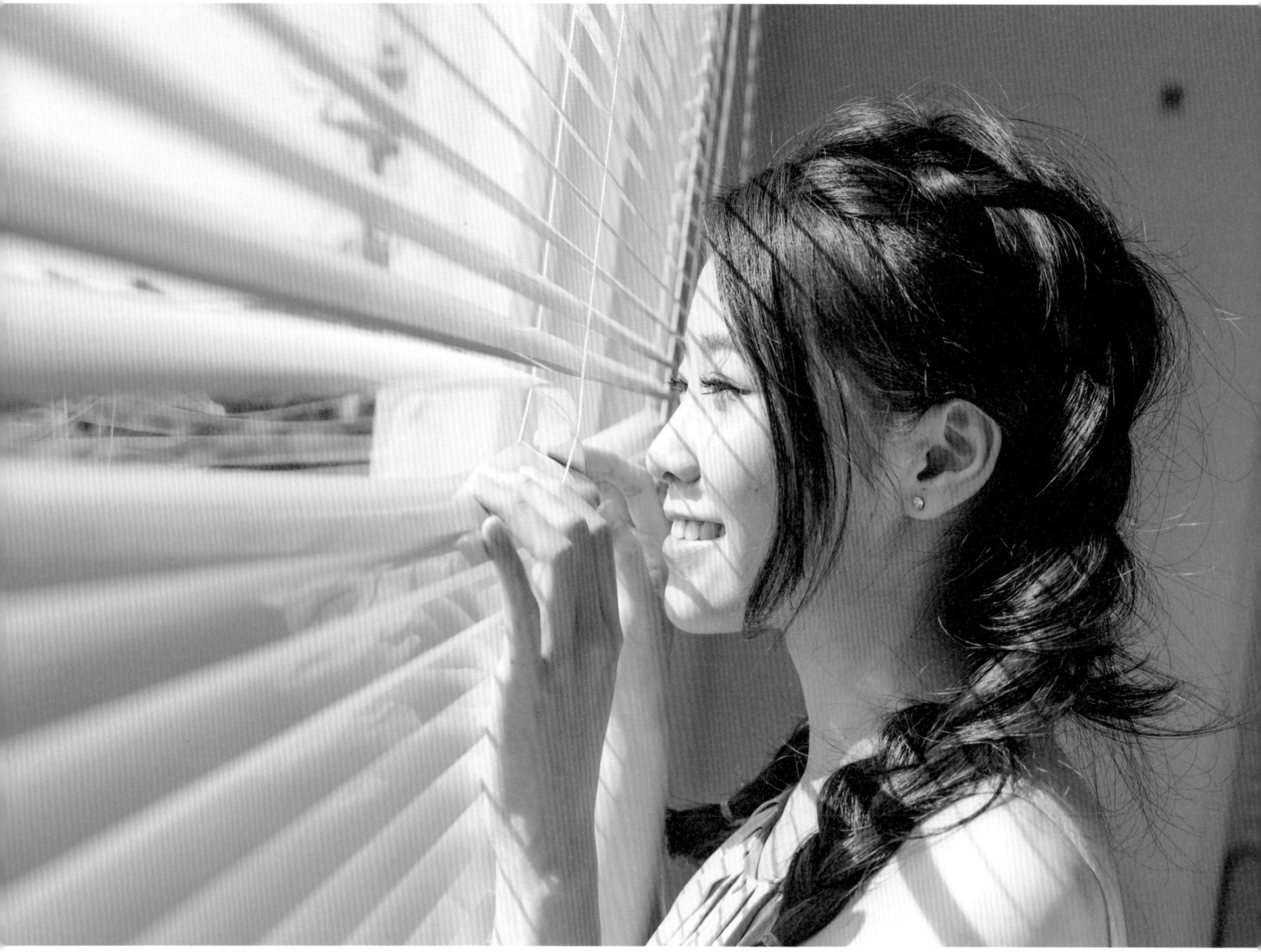

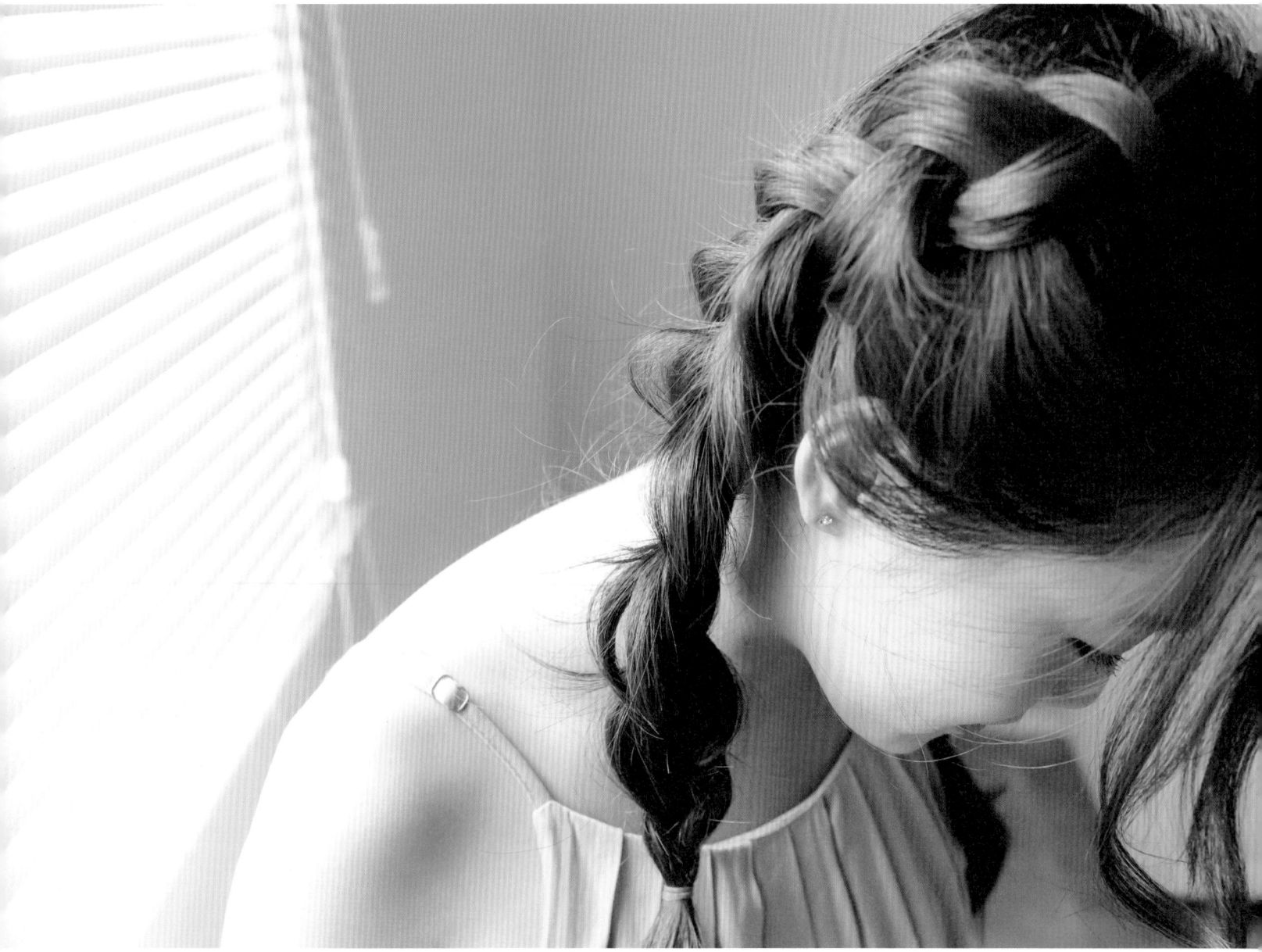

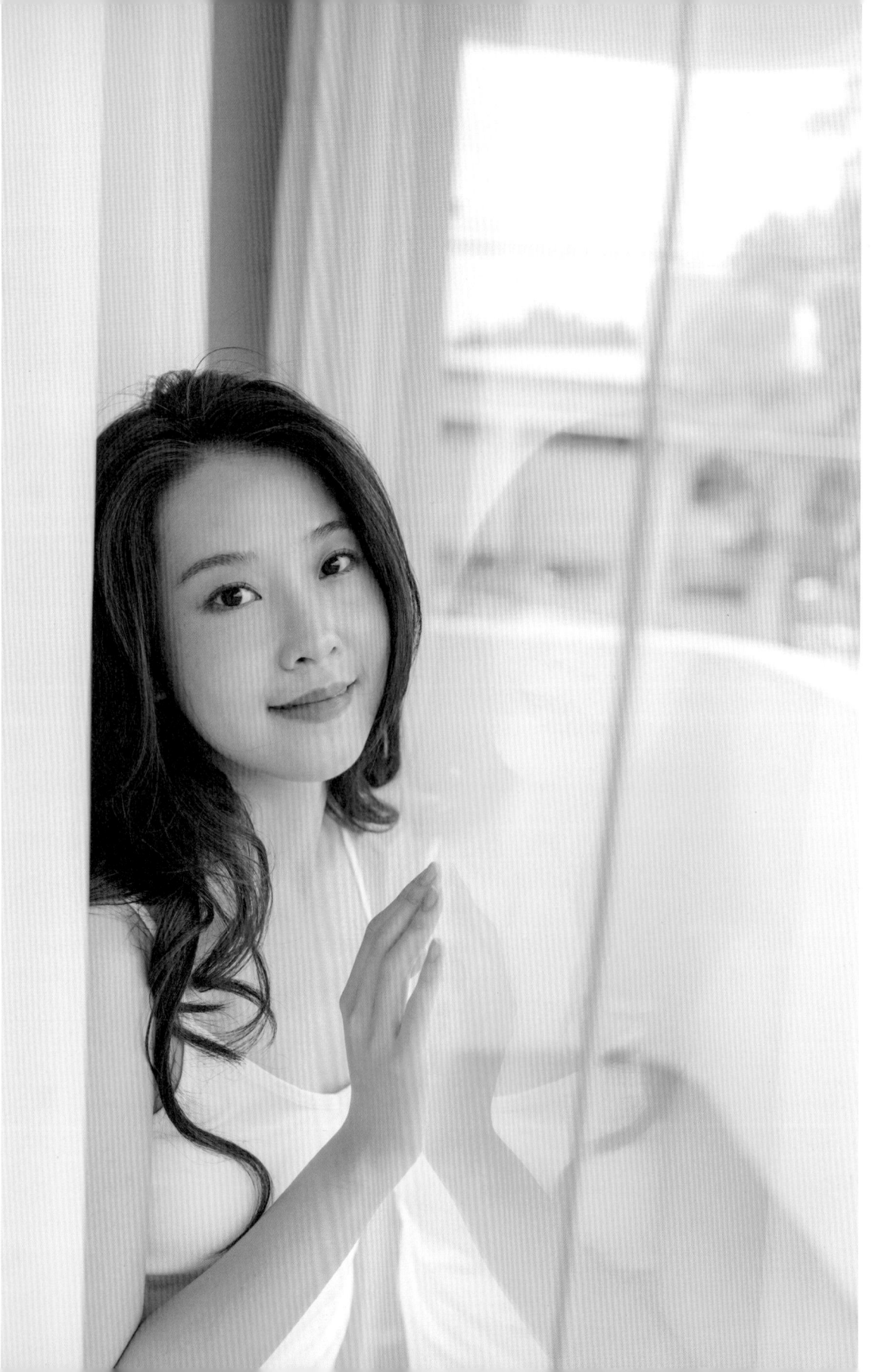

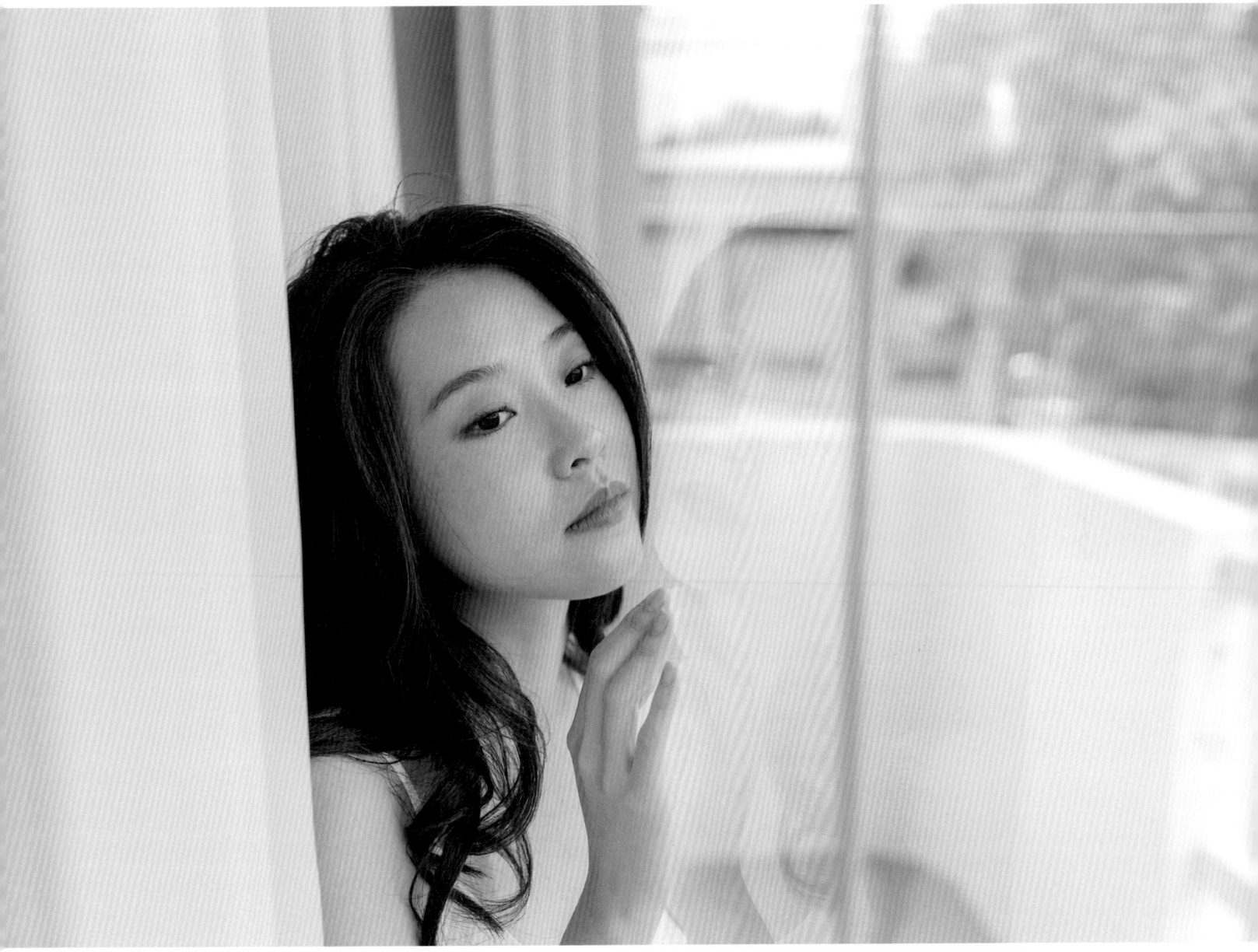

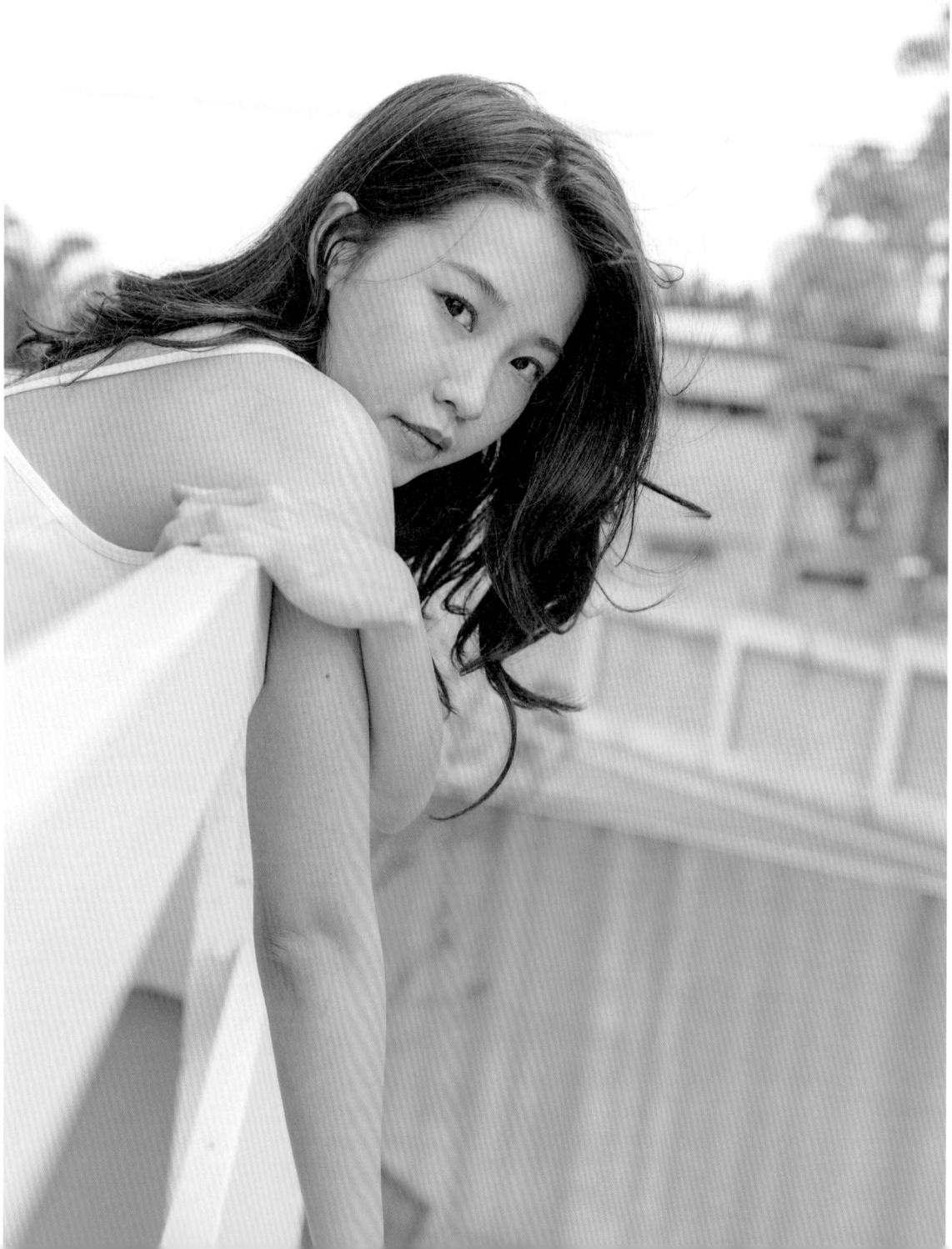

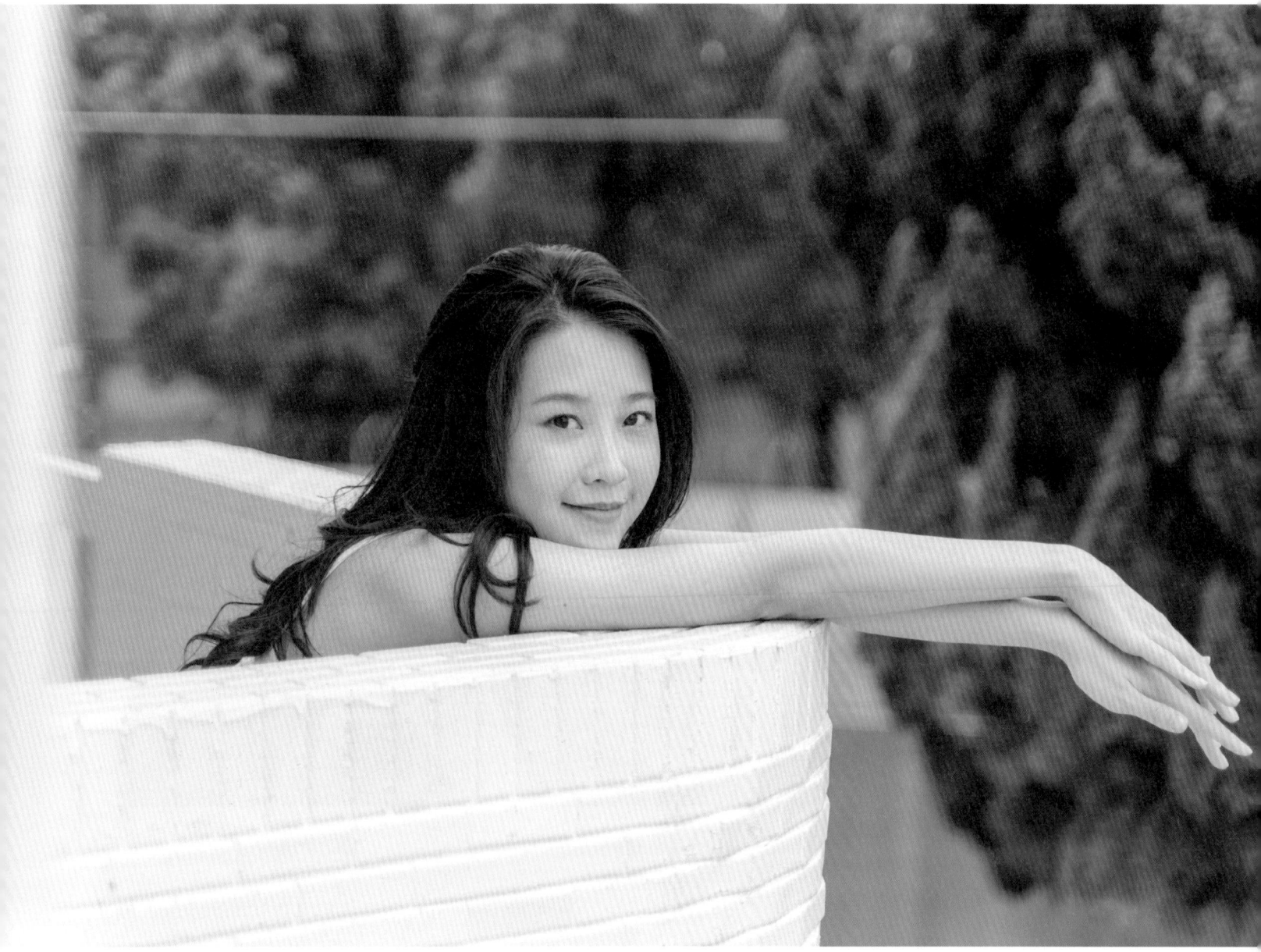

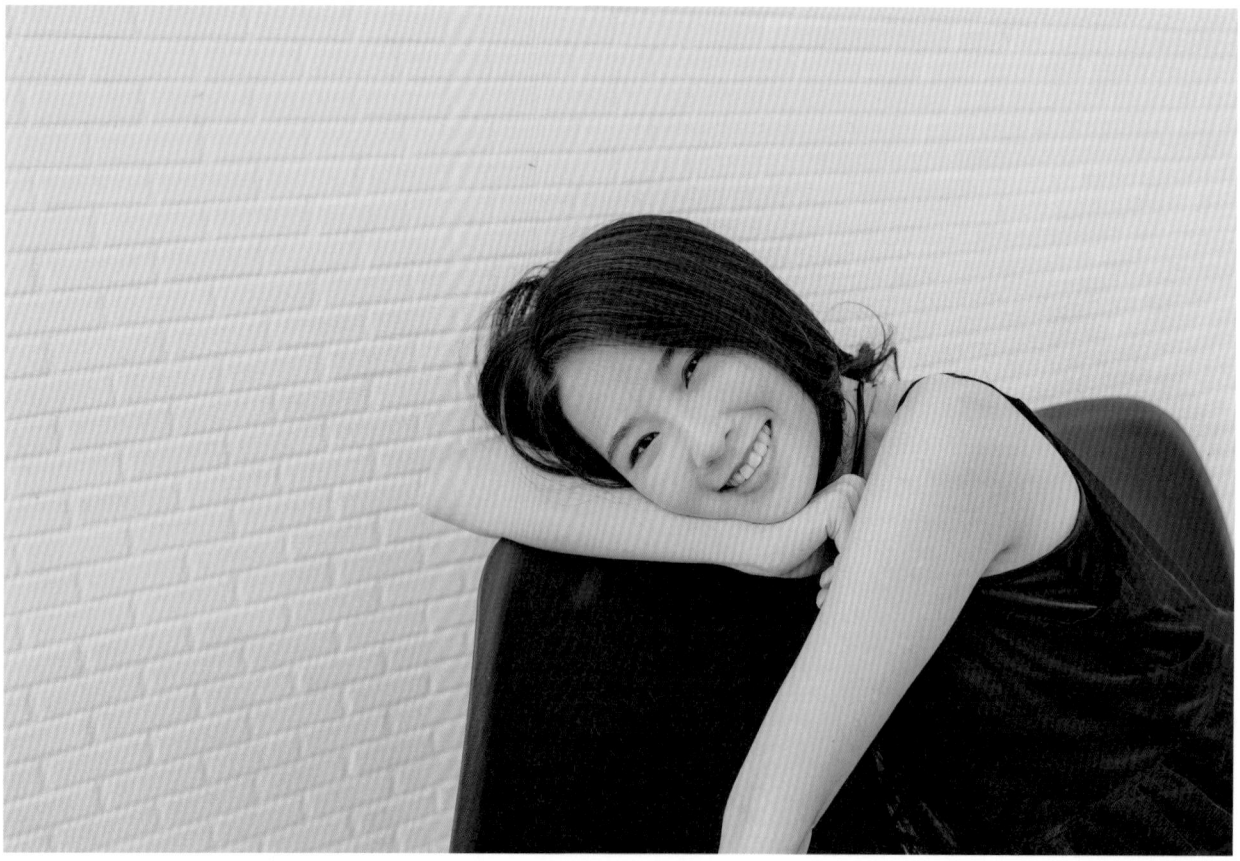

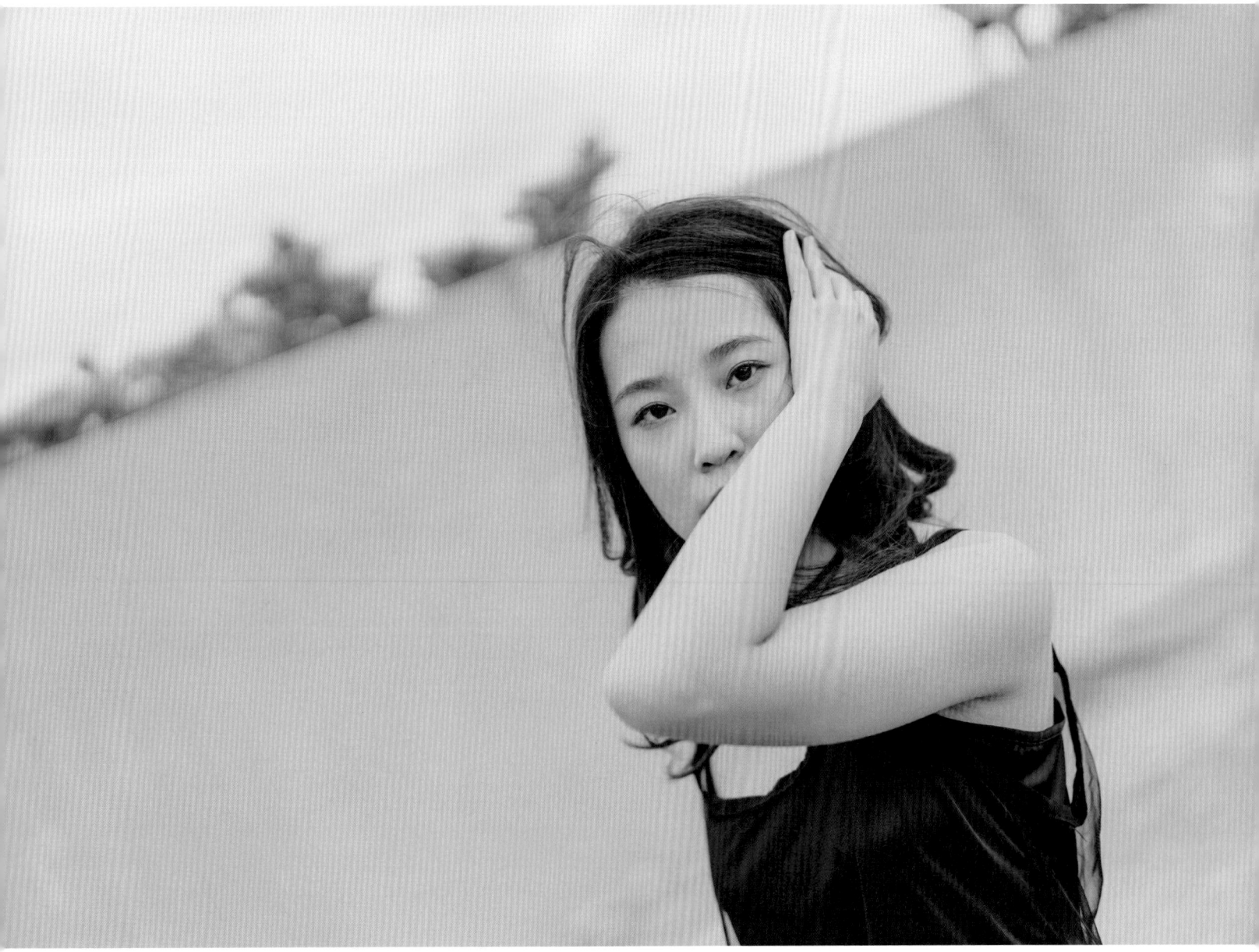

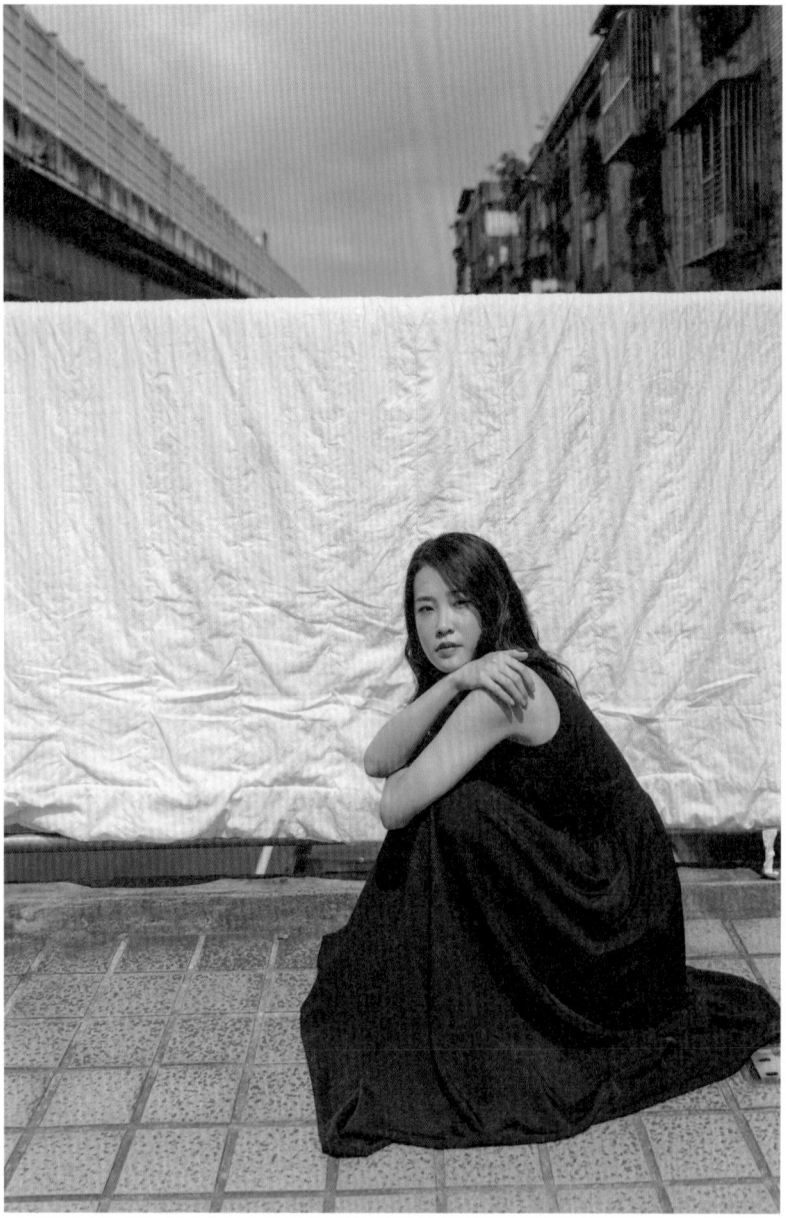

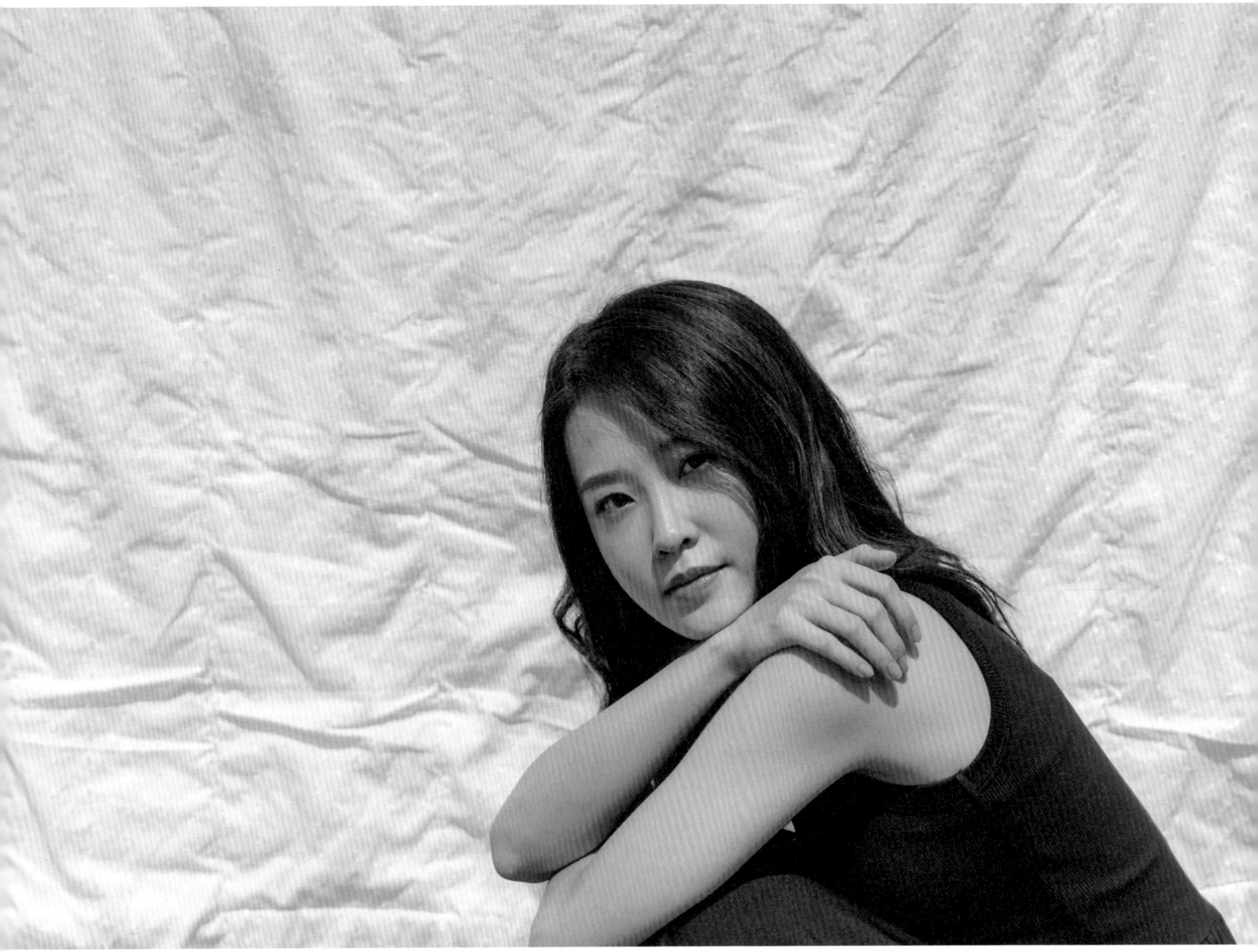

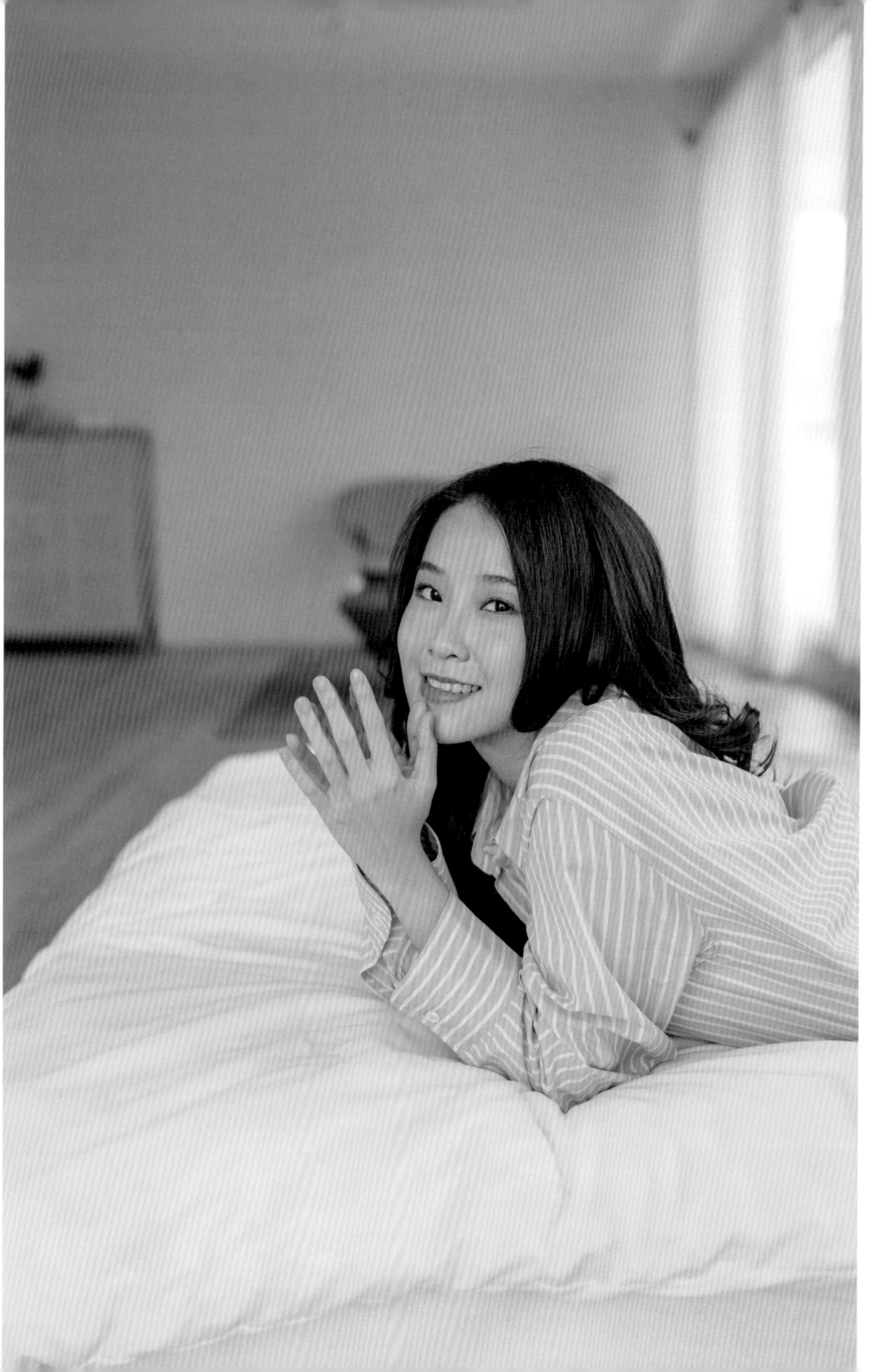

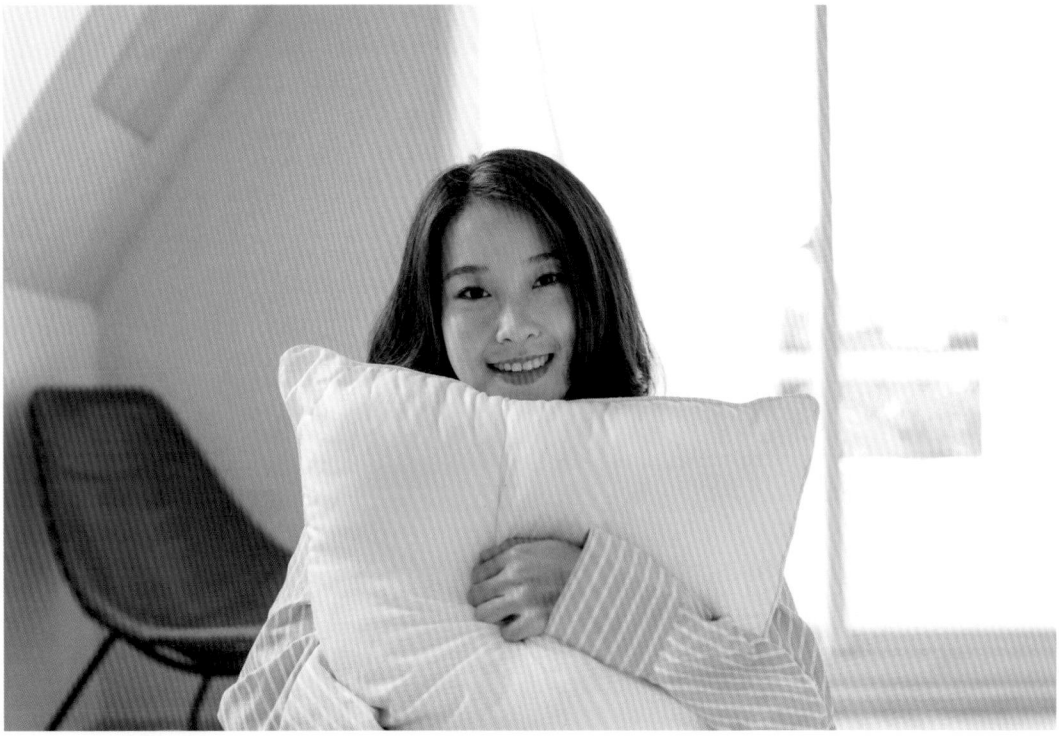

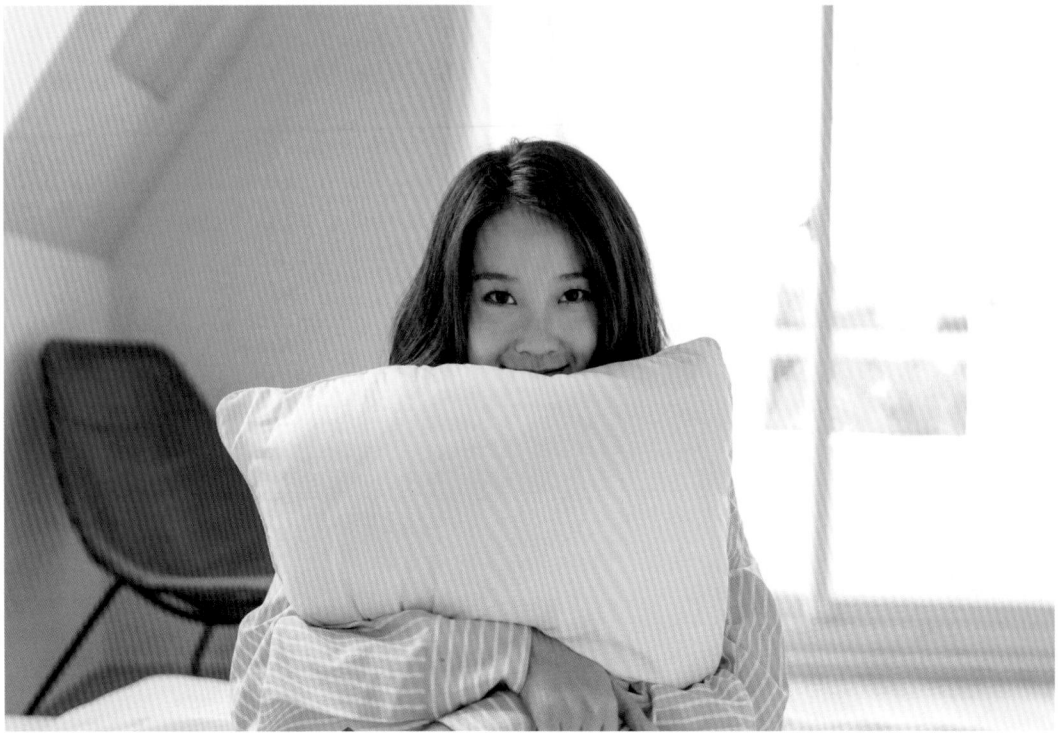

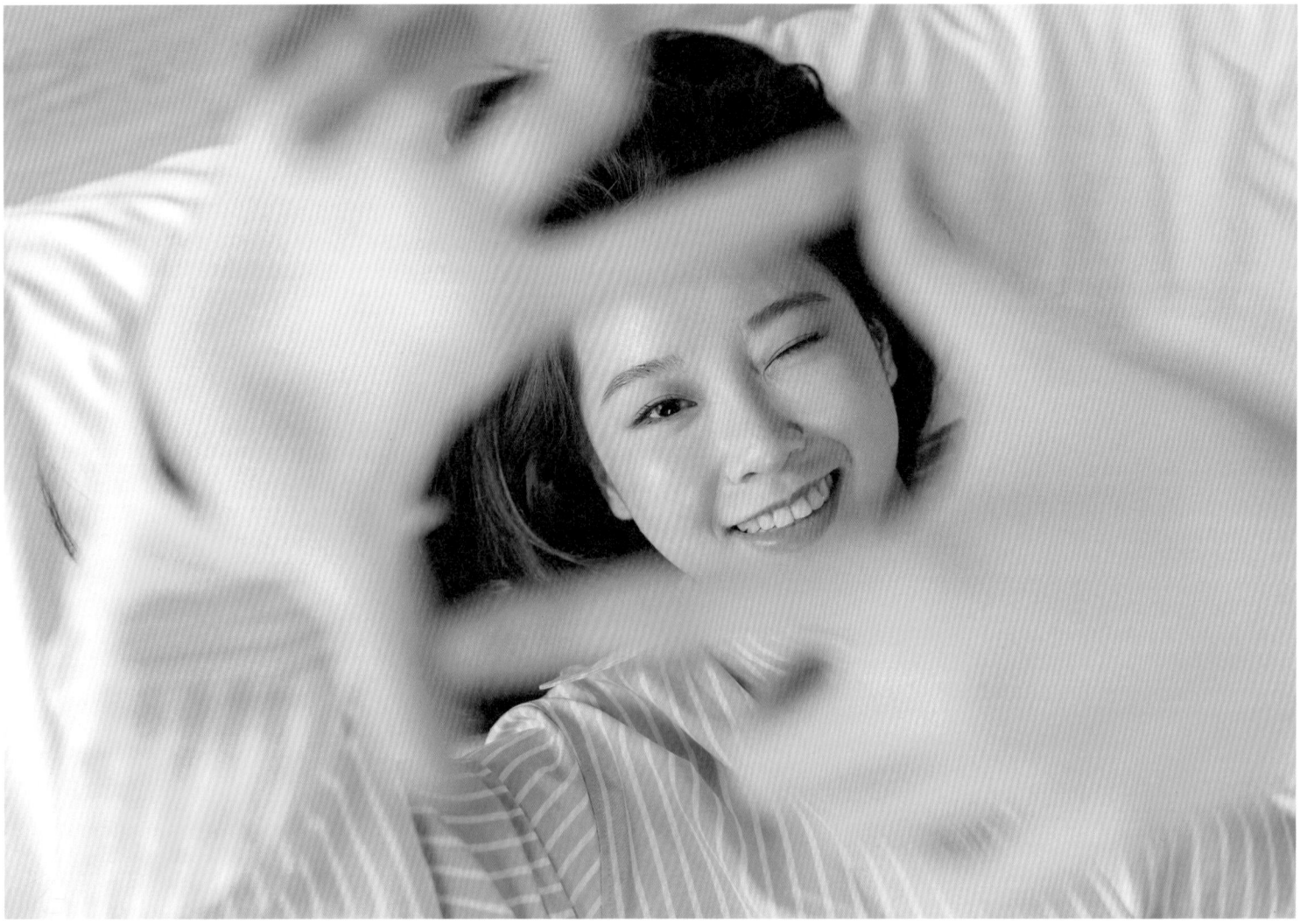

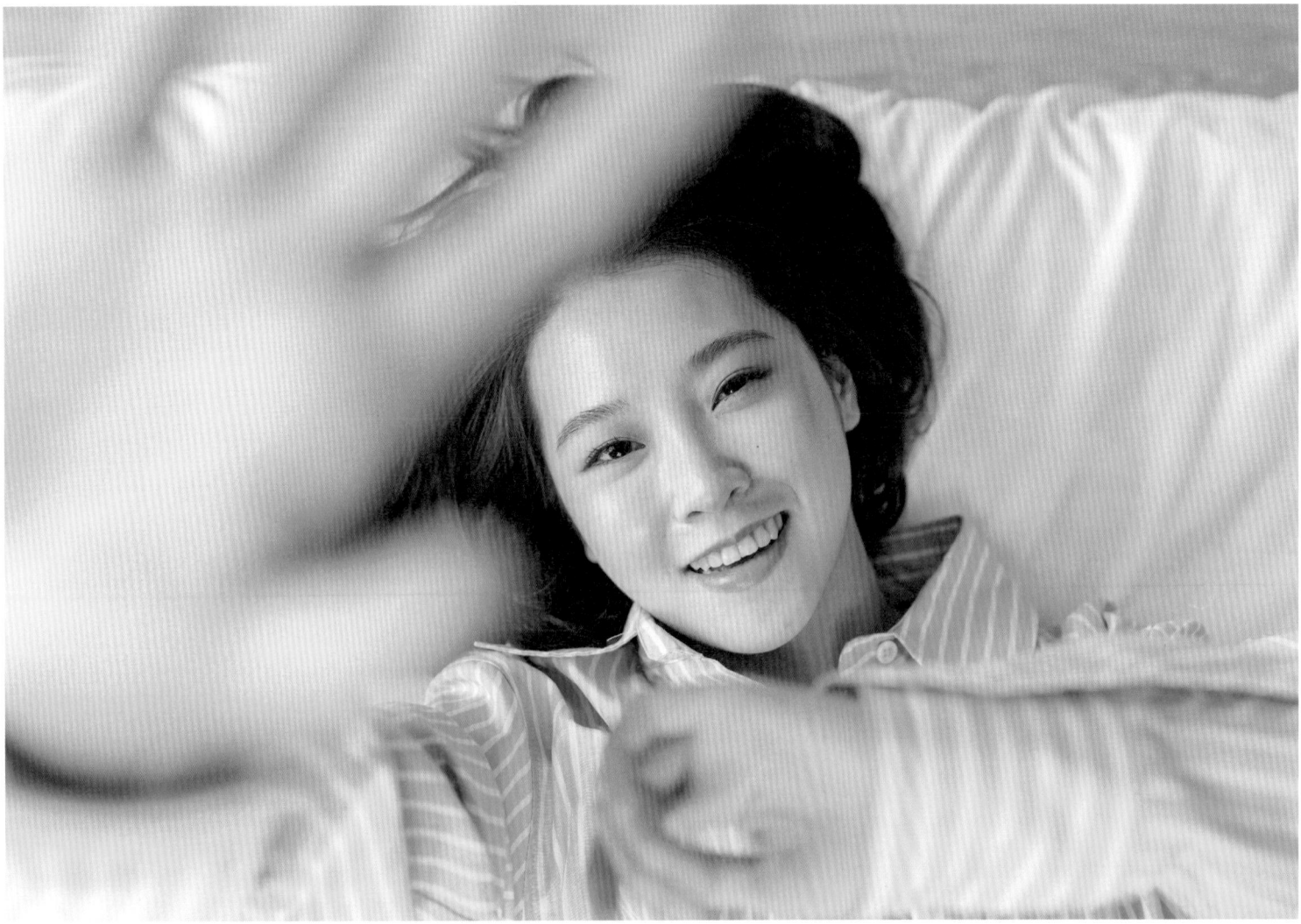

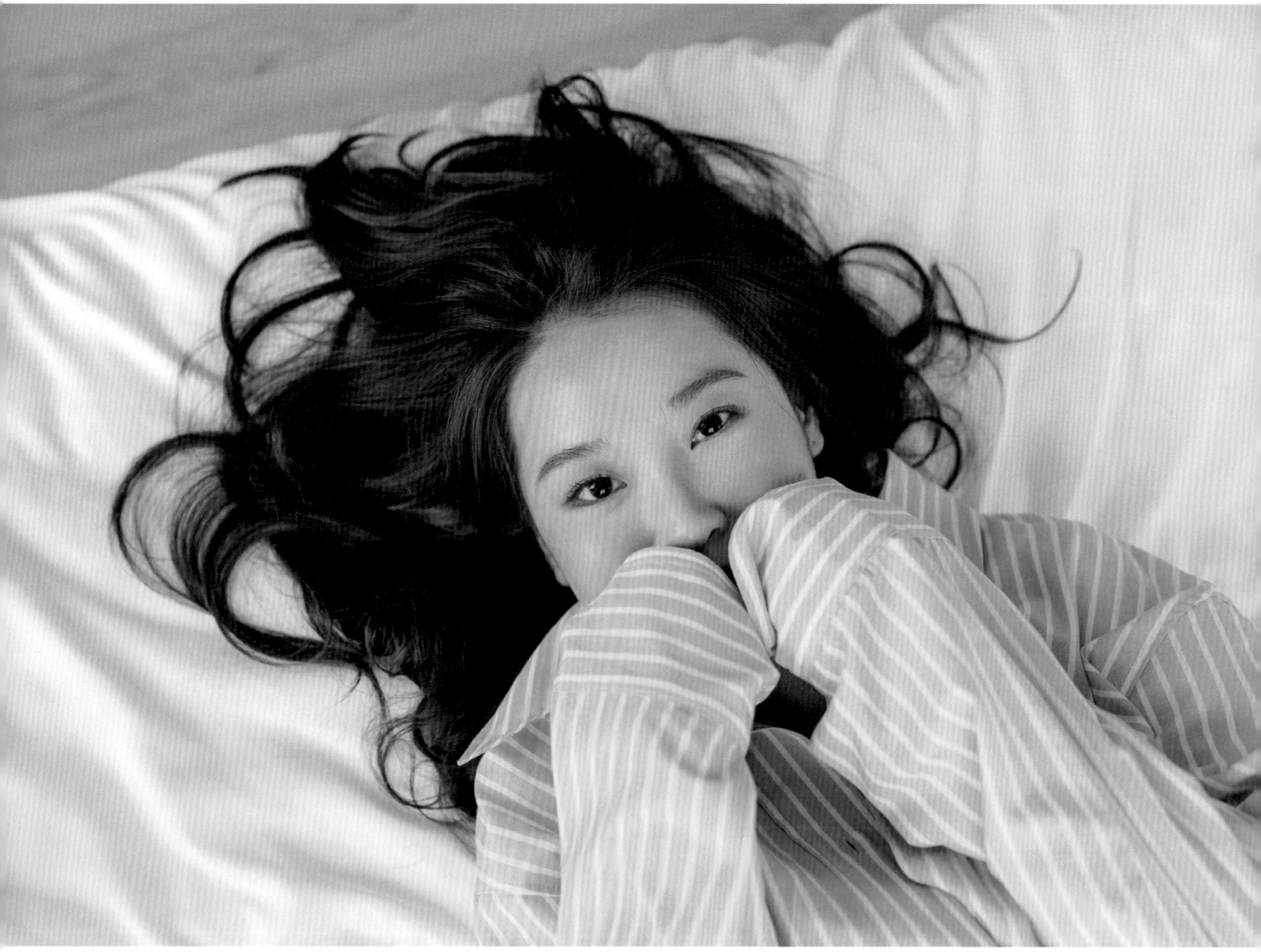

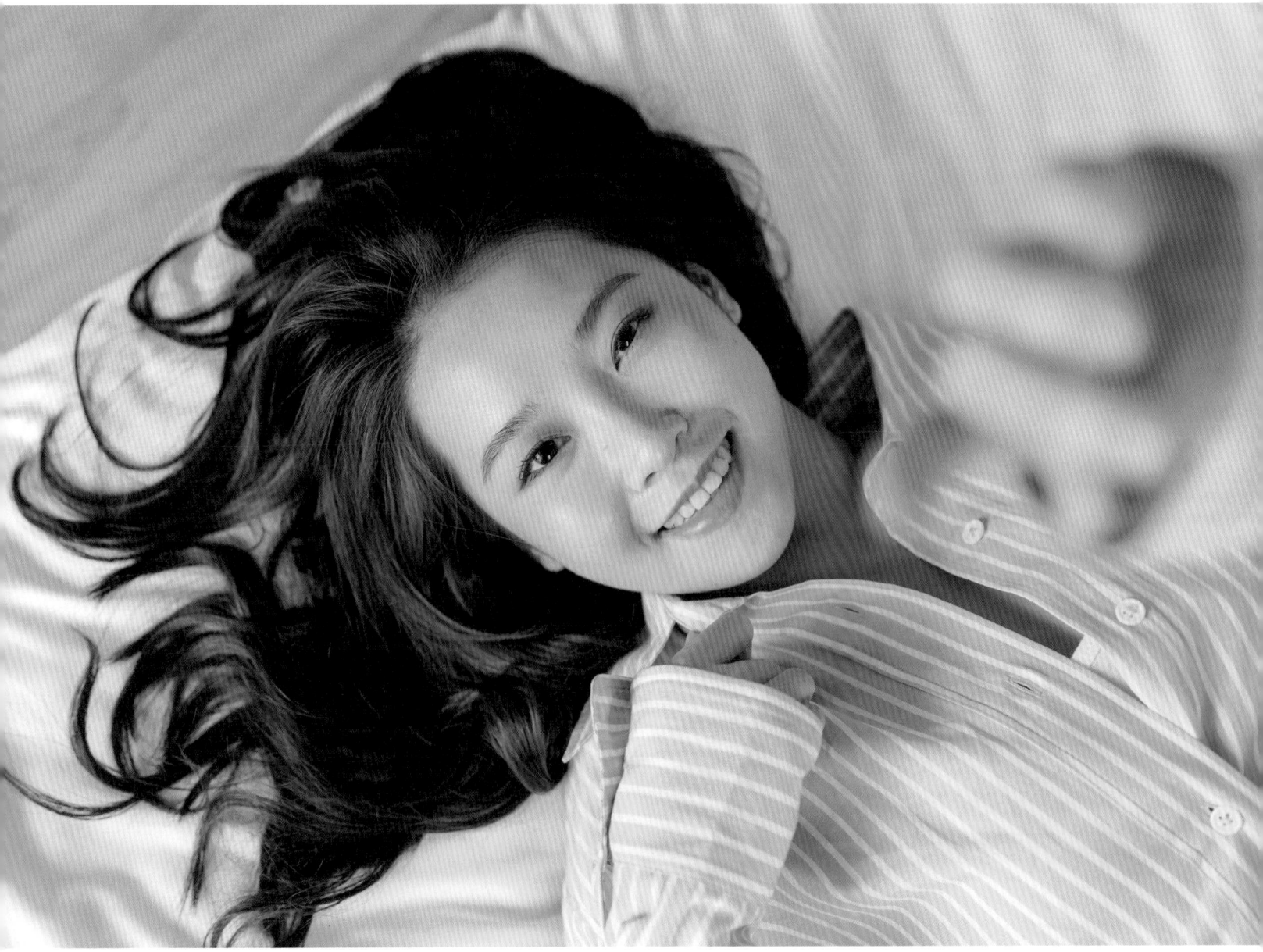

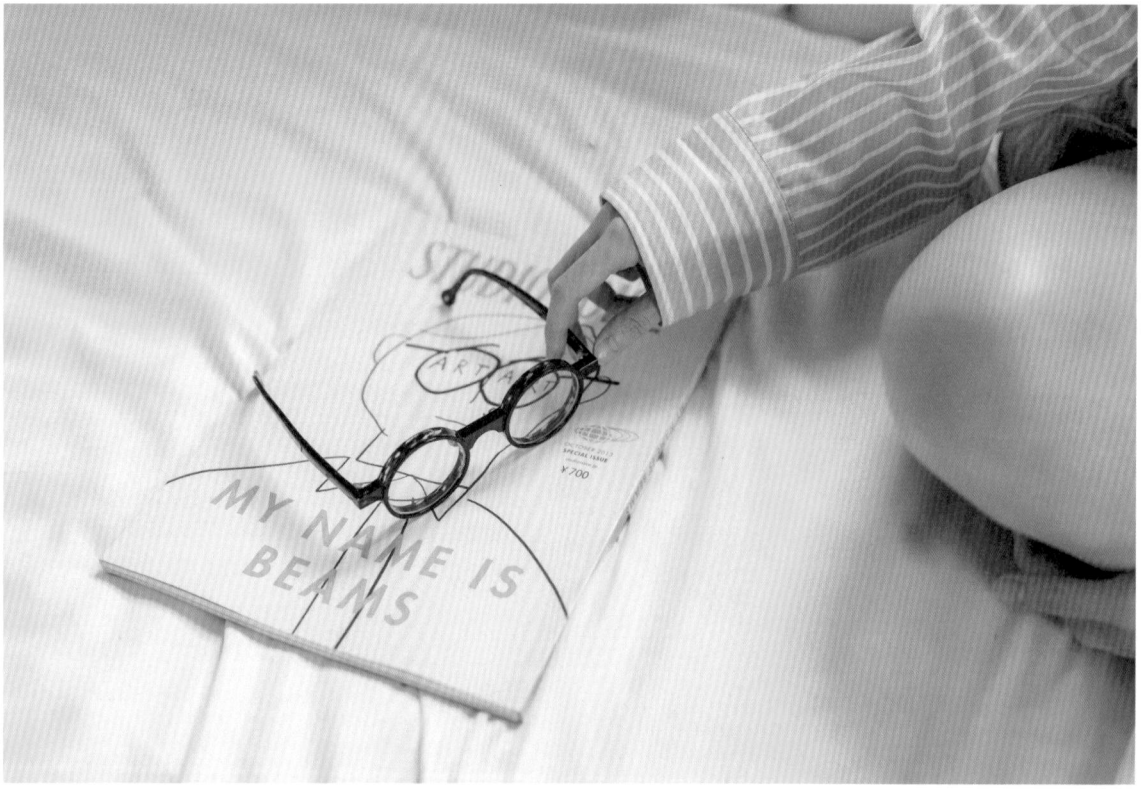
MY NAME IS
BEAMS
¥700

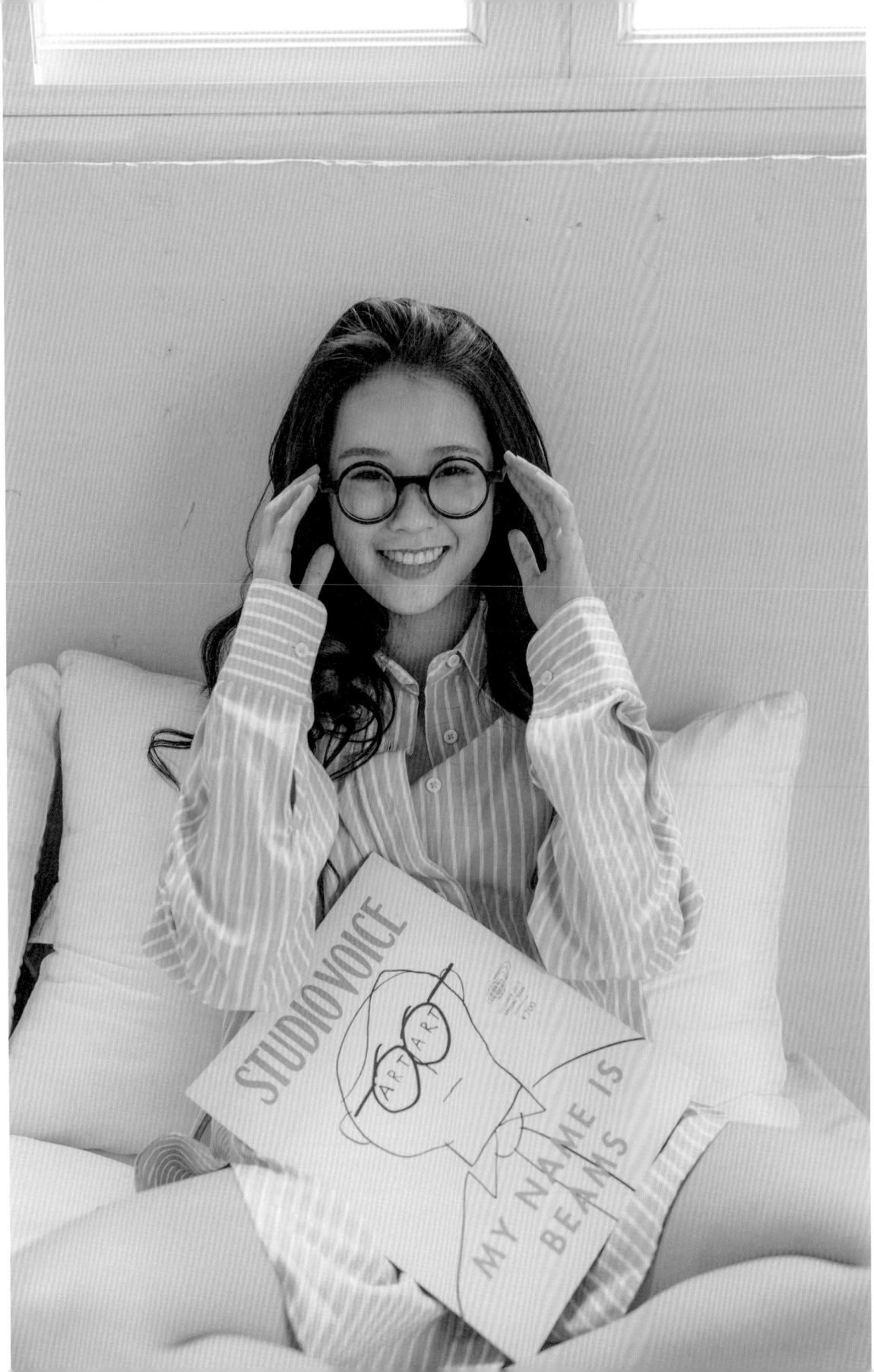
STUDIO VOICE
ART ART
MY NAME IS
BEAMS

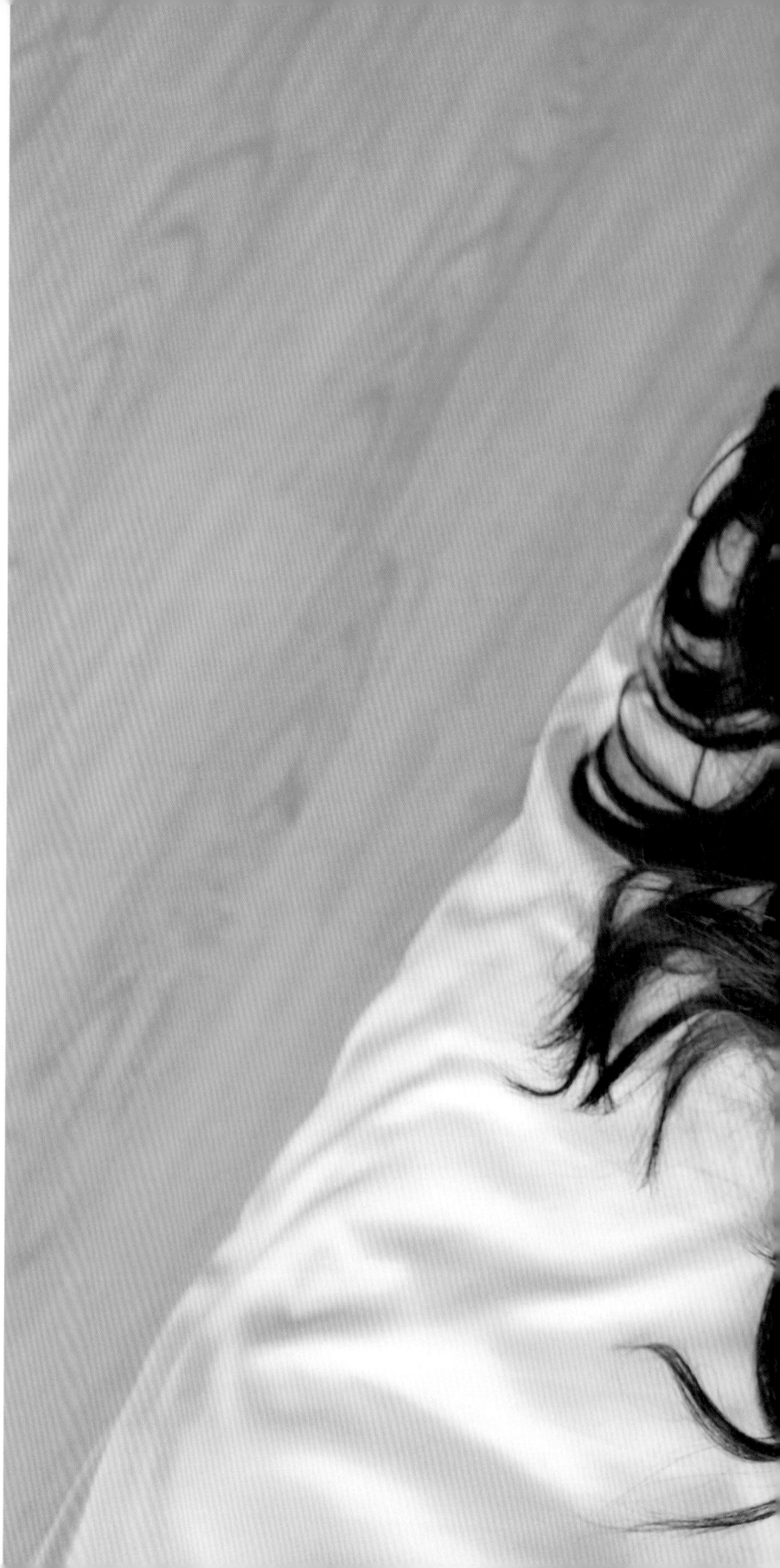

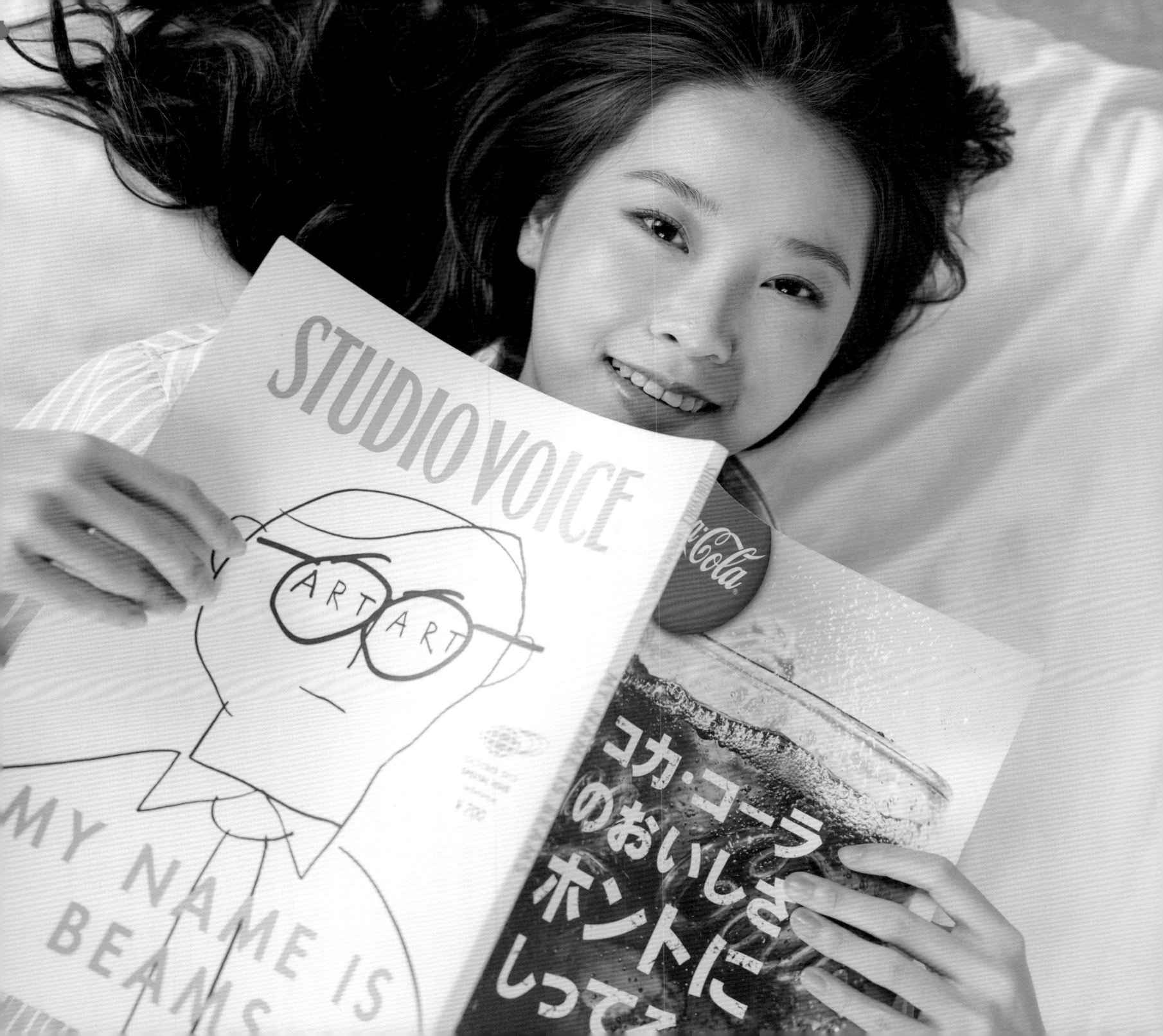
STUDIO VOICE
ART
ART
MY NAME IS
BEAMS
Coca-Cola
コカ・コーラ
のおいしさに
ホントに

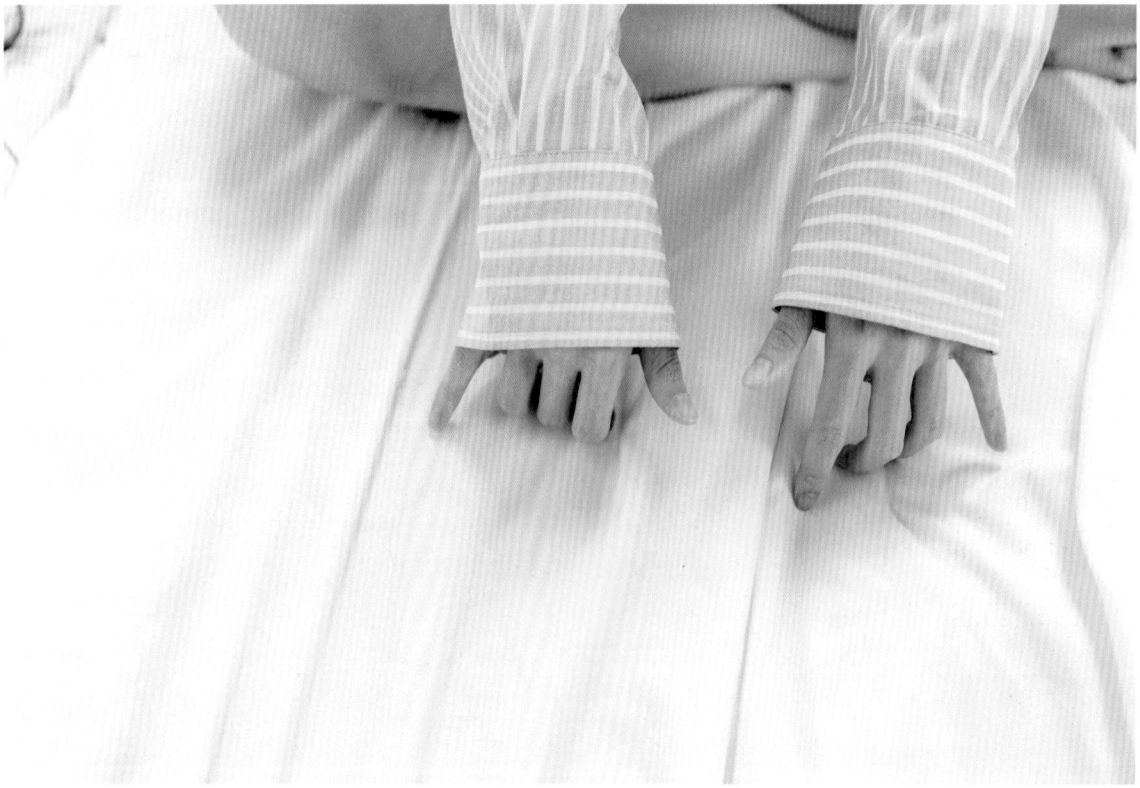

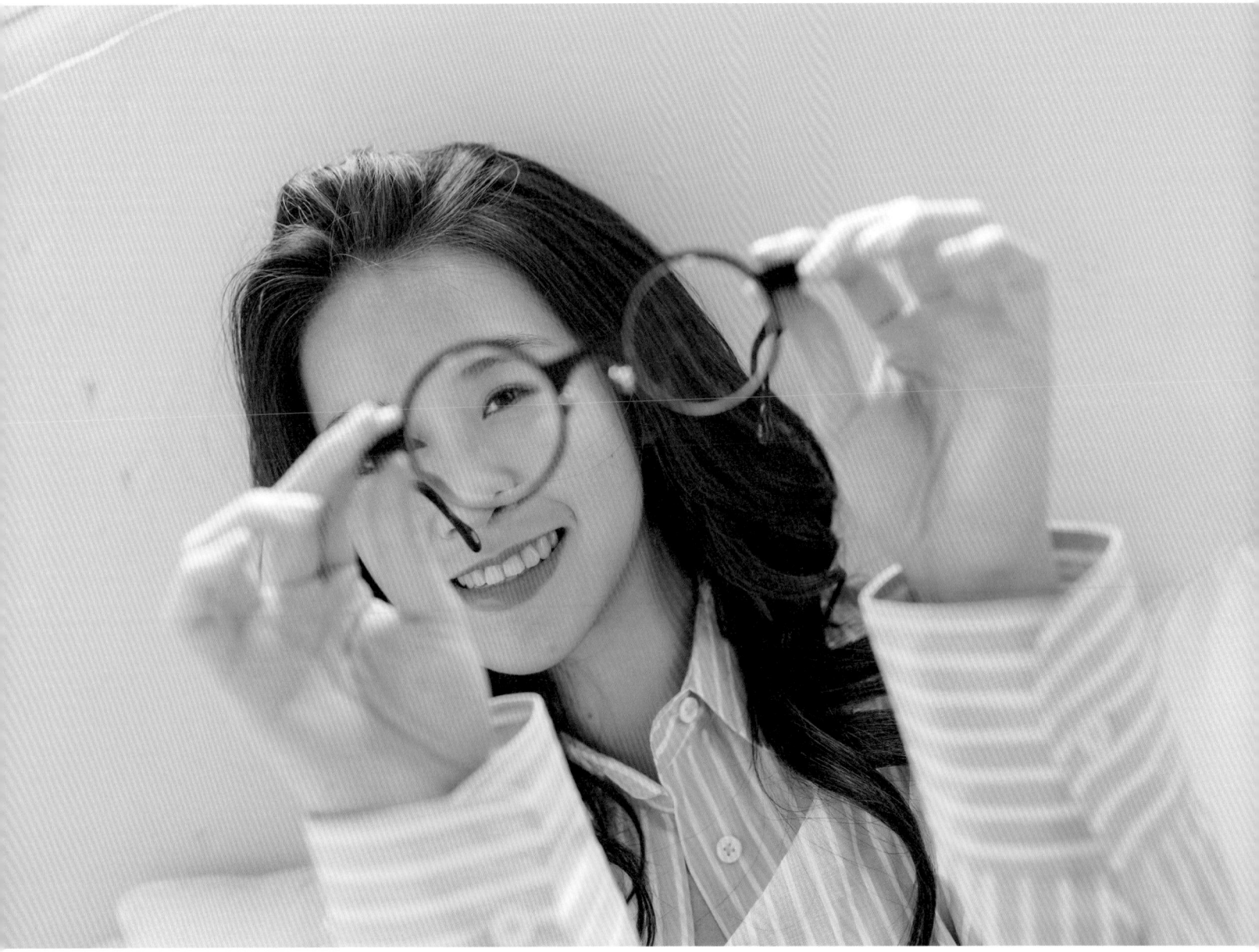

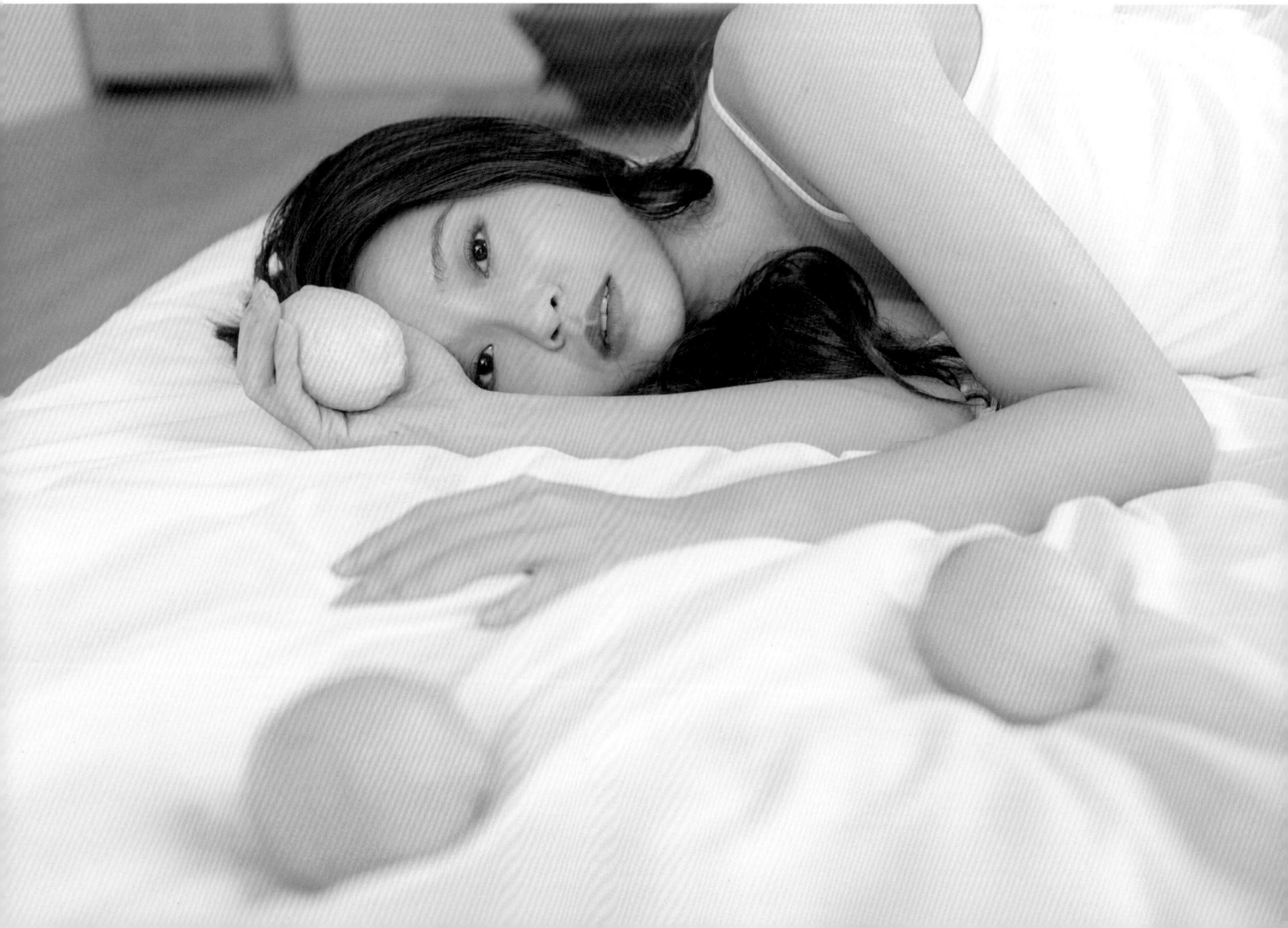

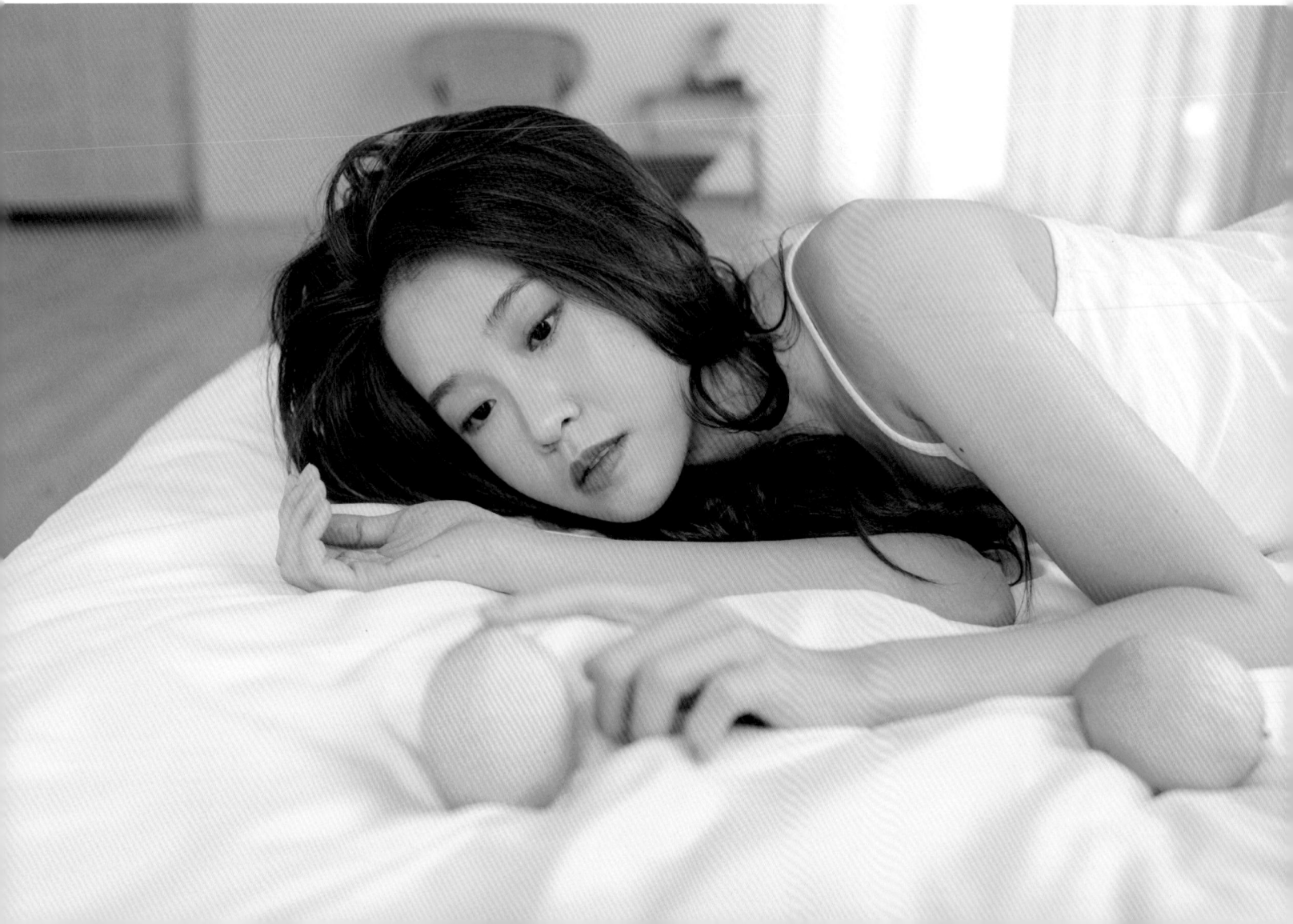

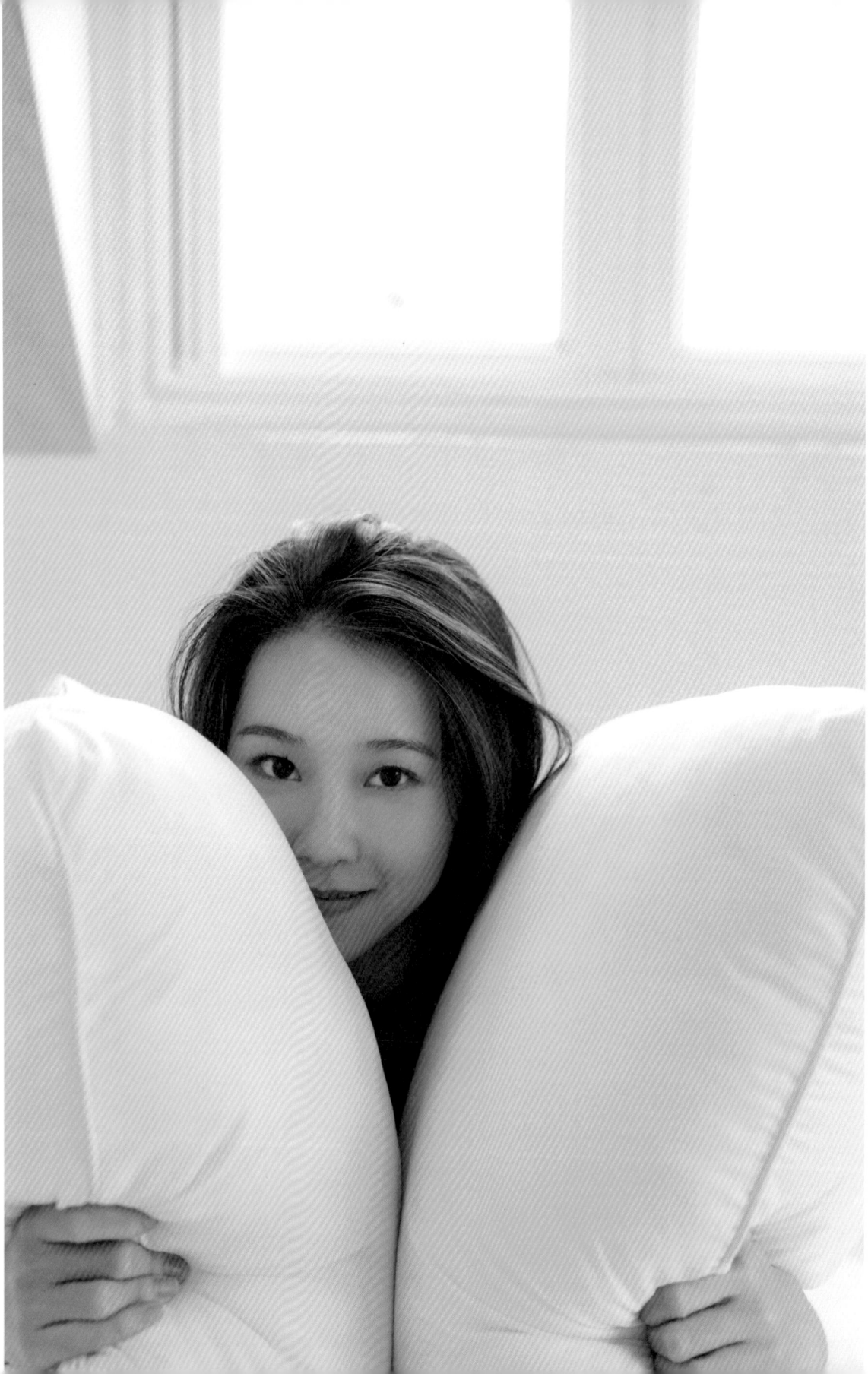

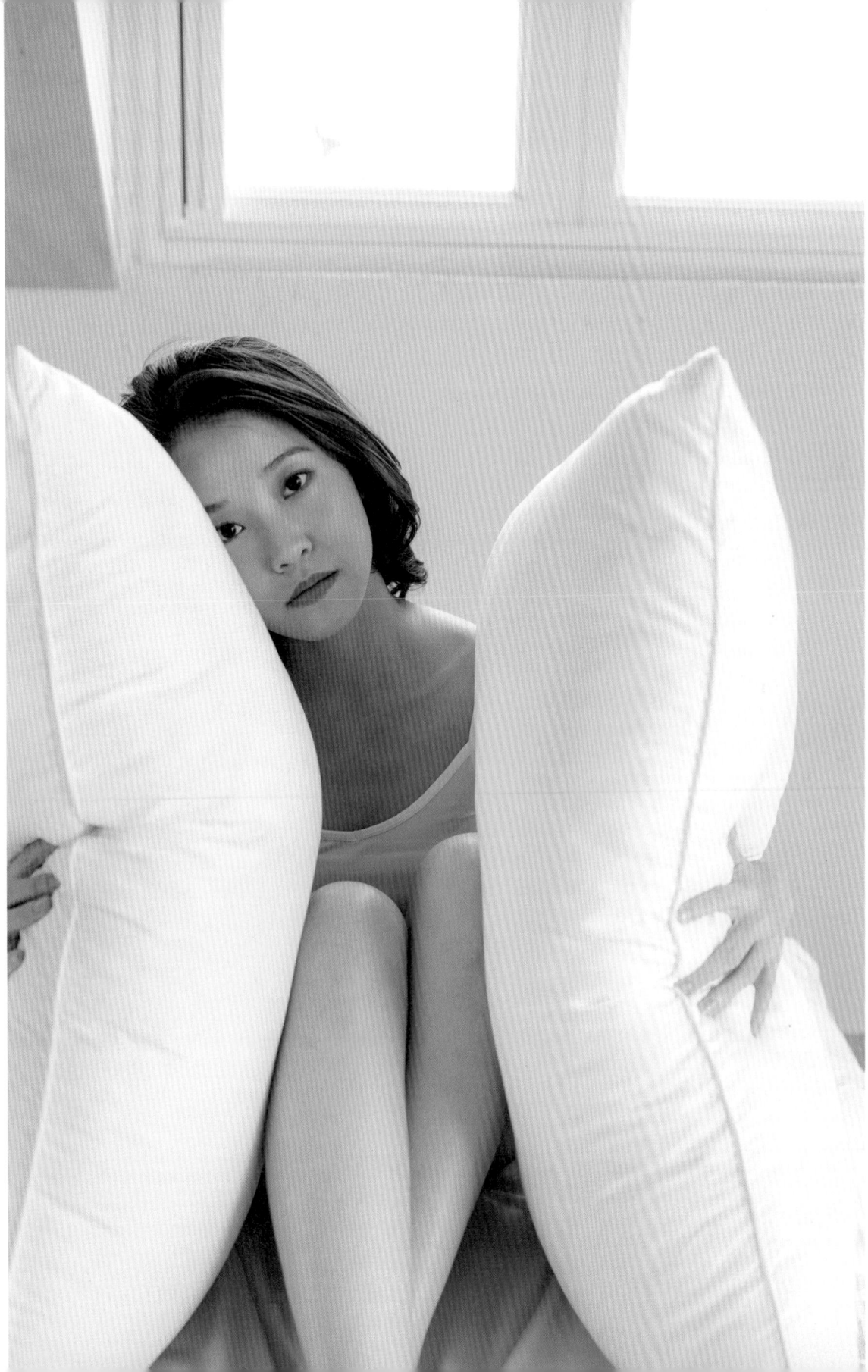

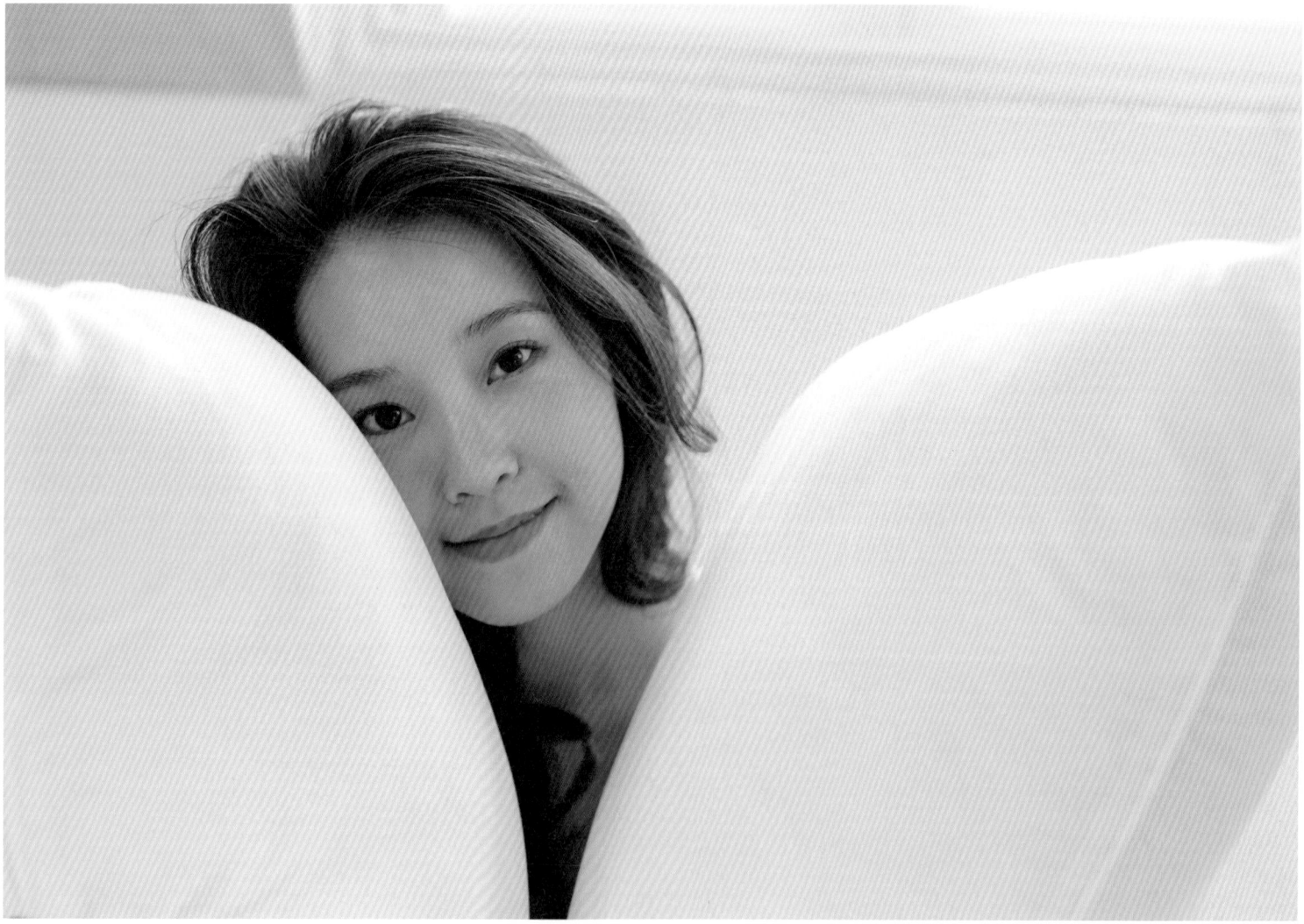

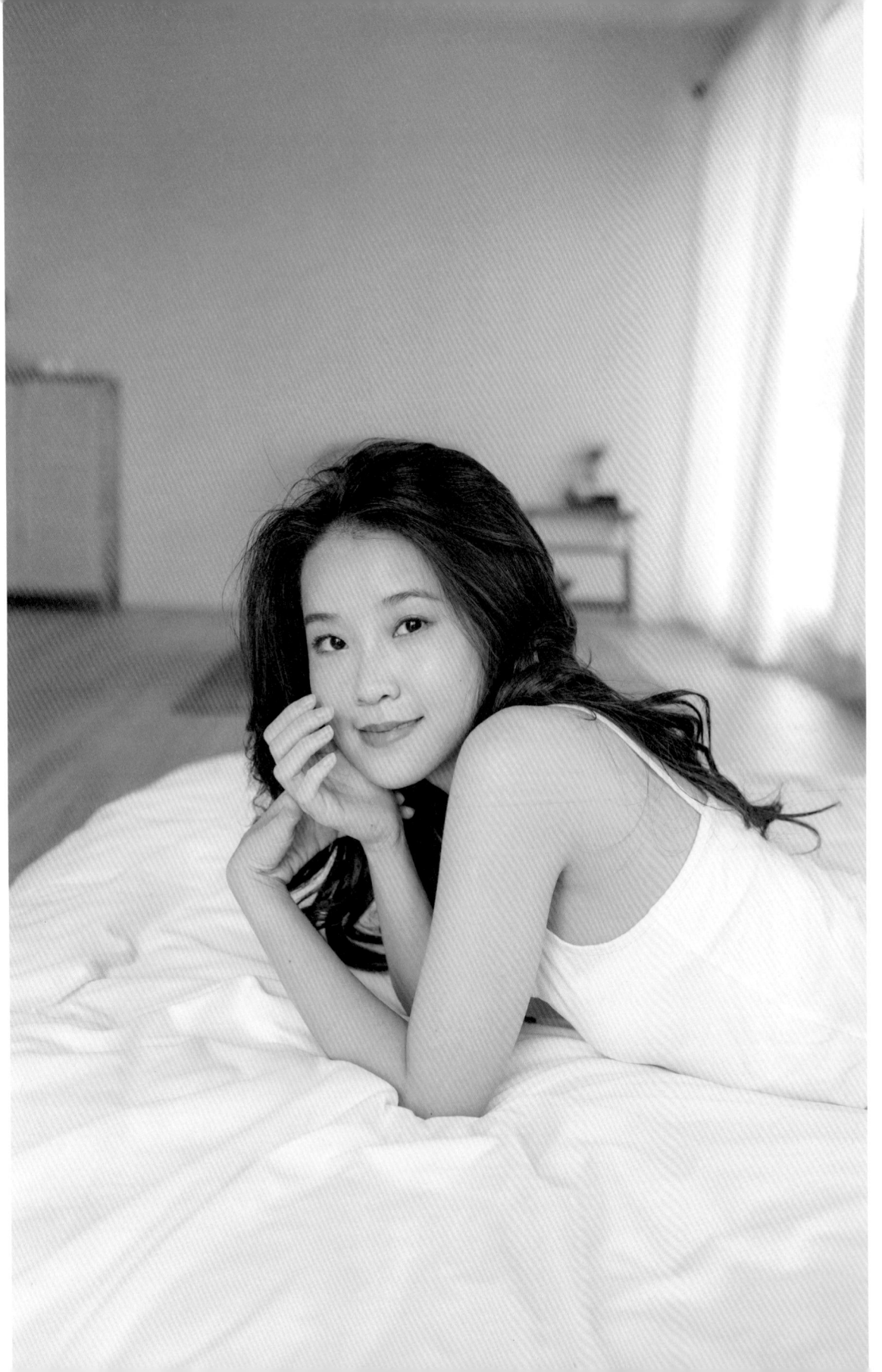

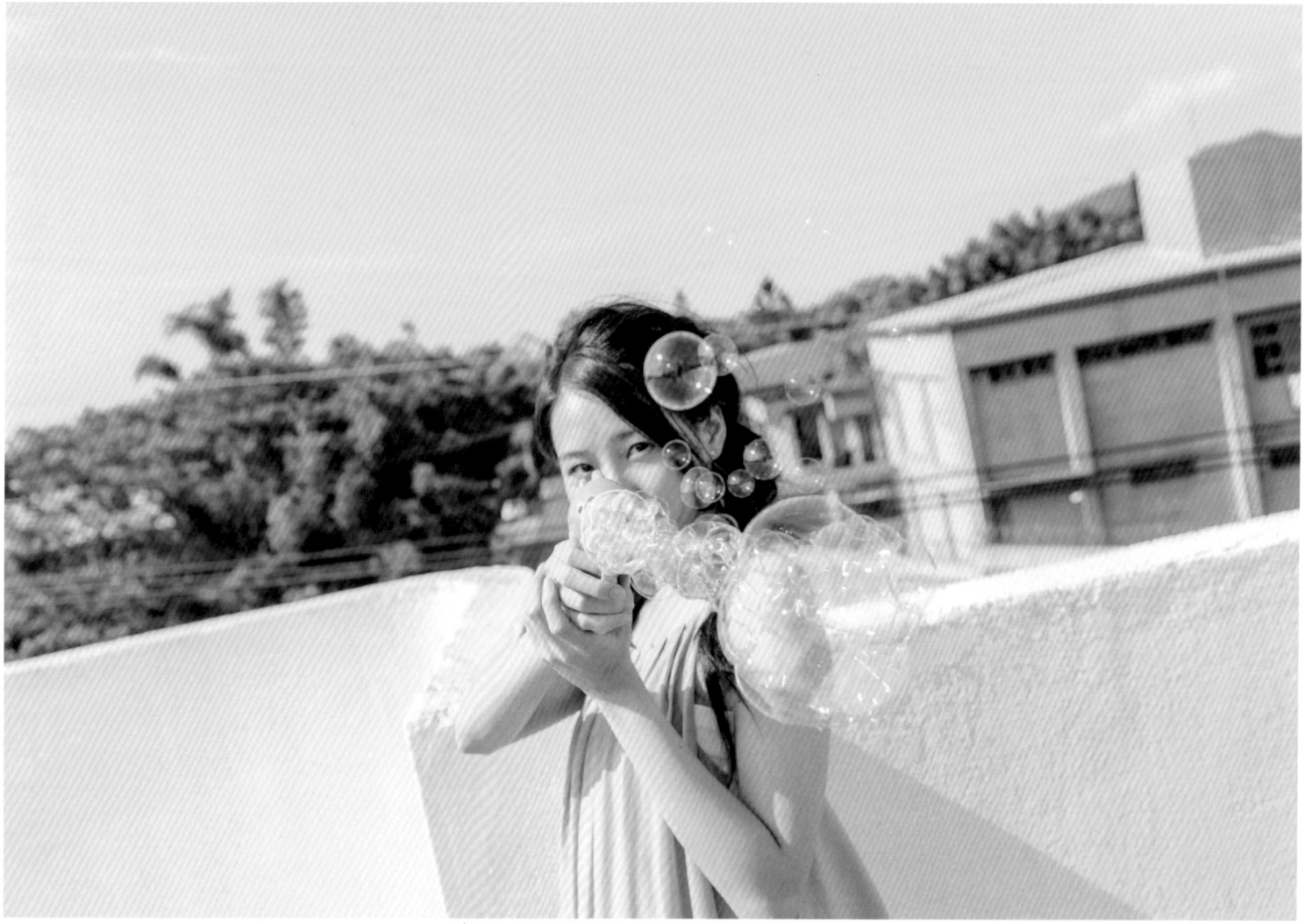

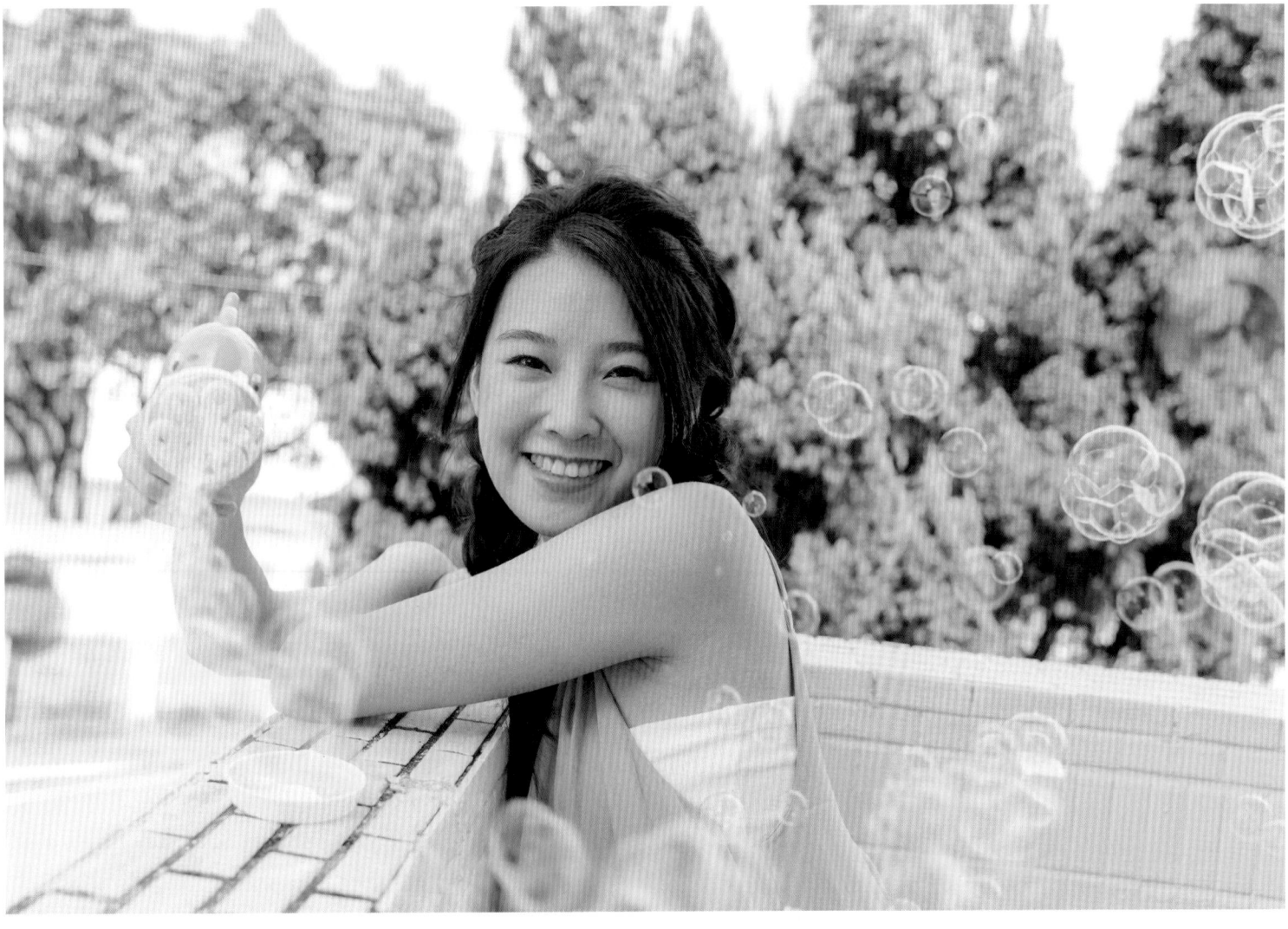

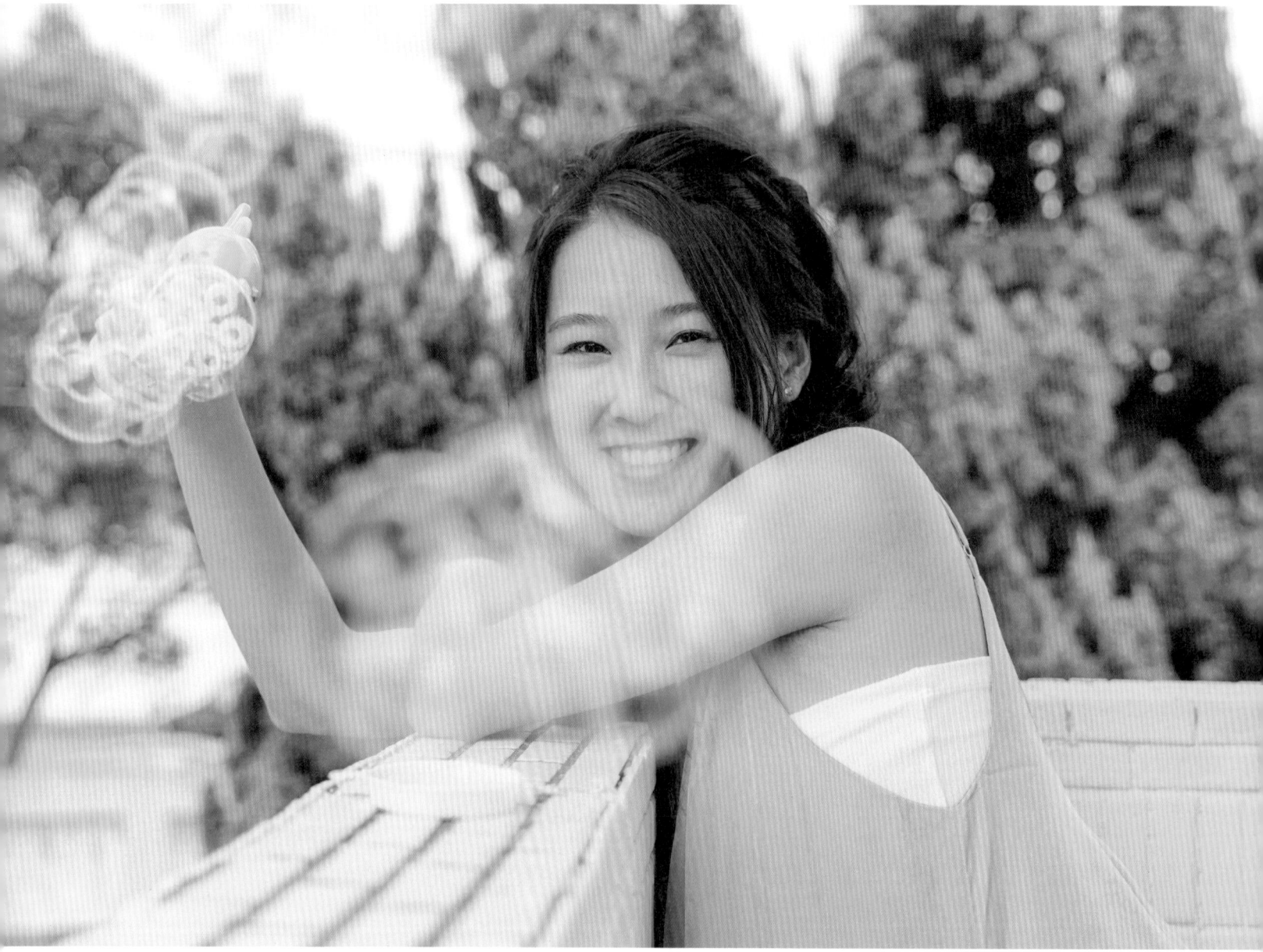

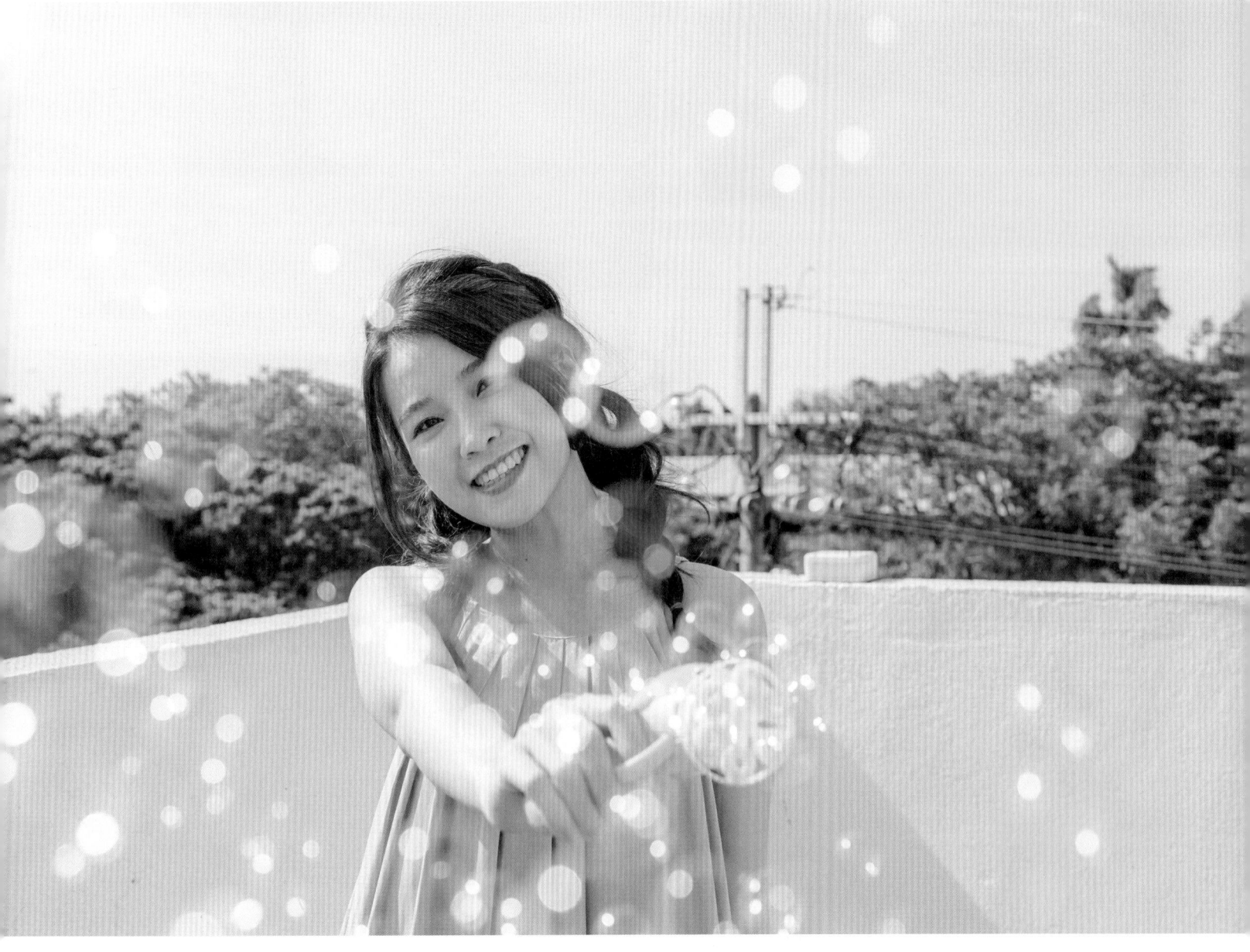

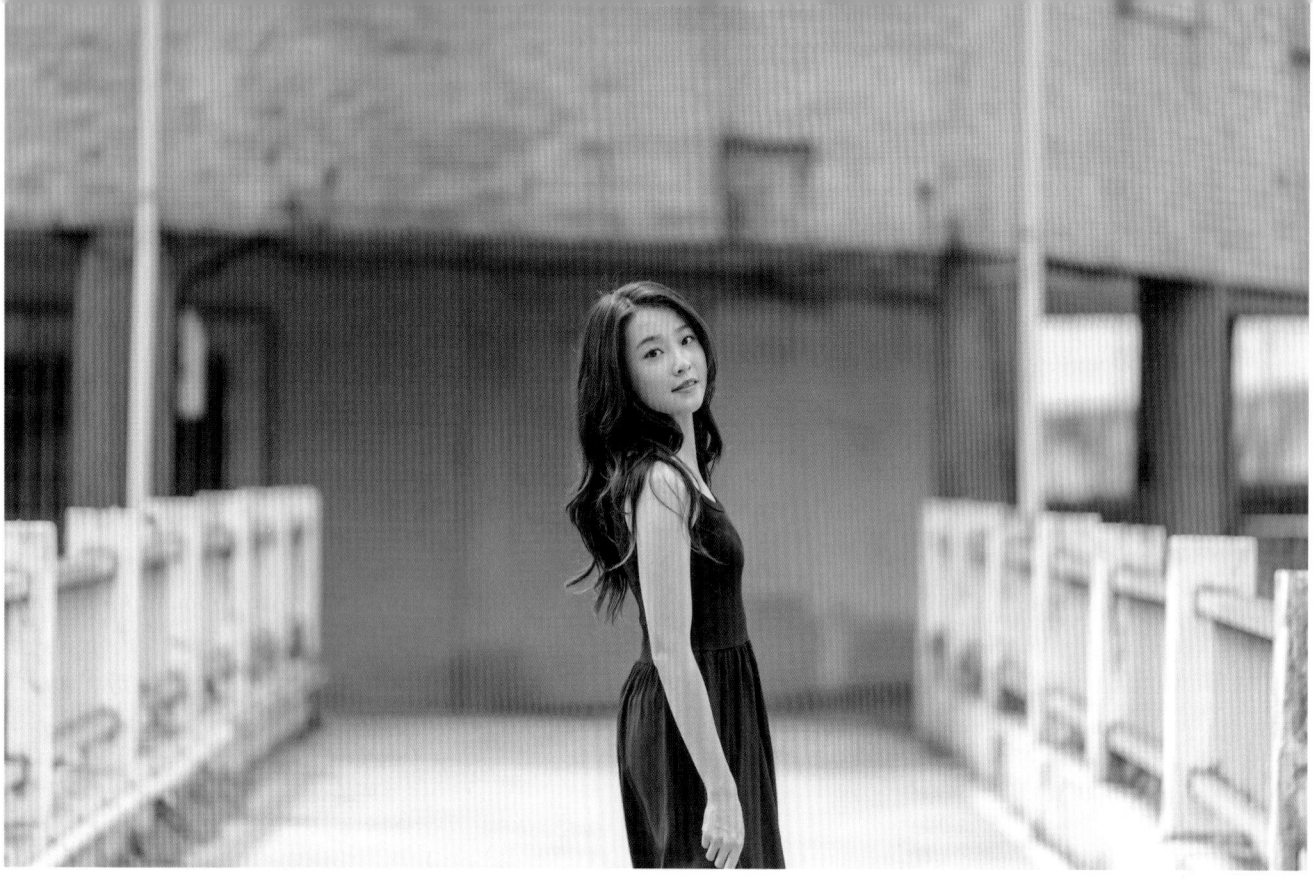

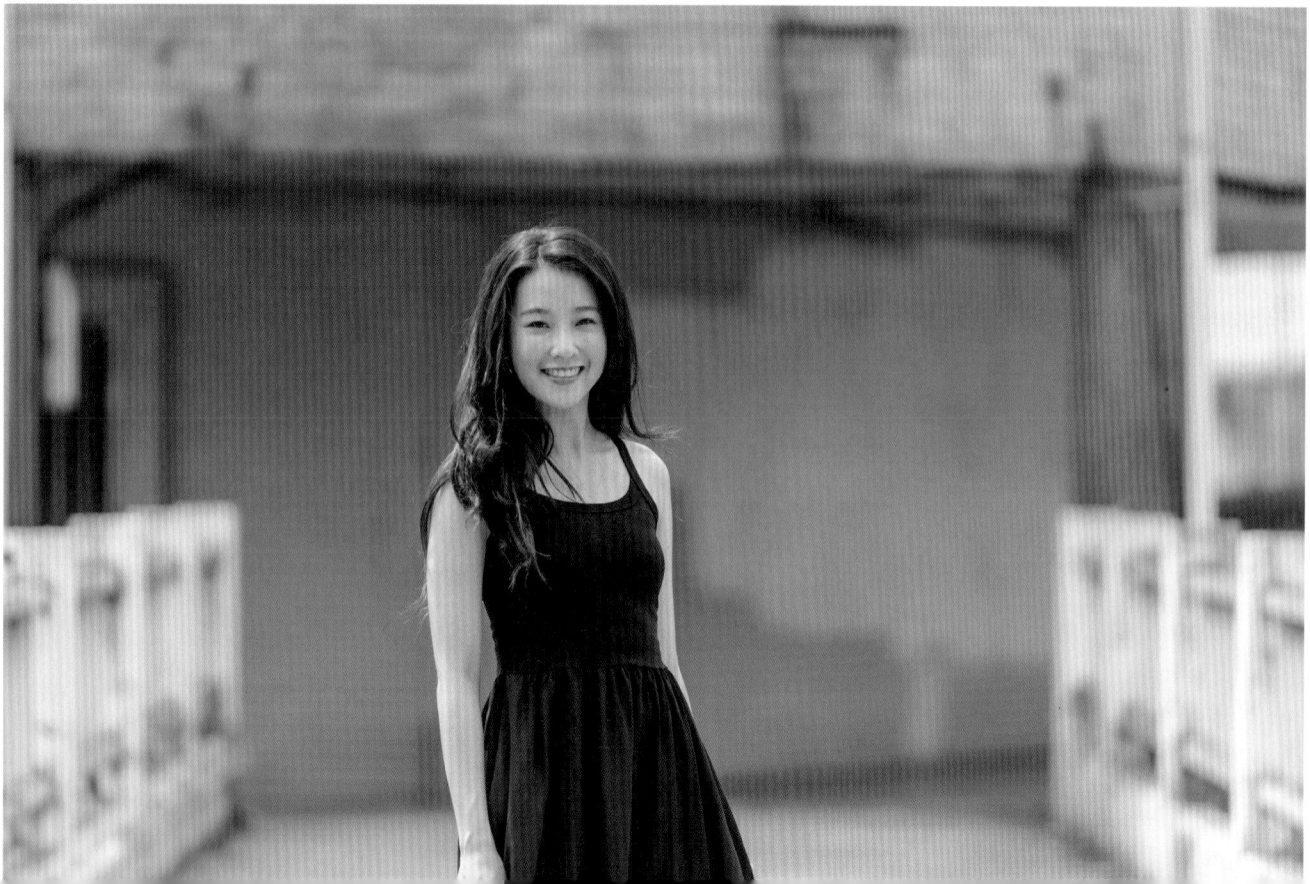

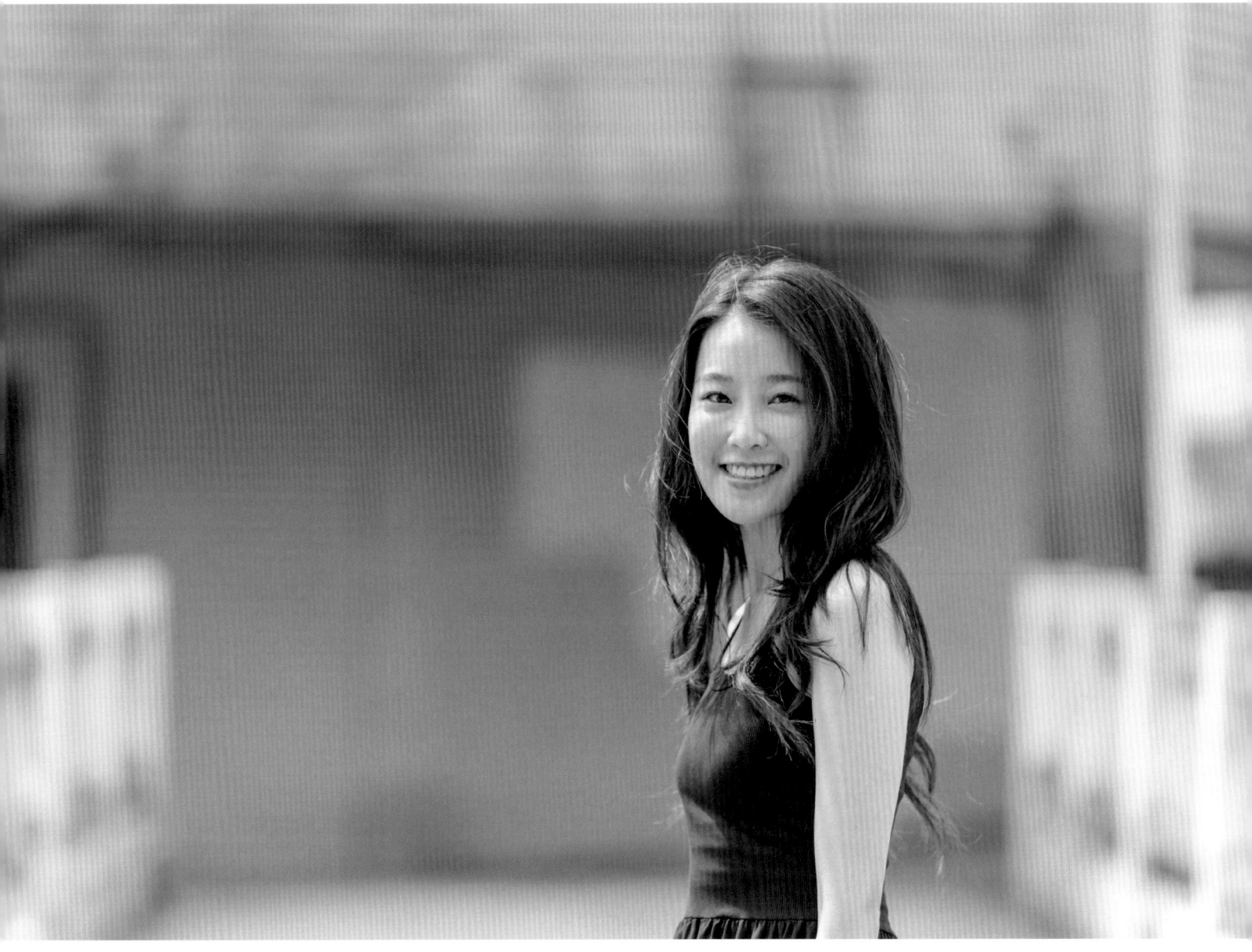

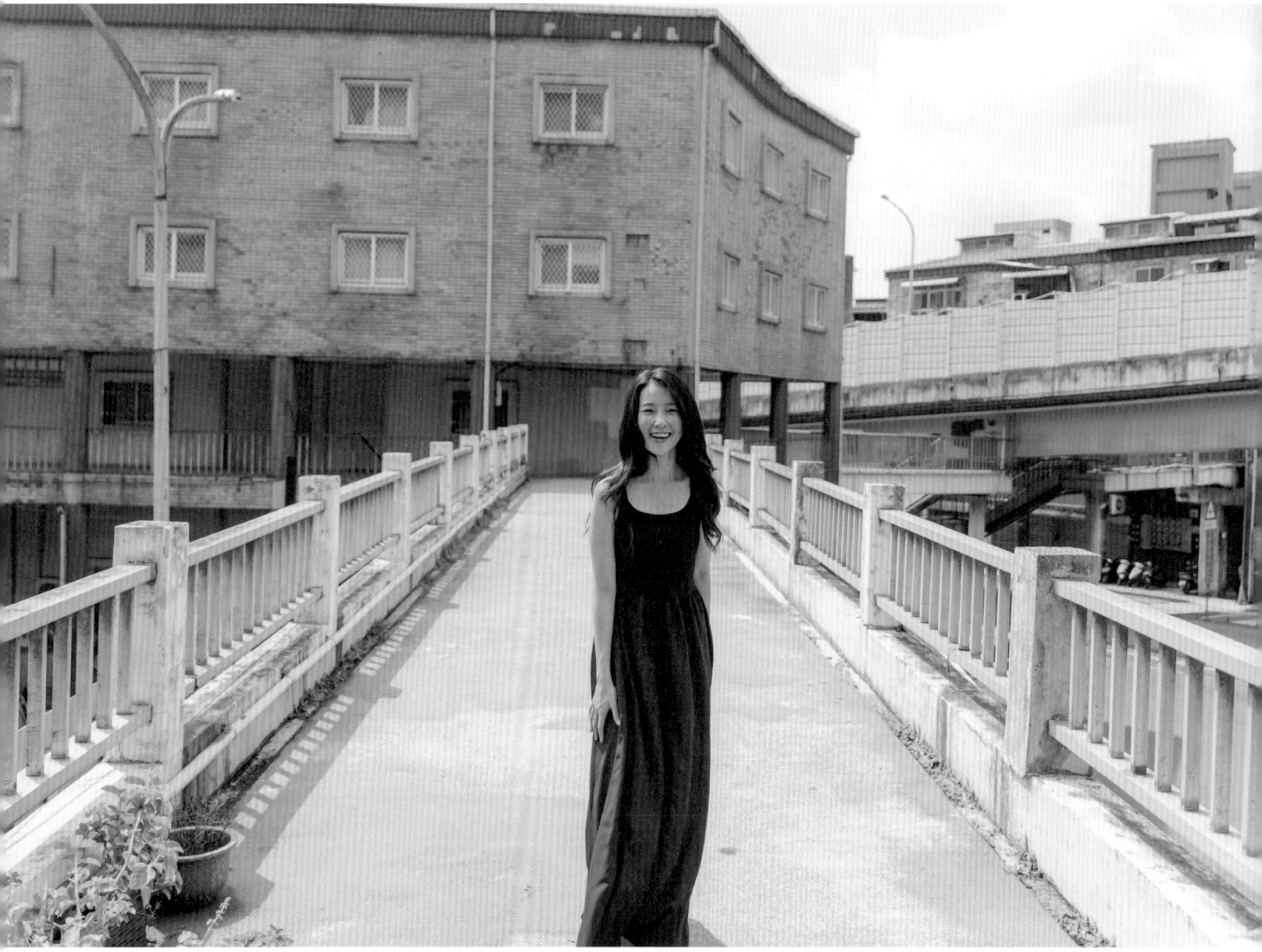

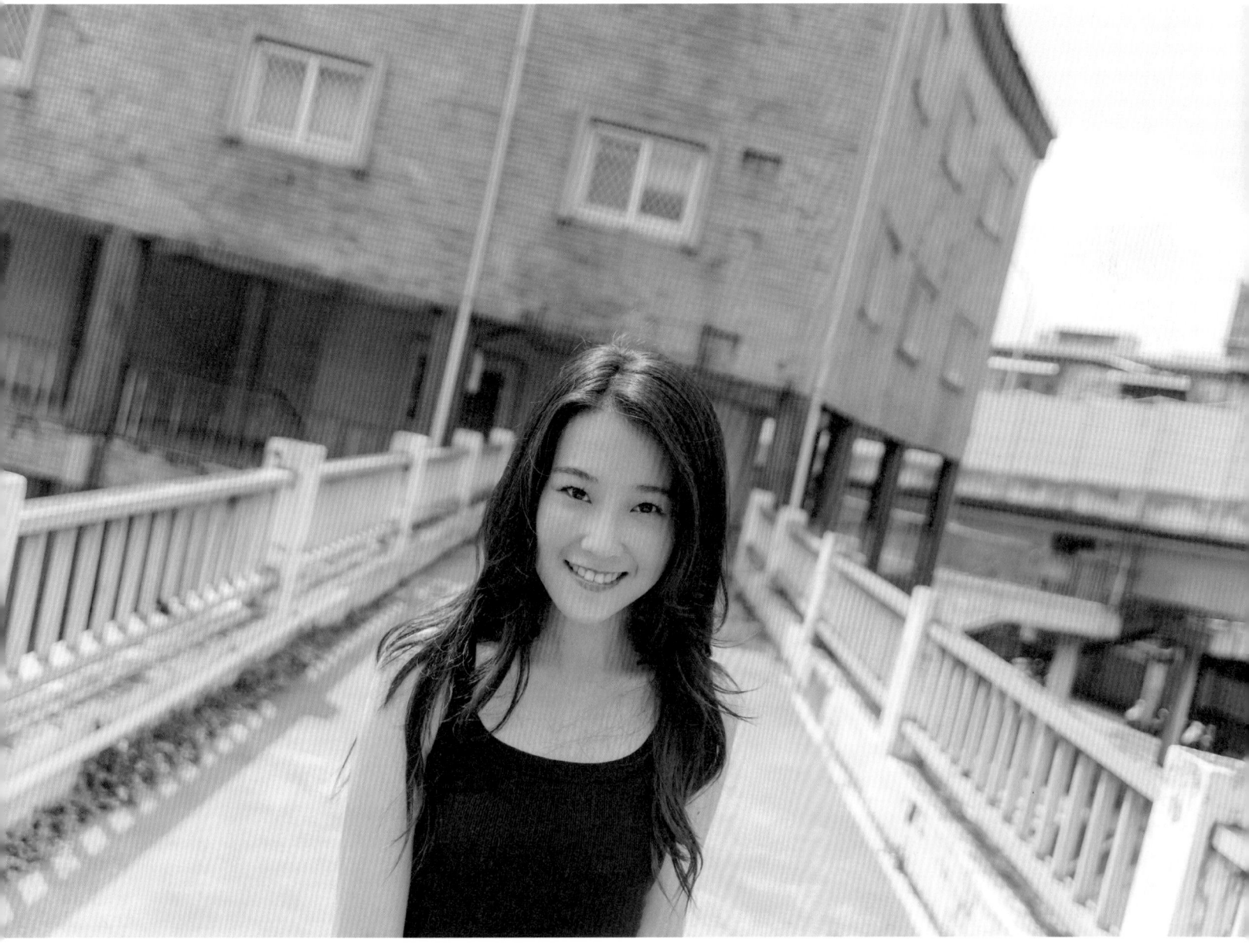

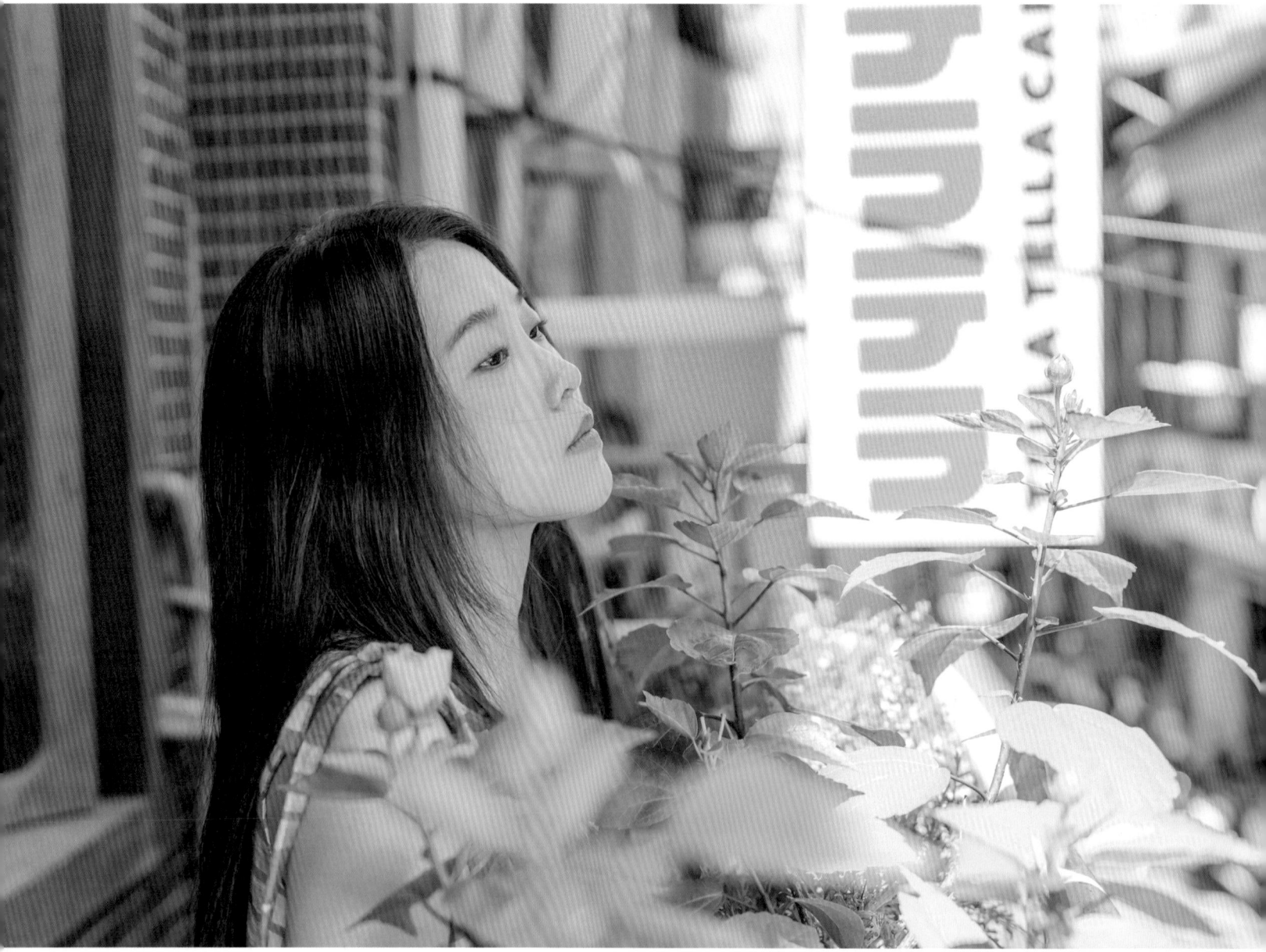

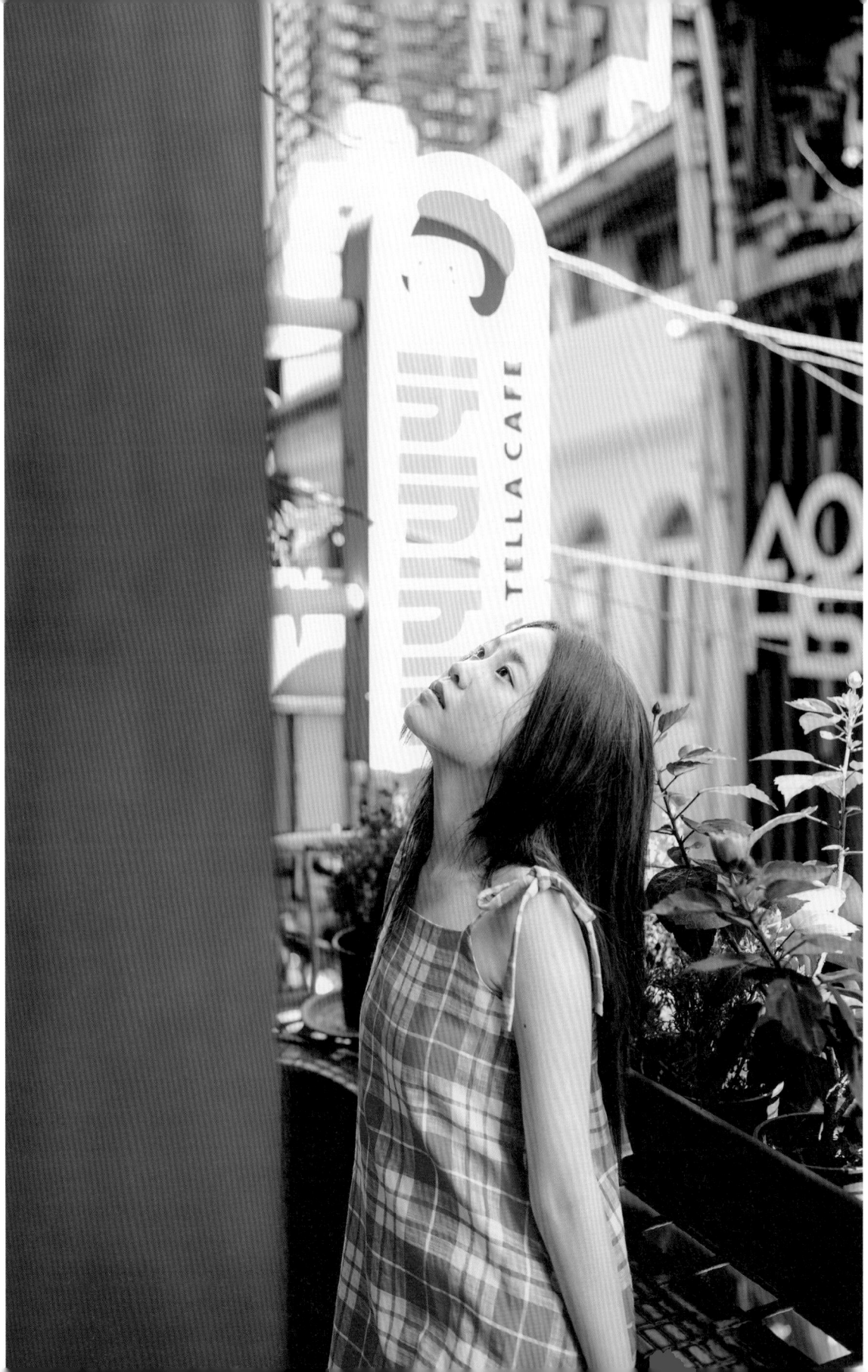
TELLA CAFE

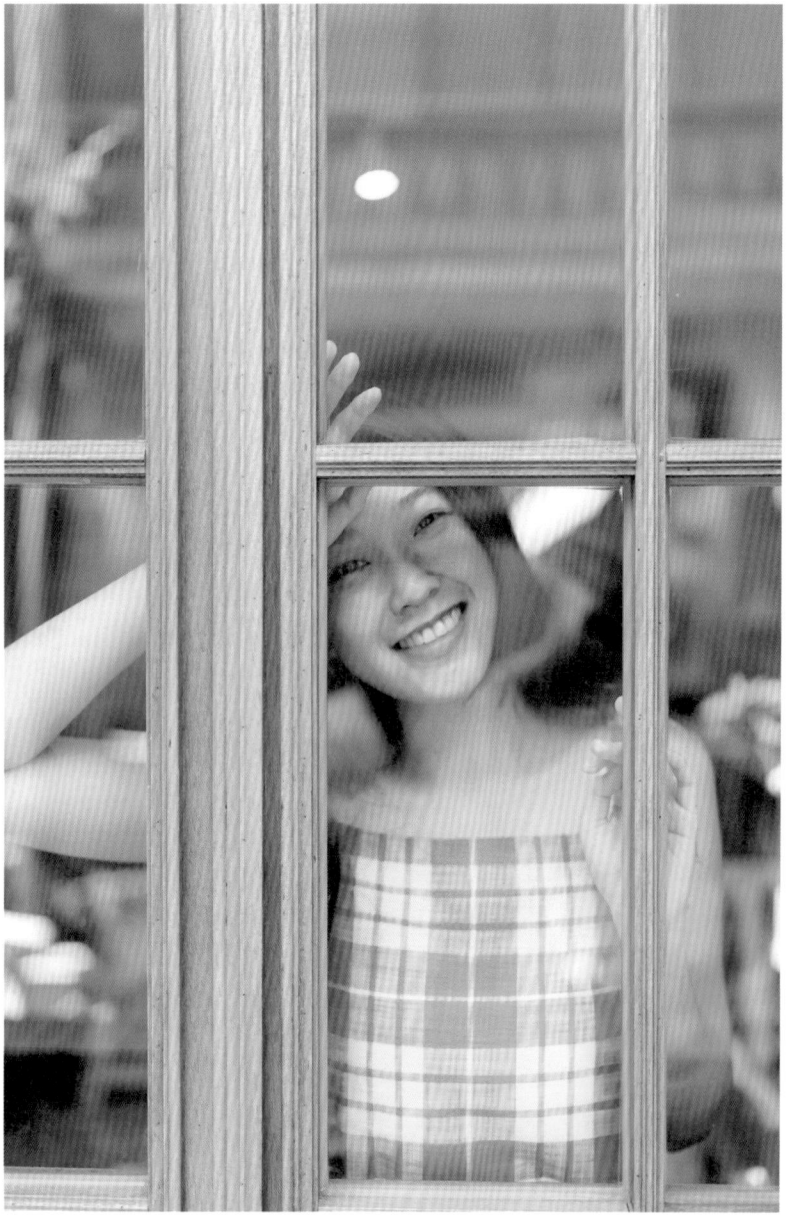

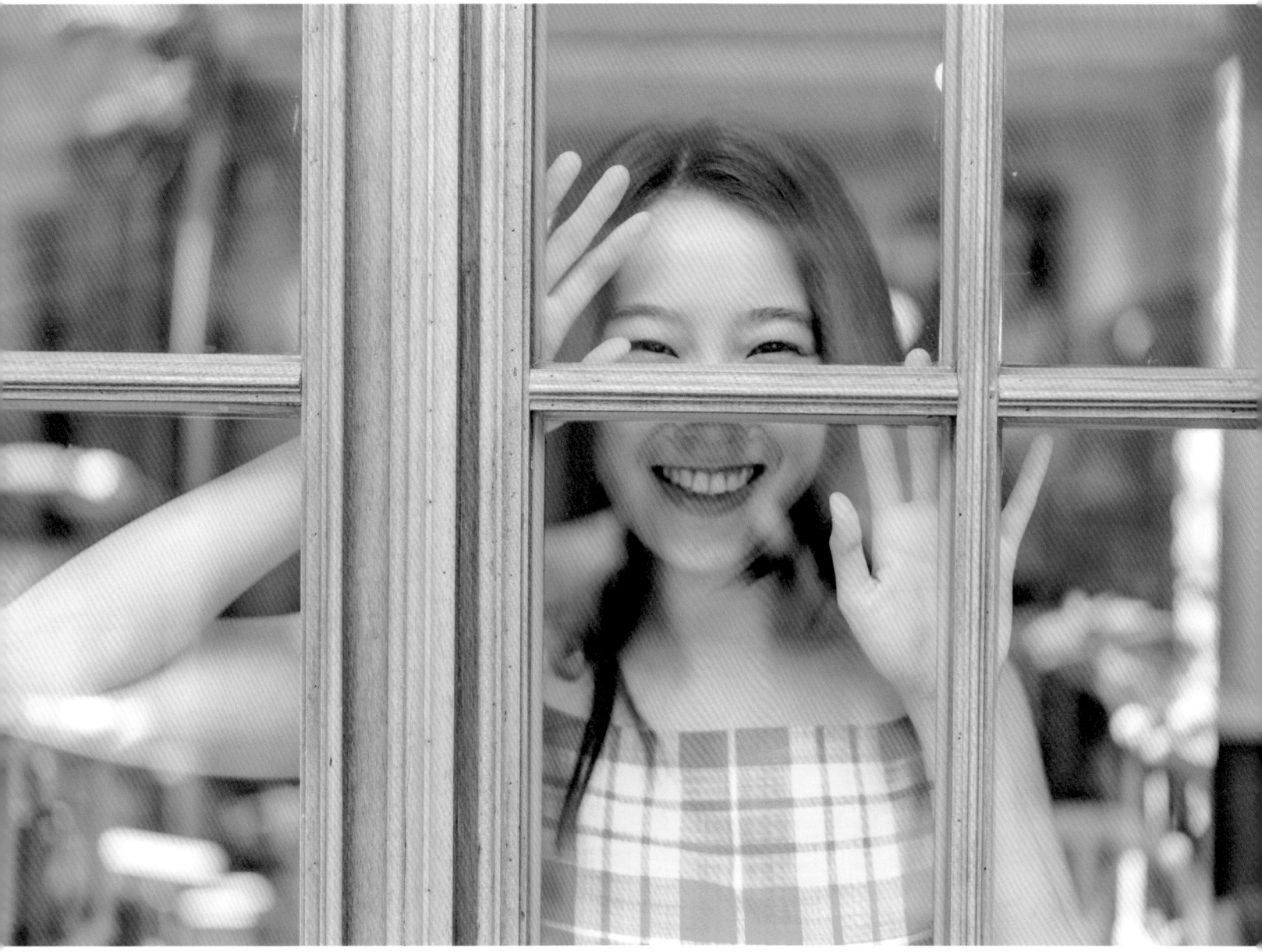

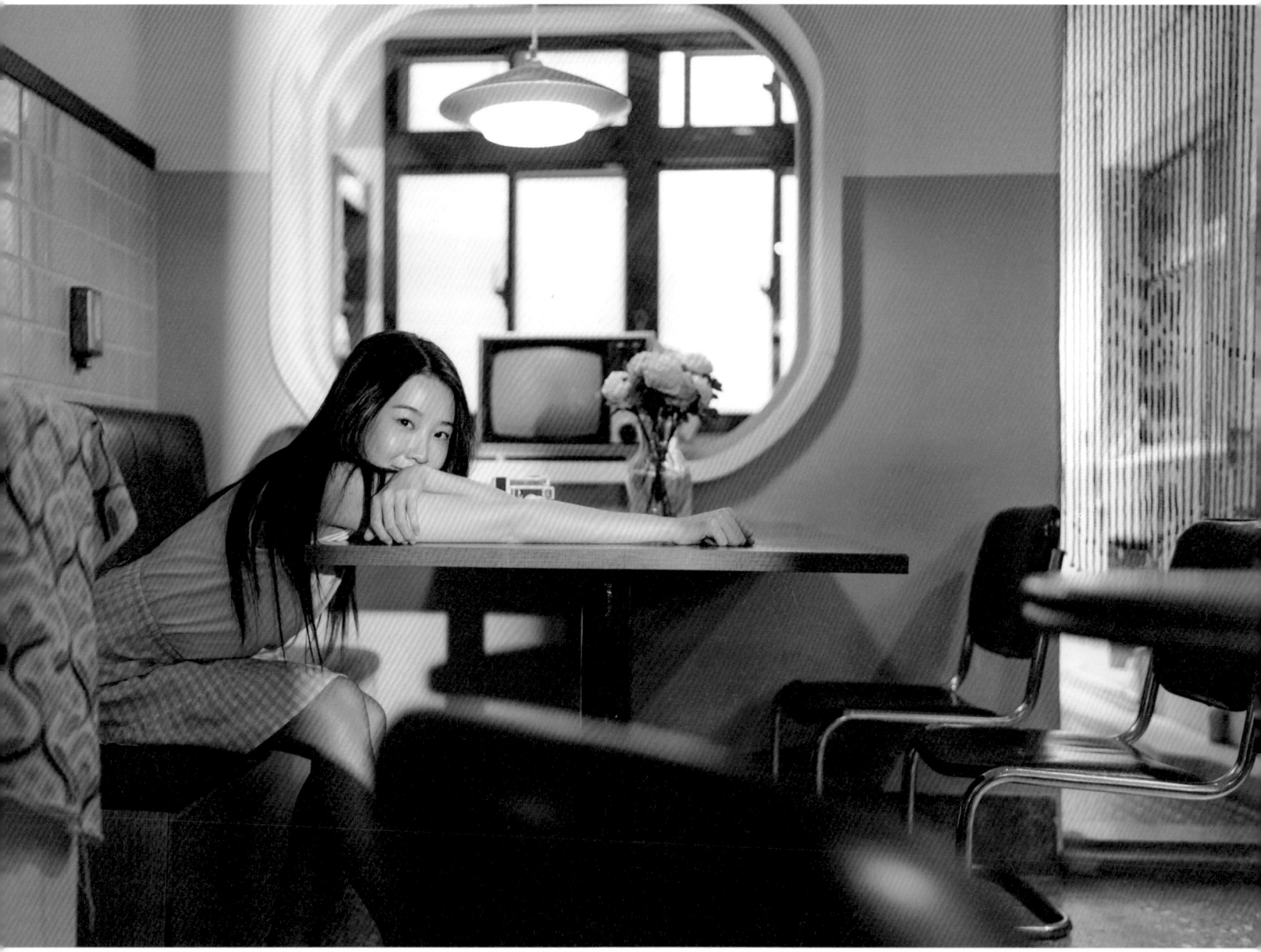

INSTANT AUTOMAT

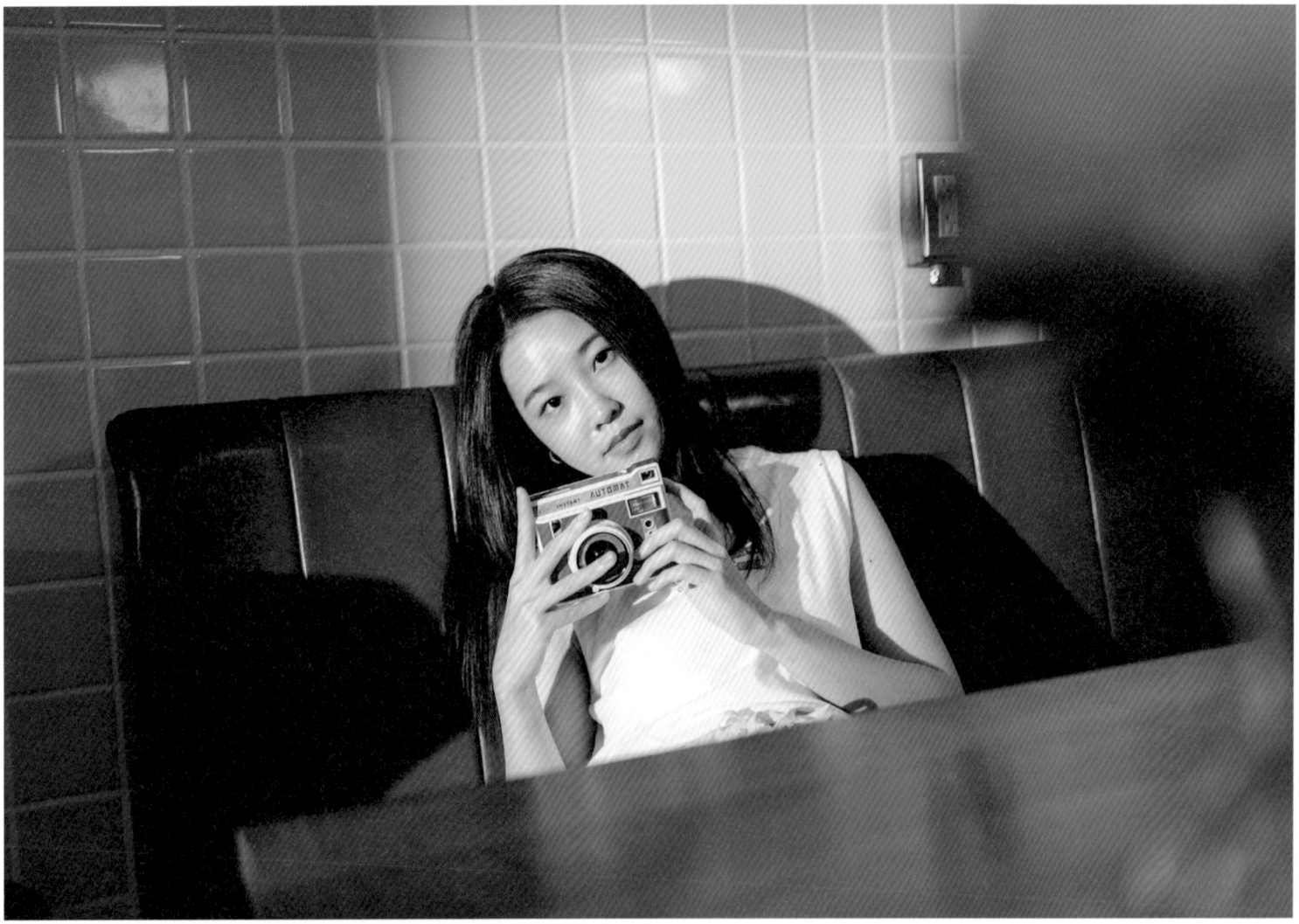
INSTANT
AUTOMAT

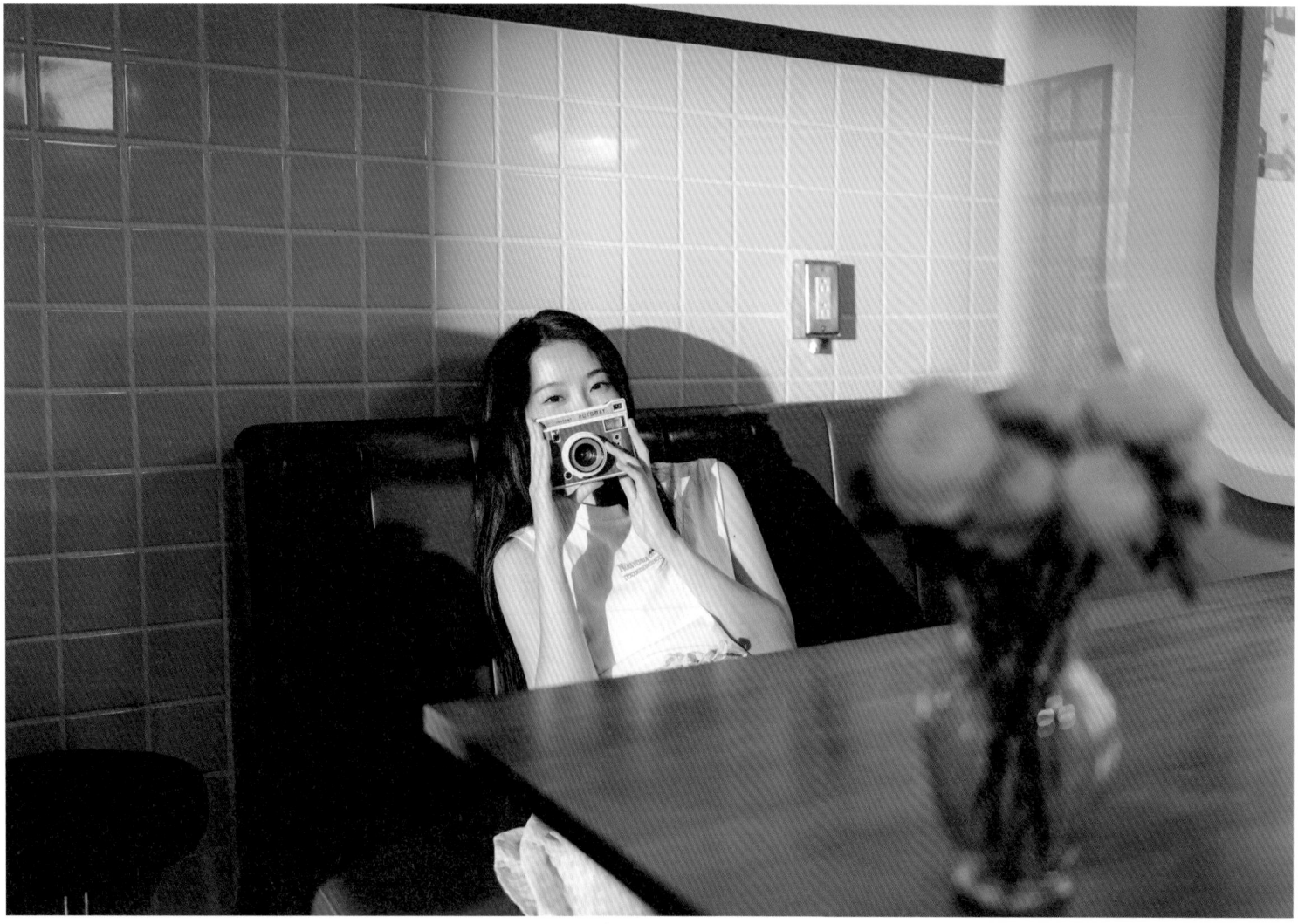

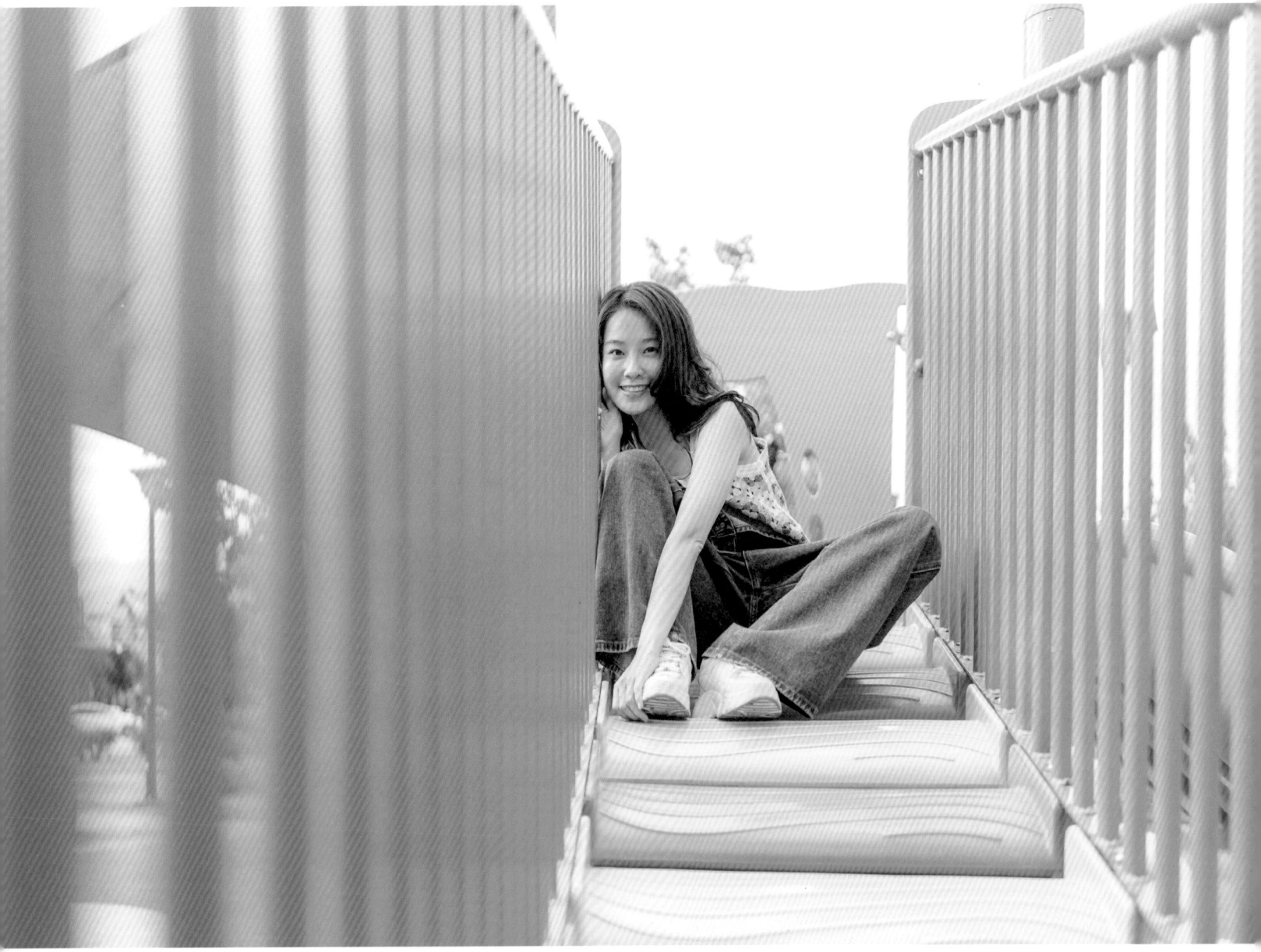

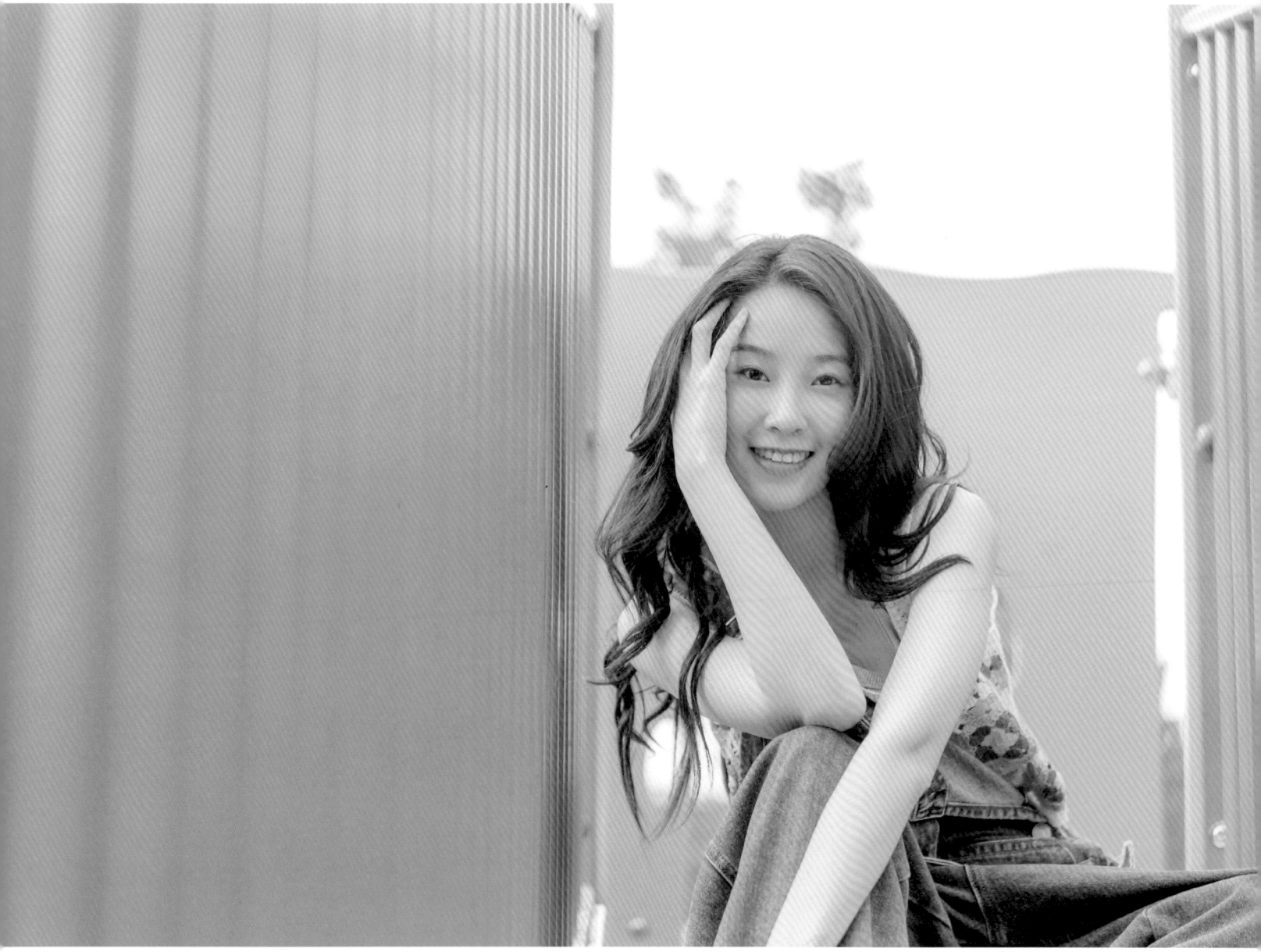

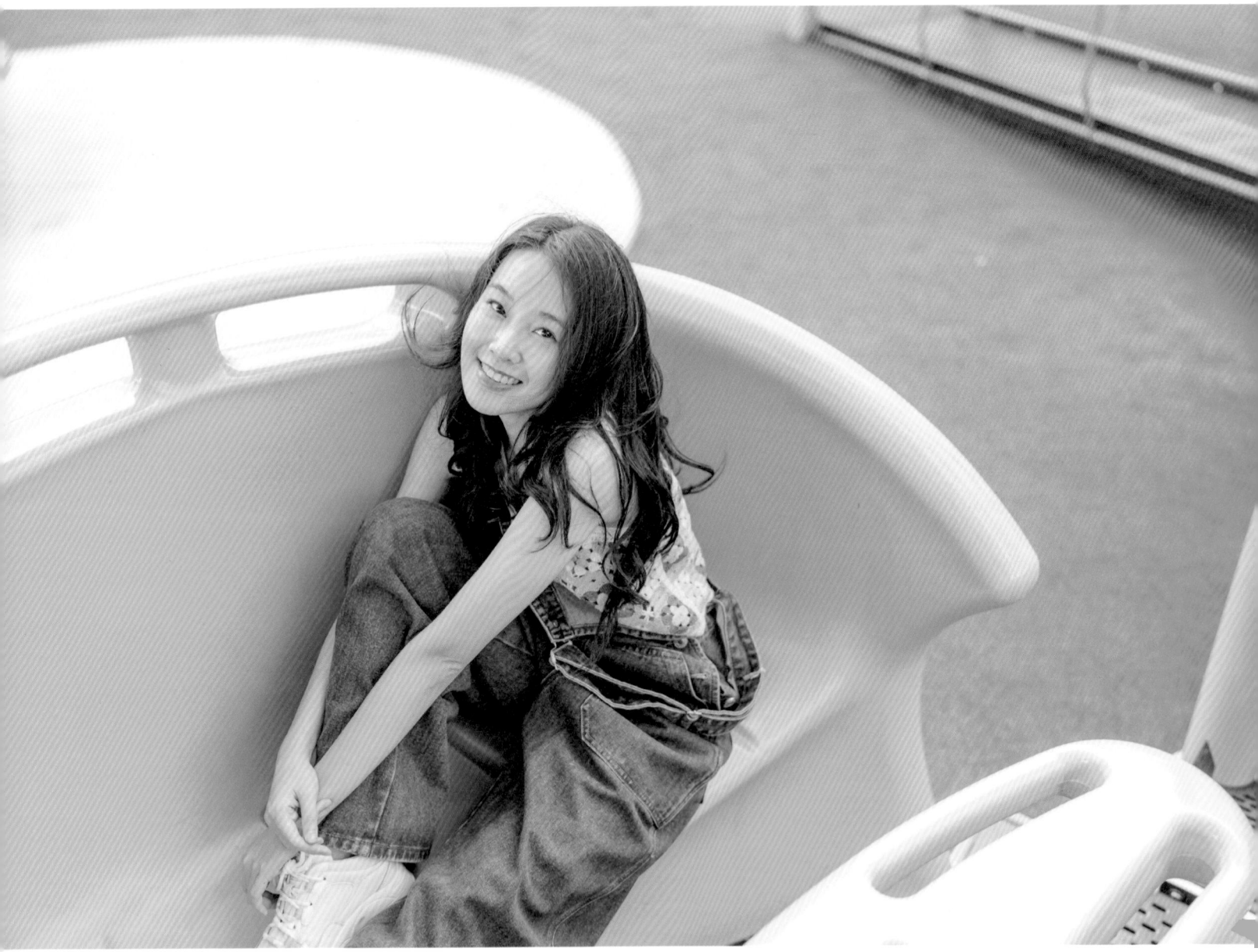

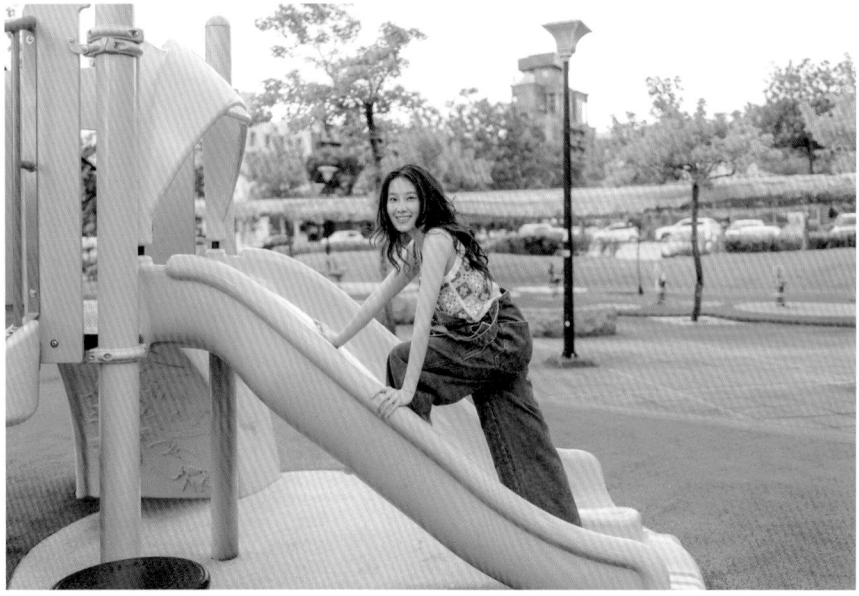

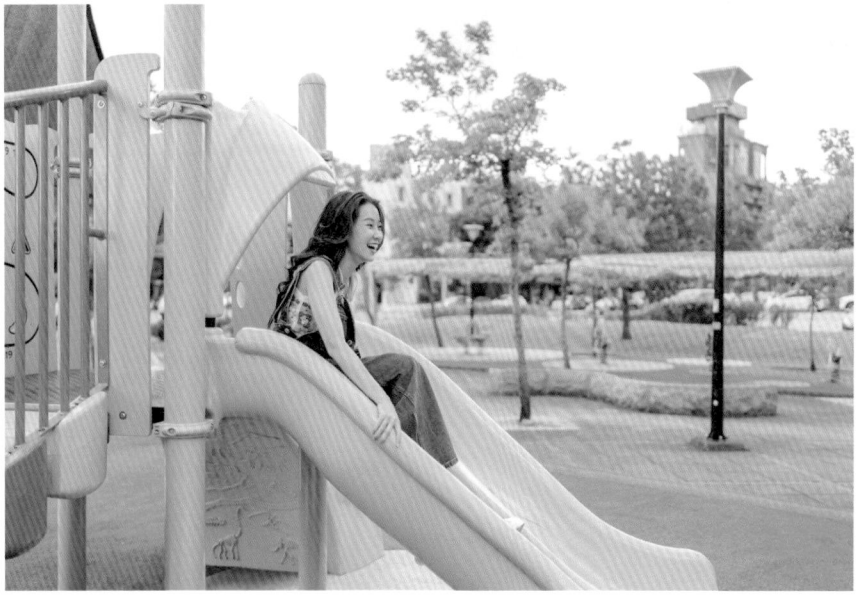

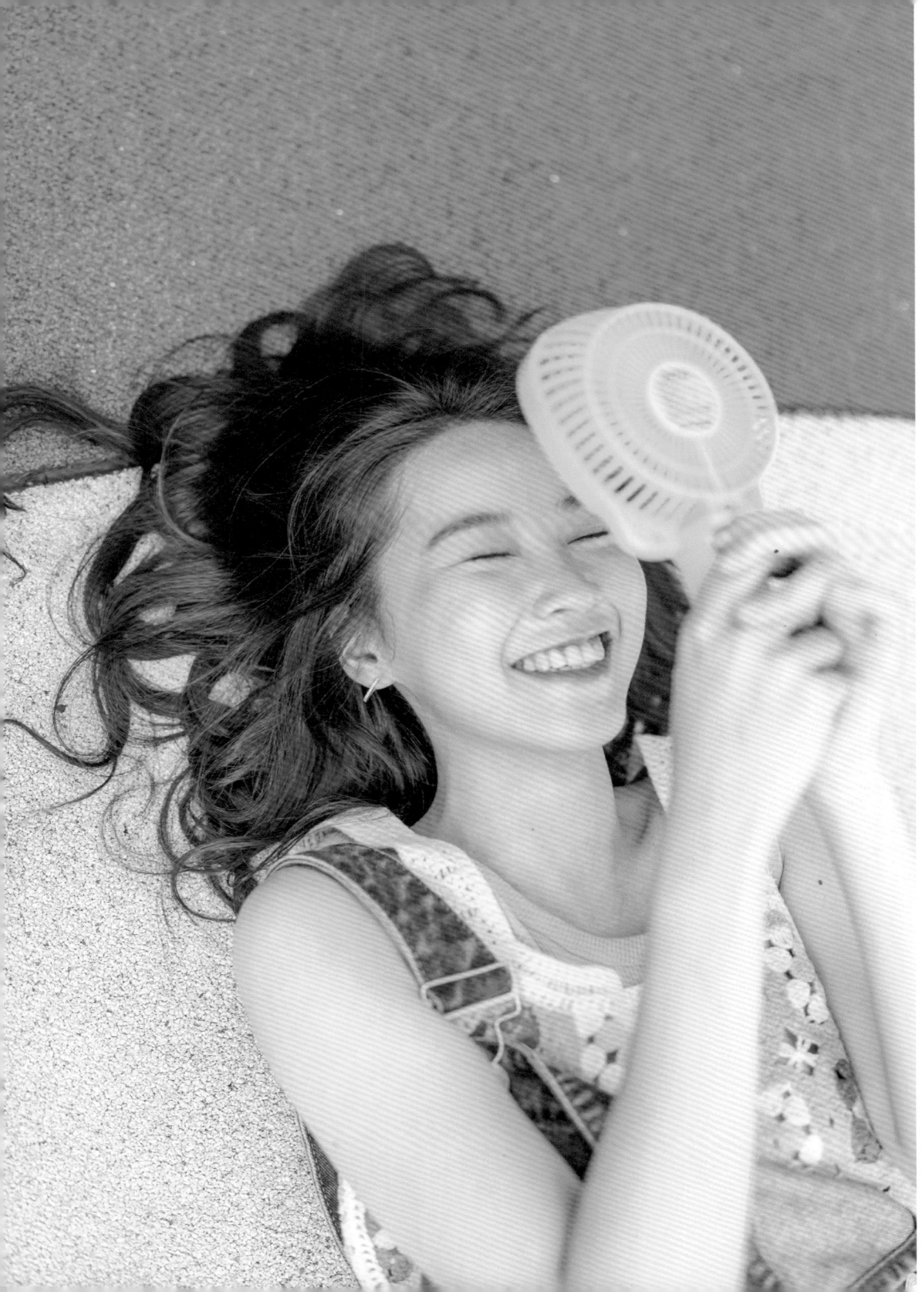

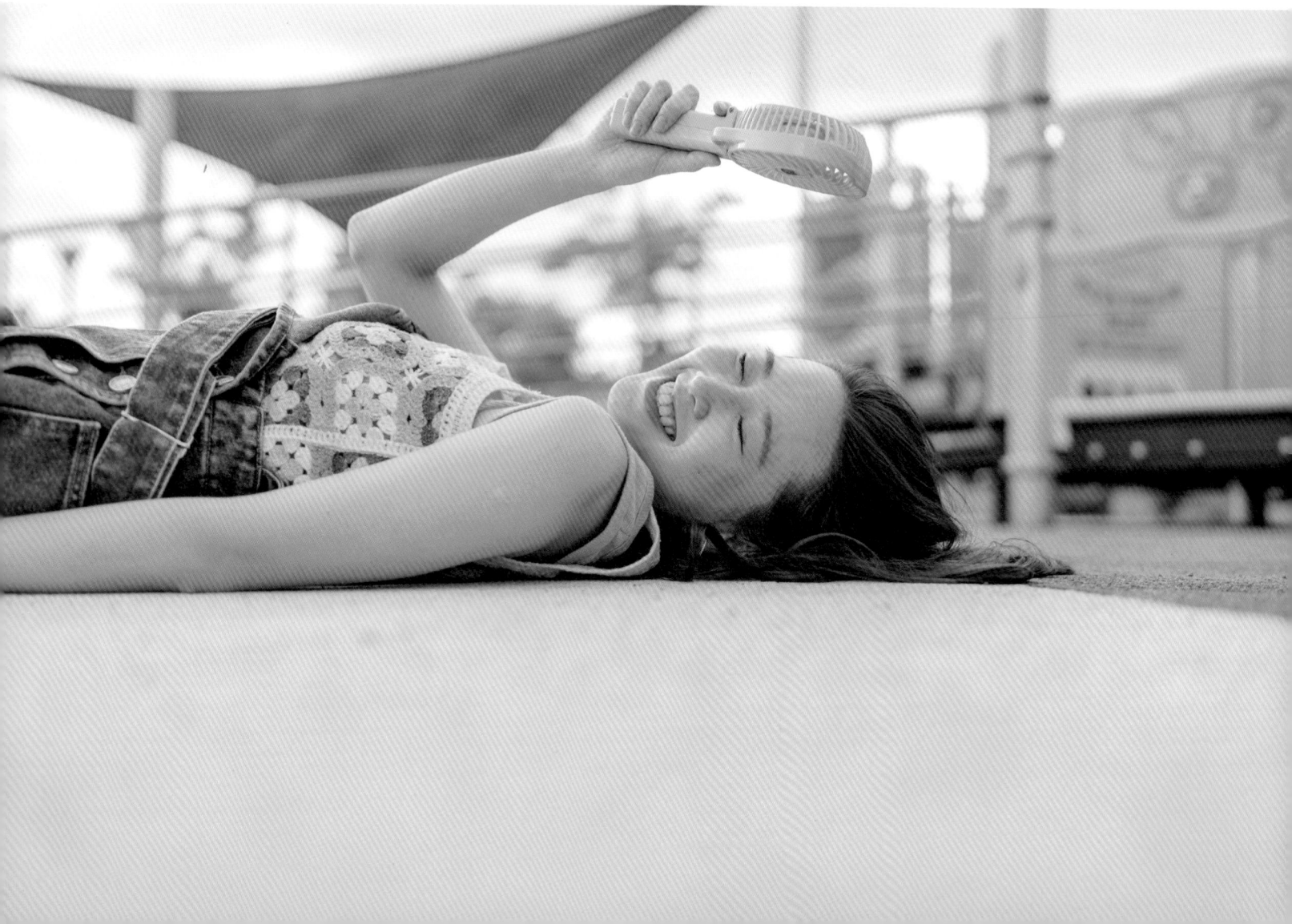

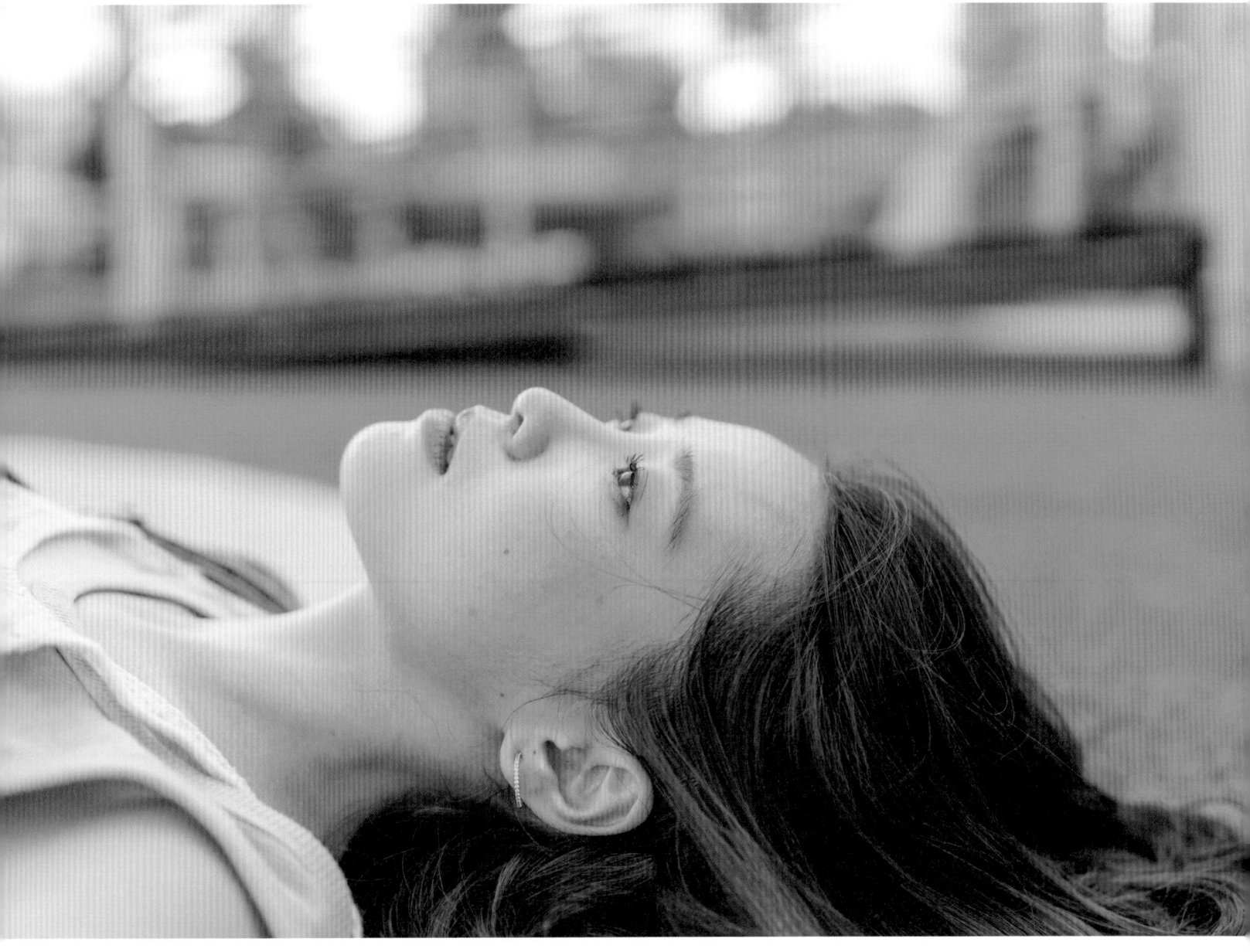

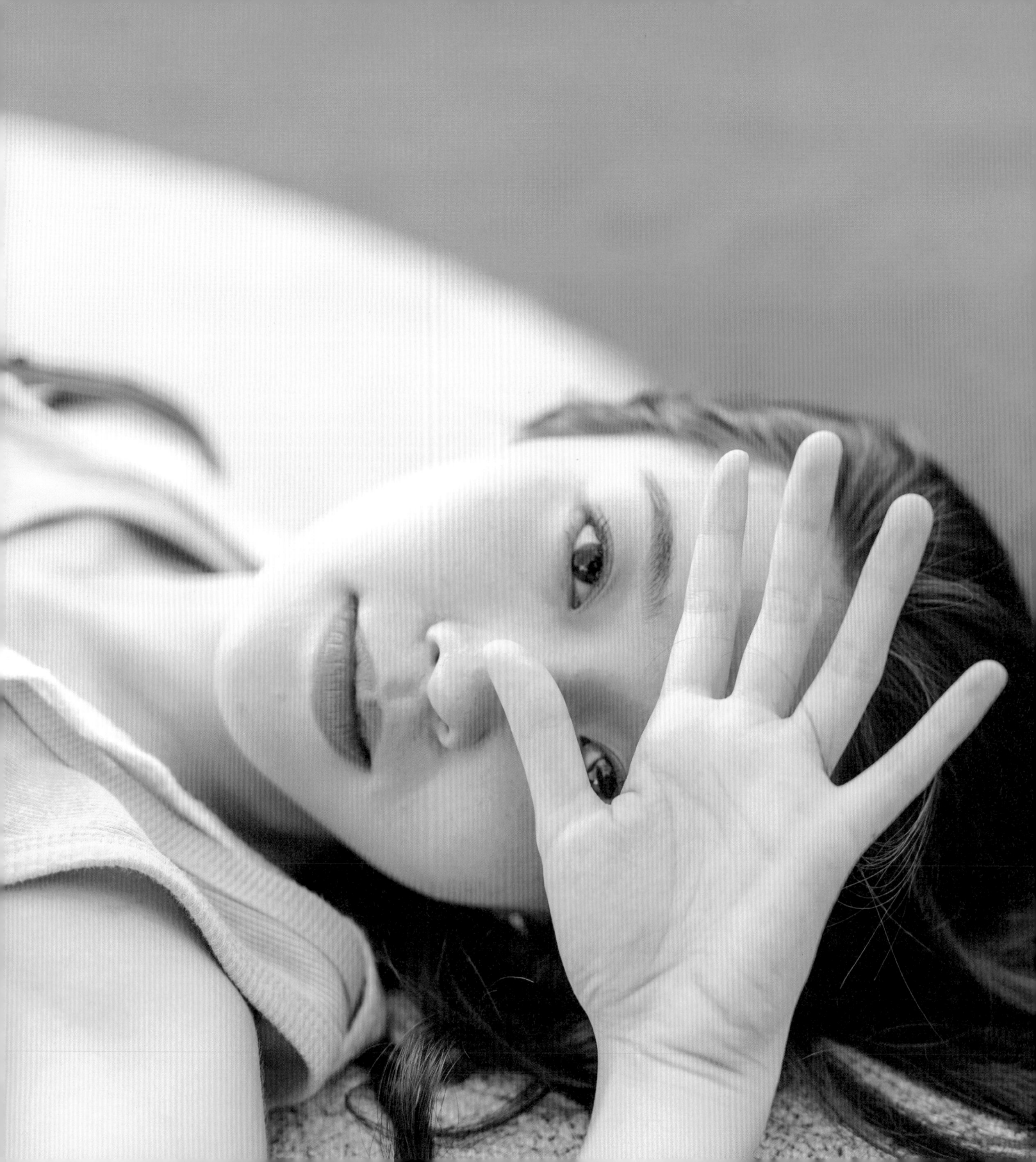

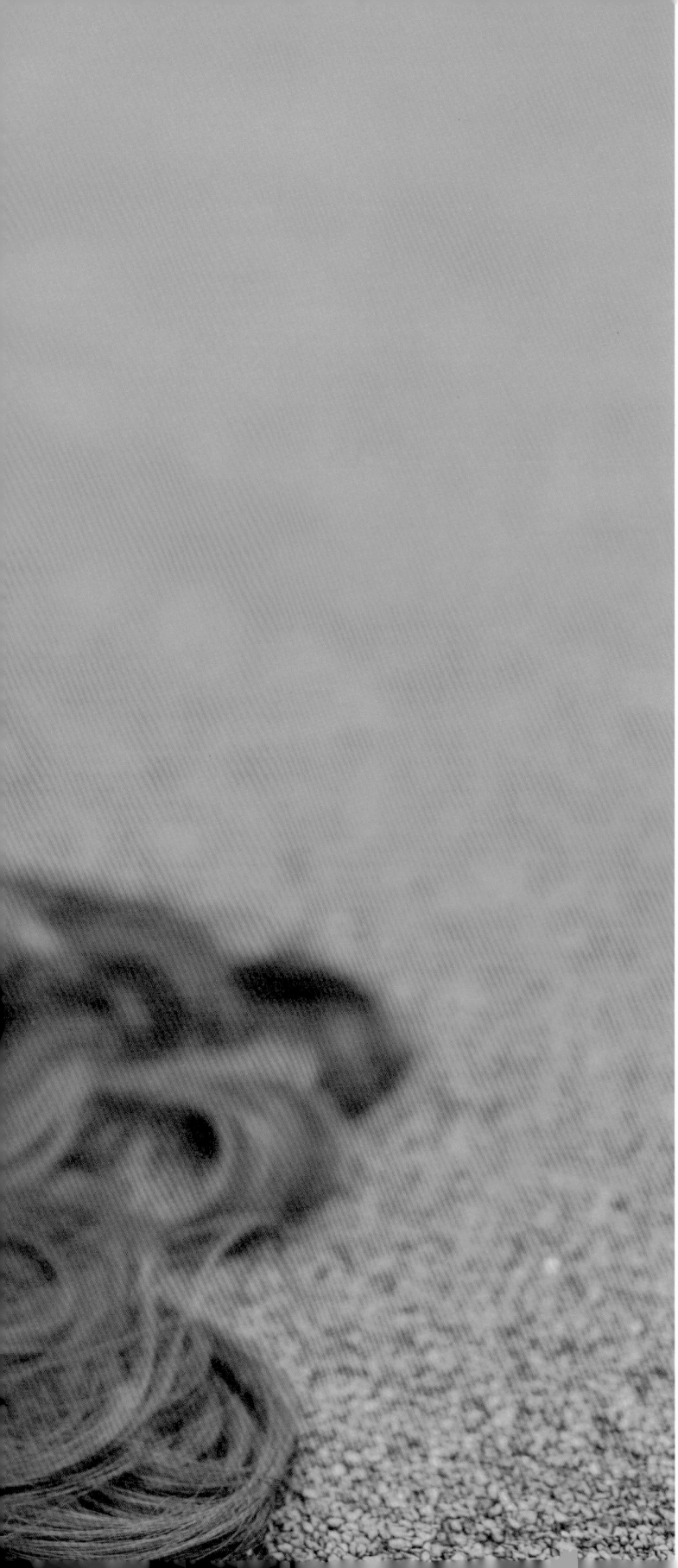

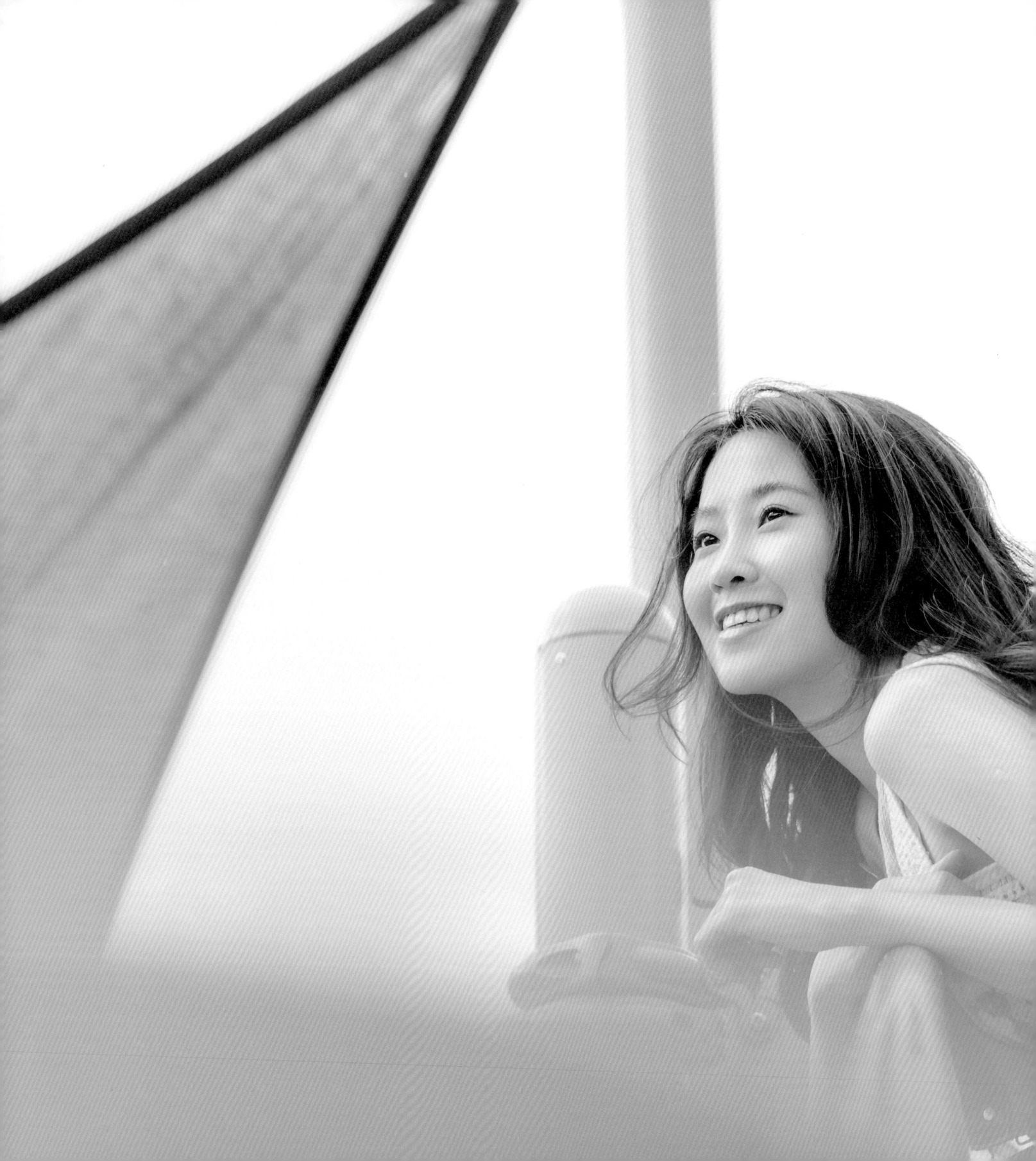

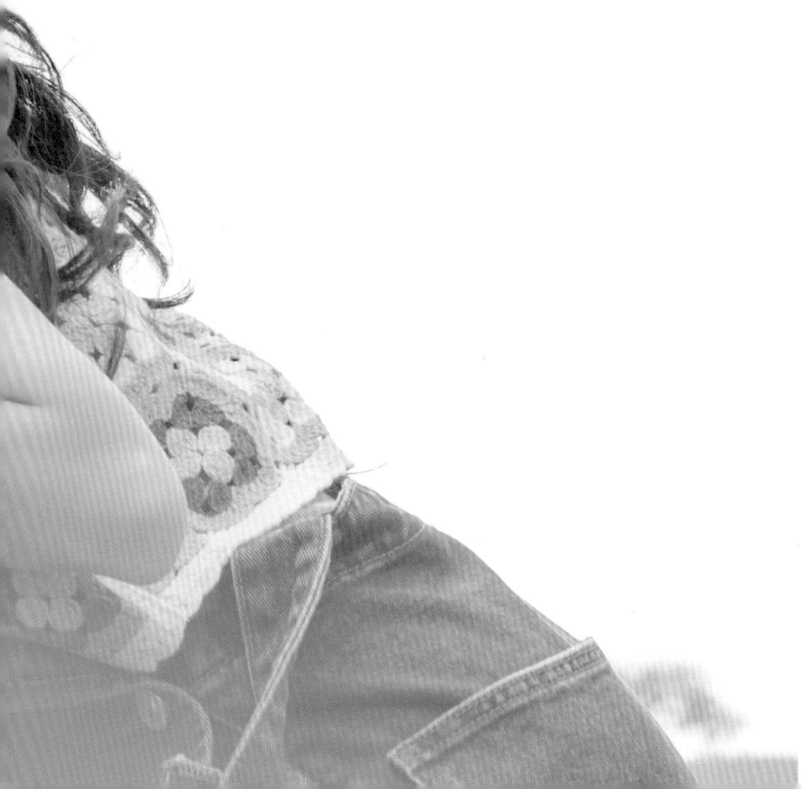

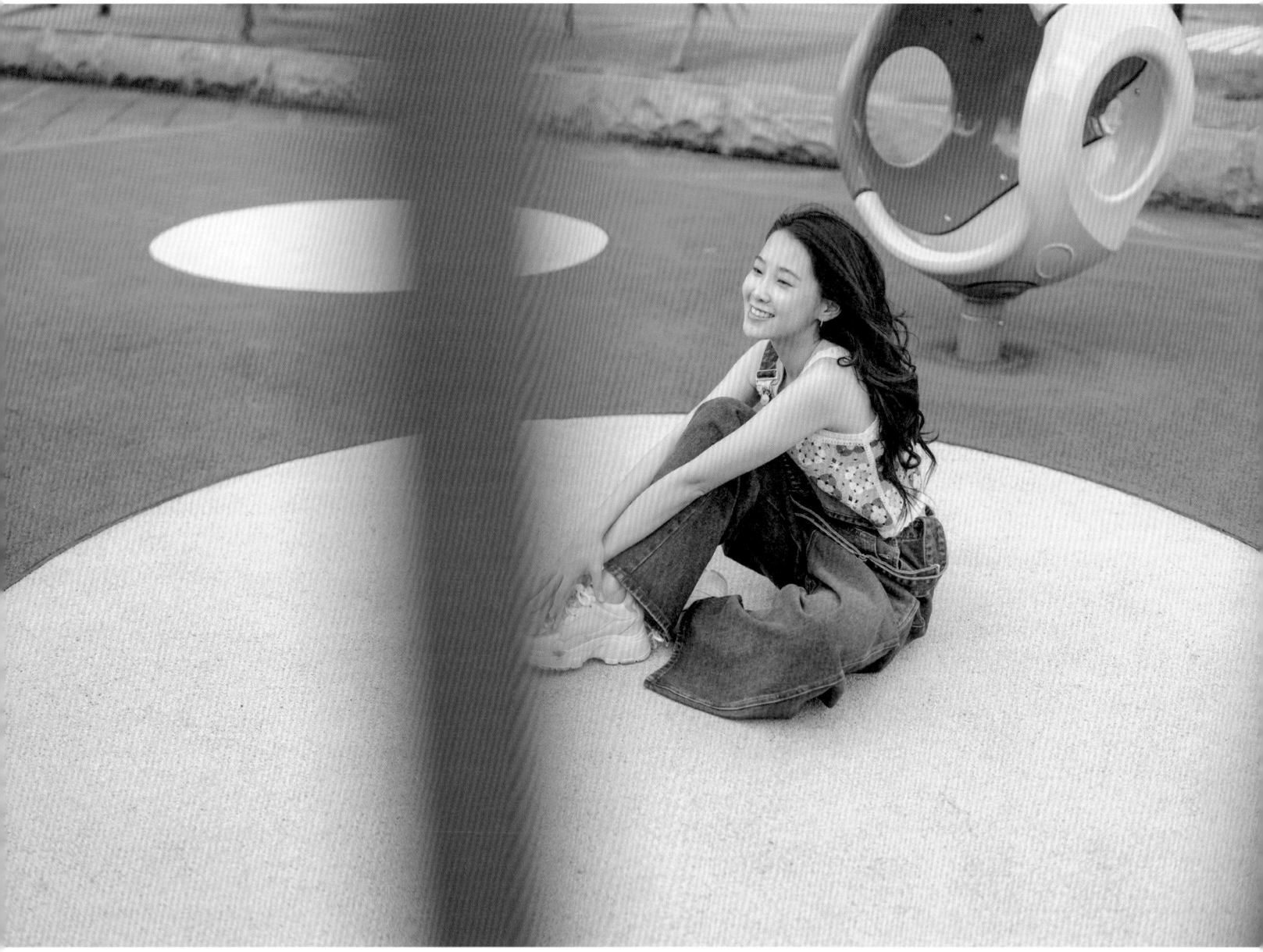

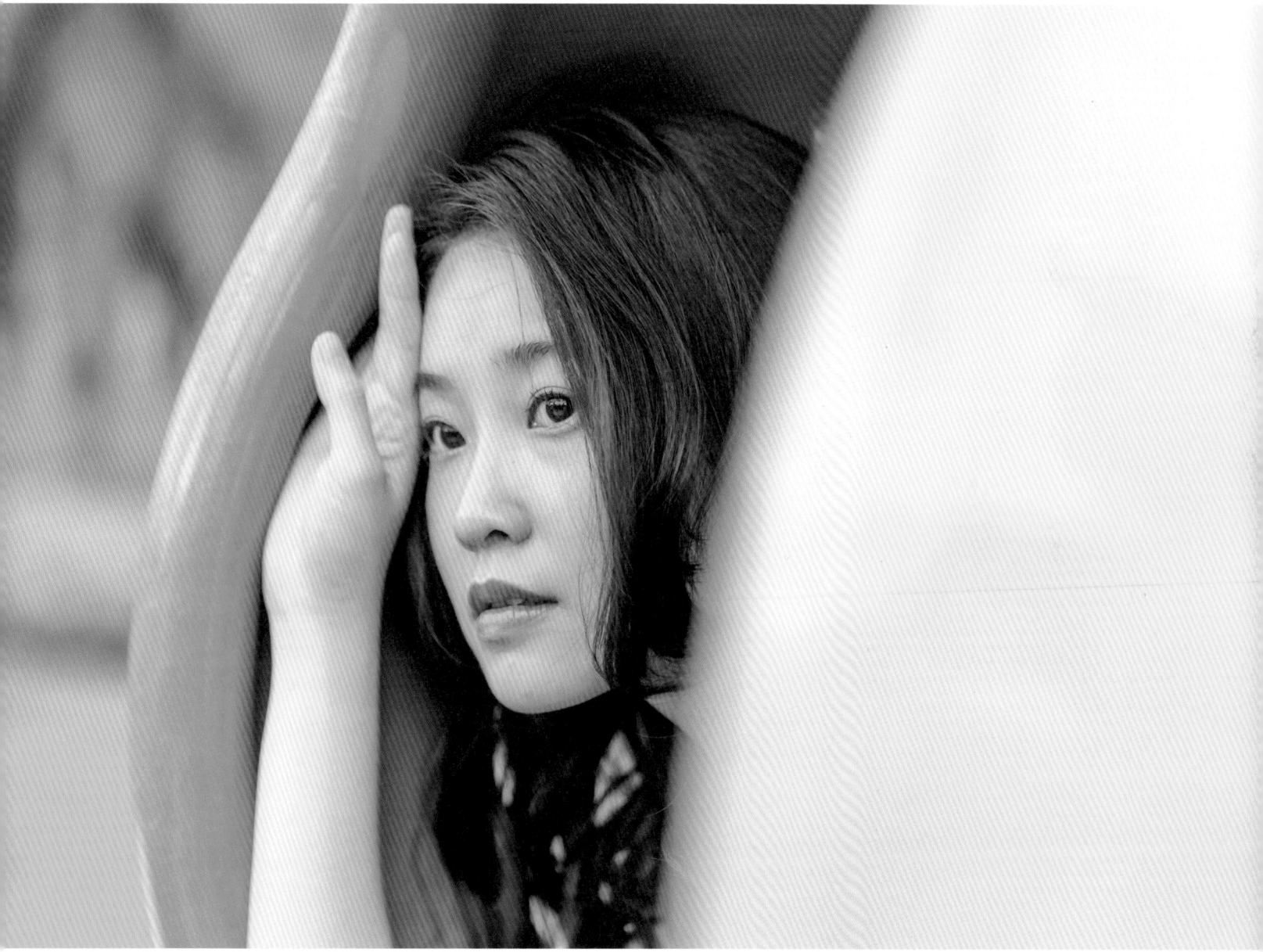

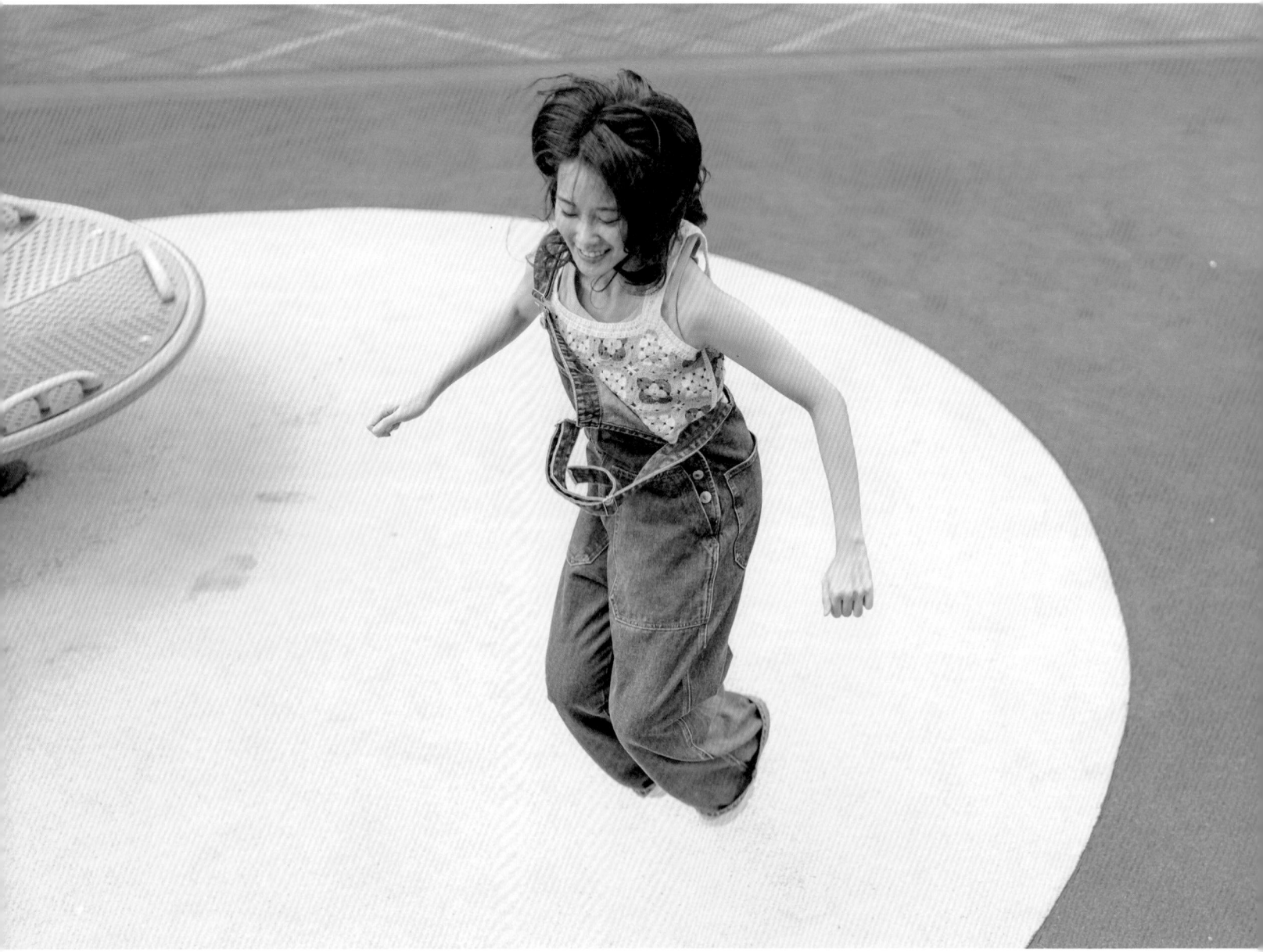

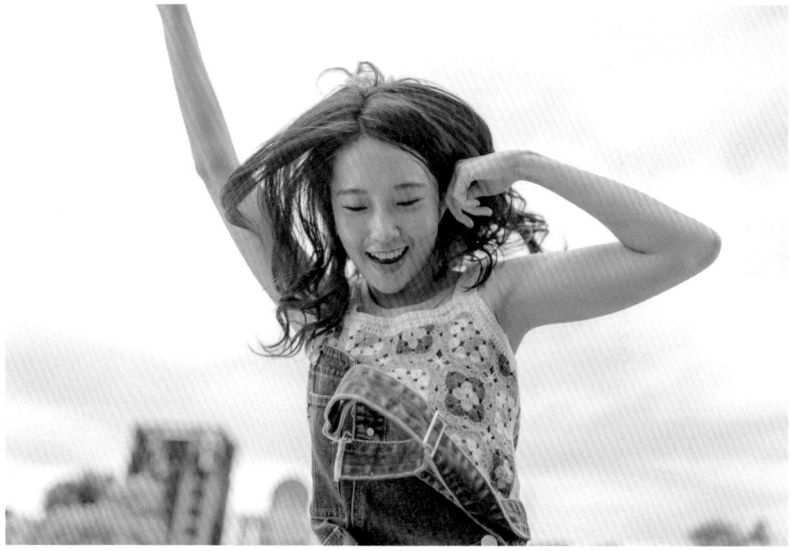

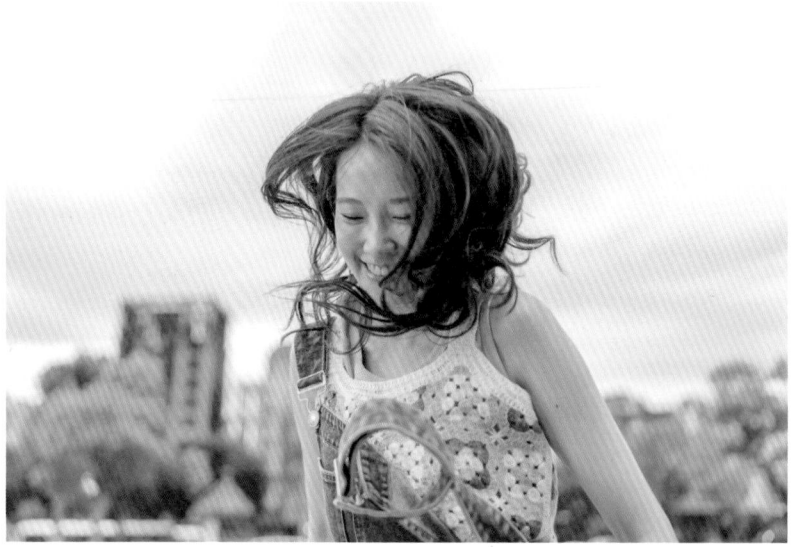

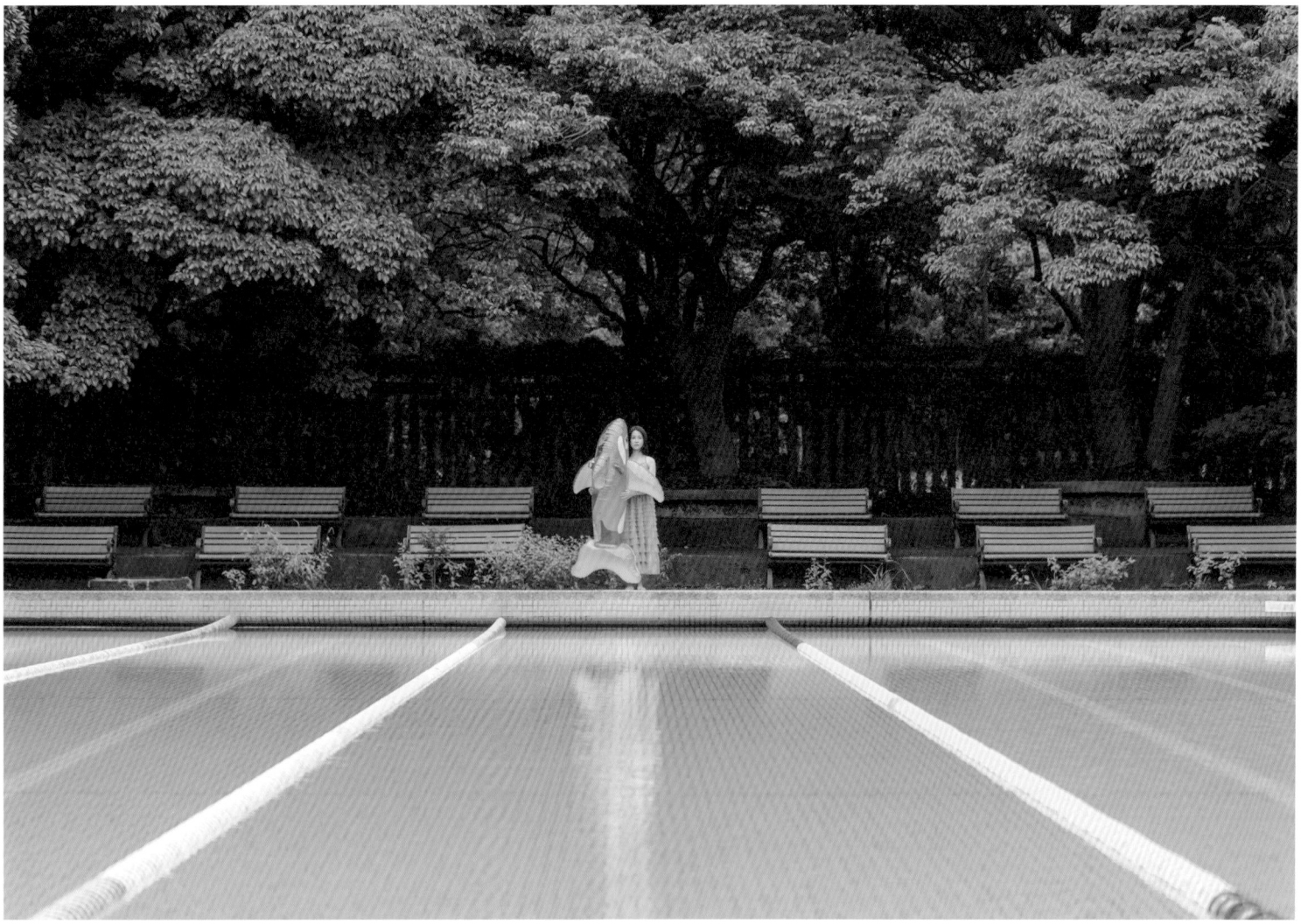

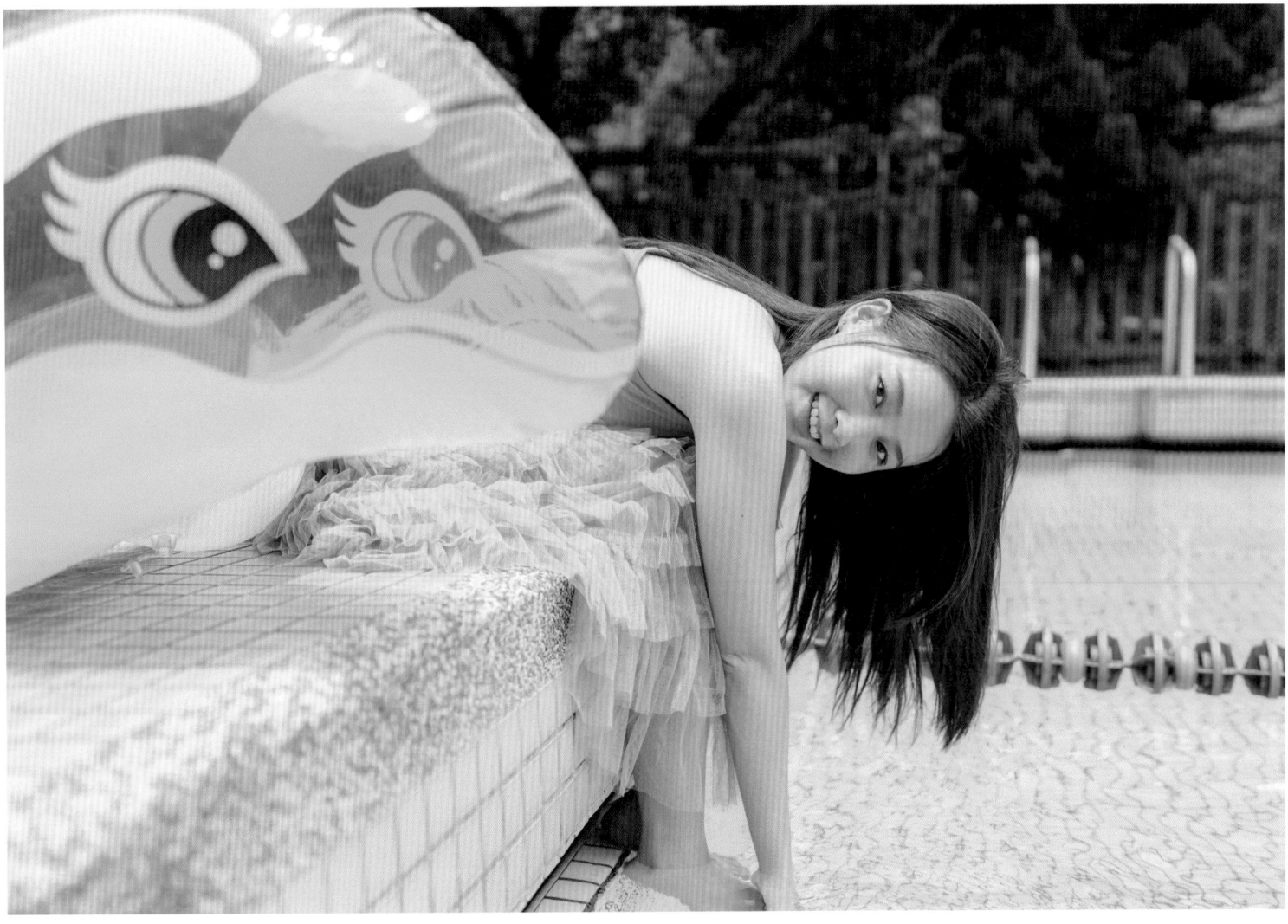

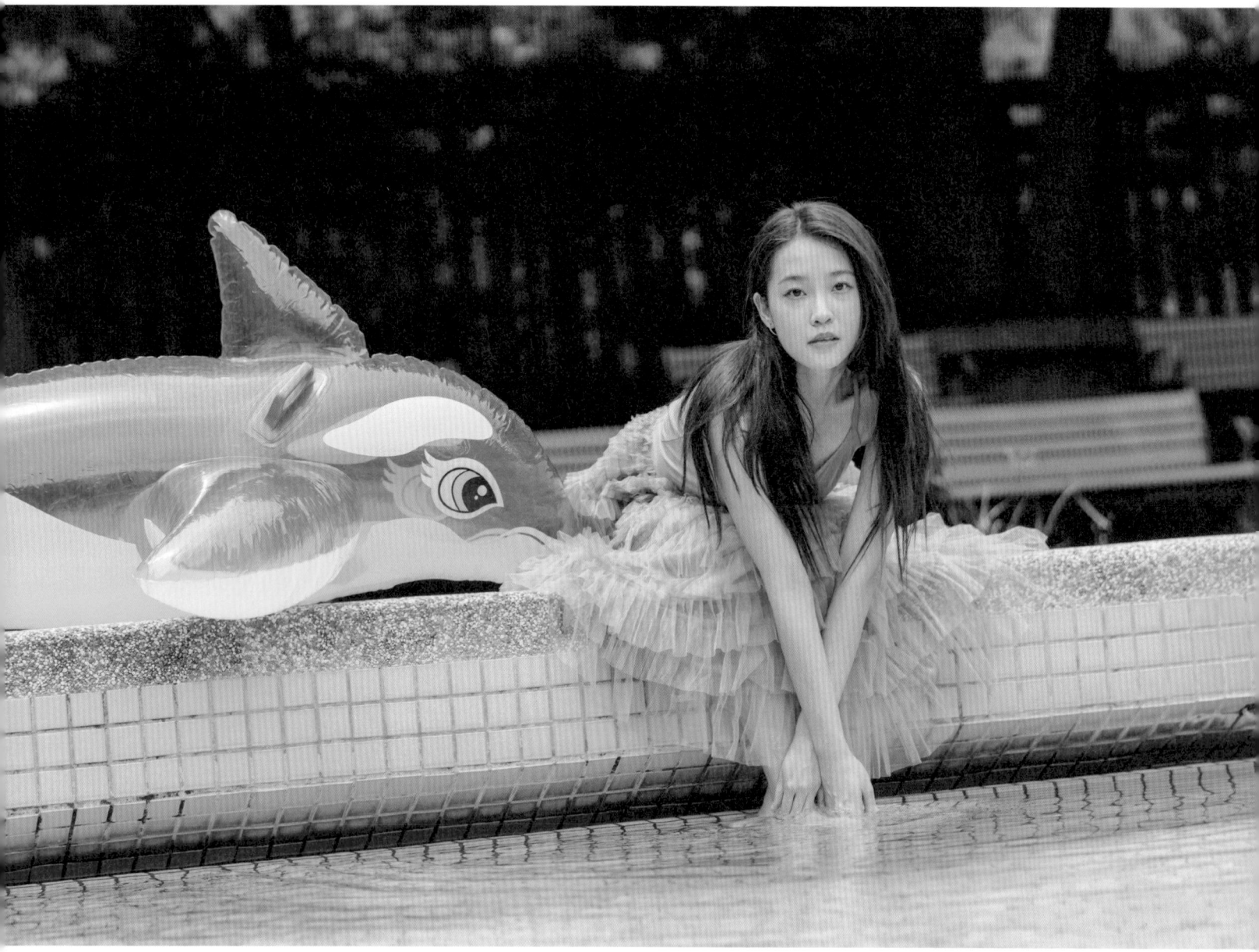

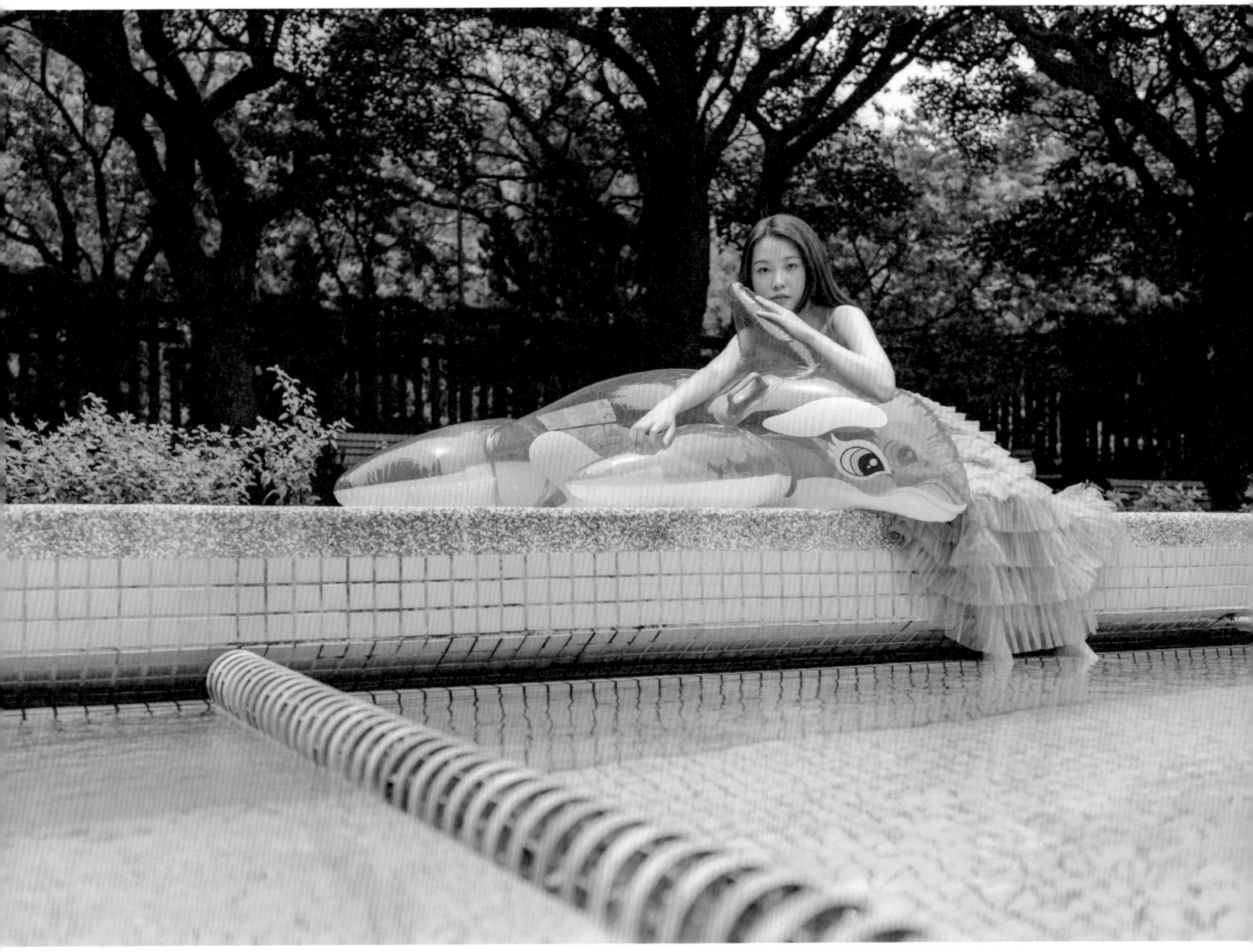

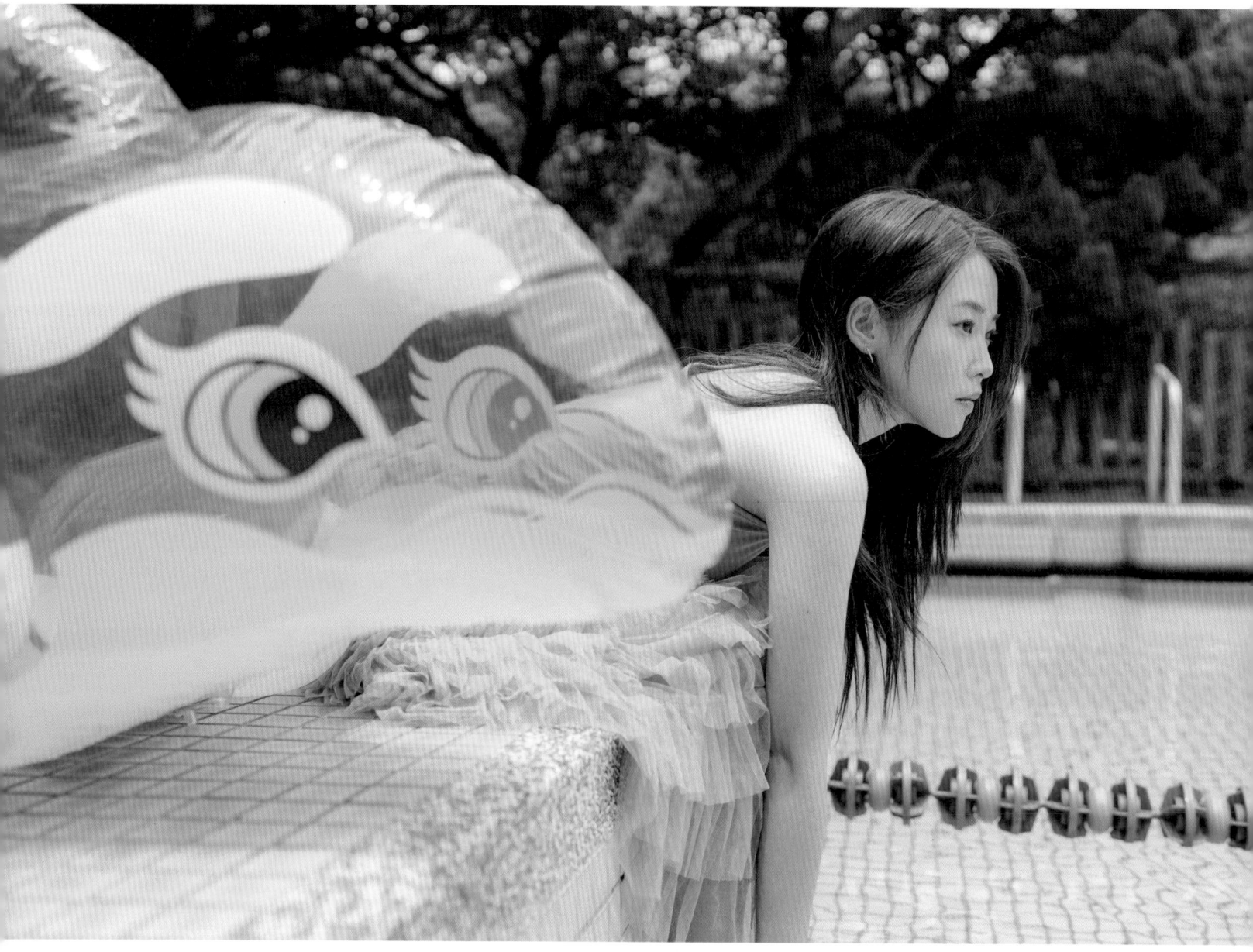

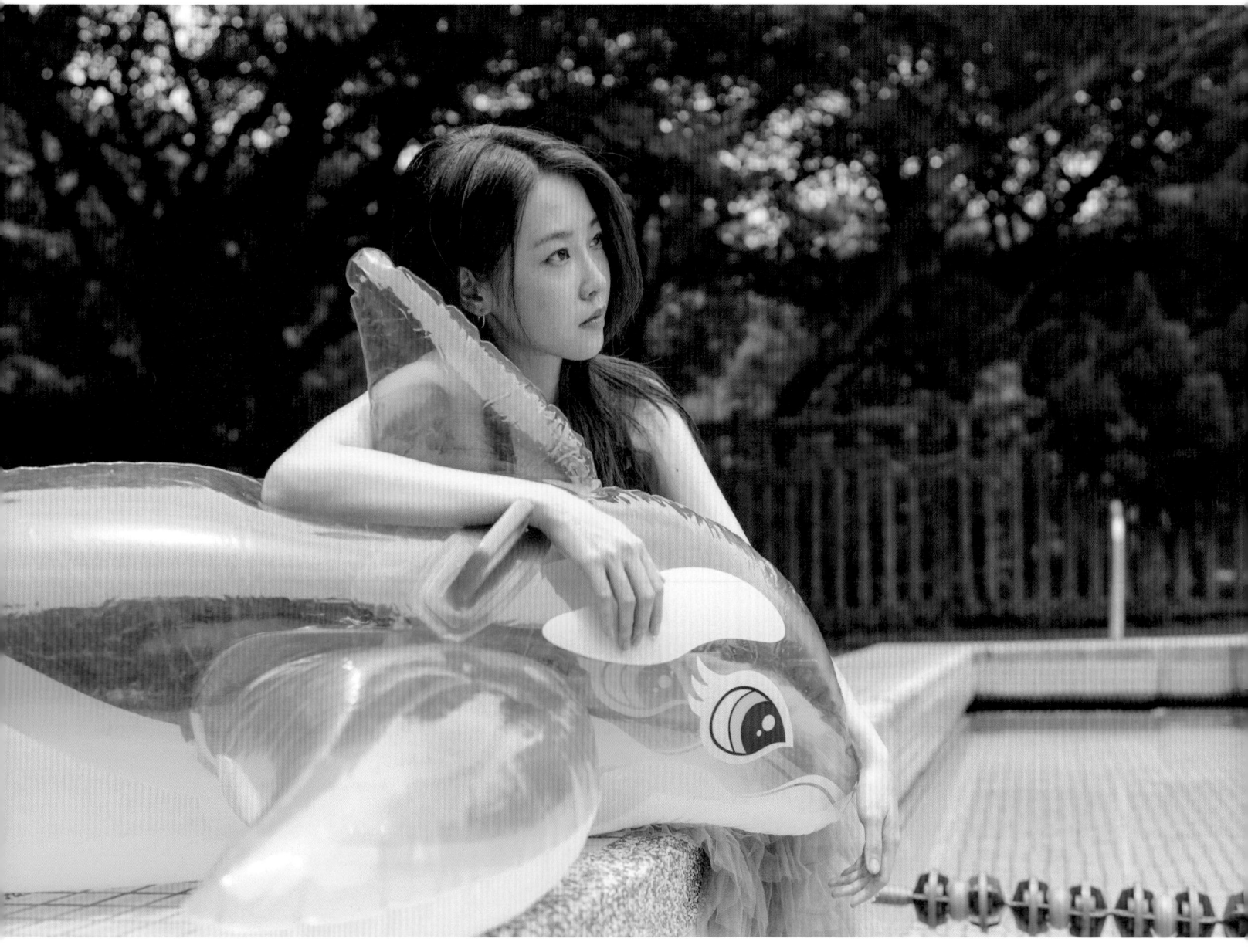

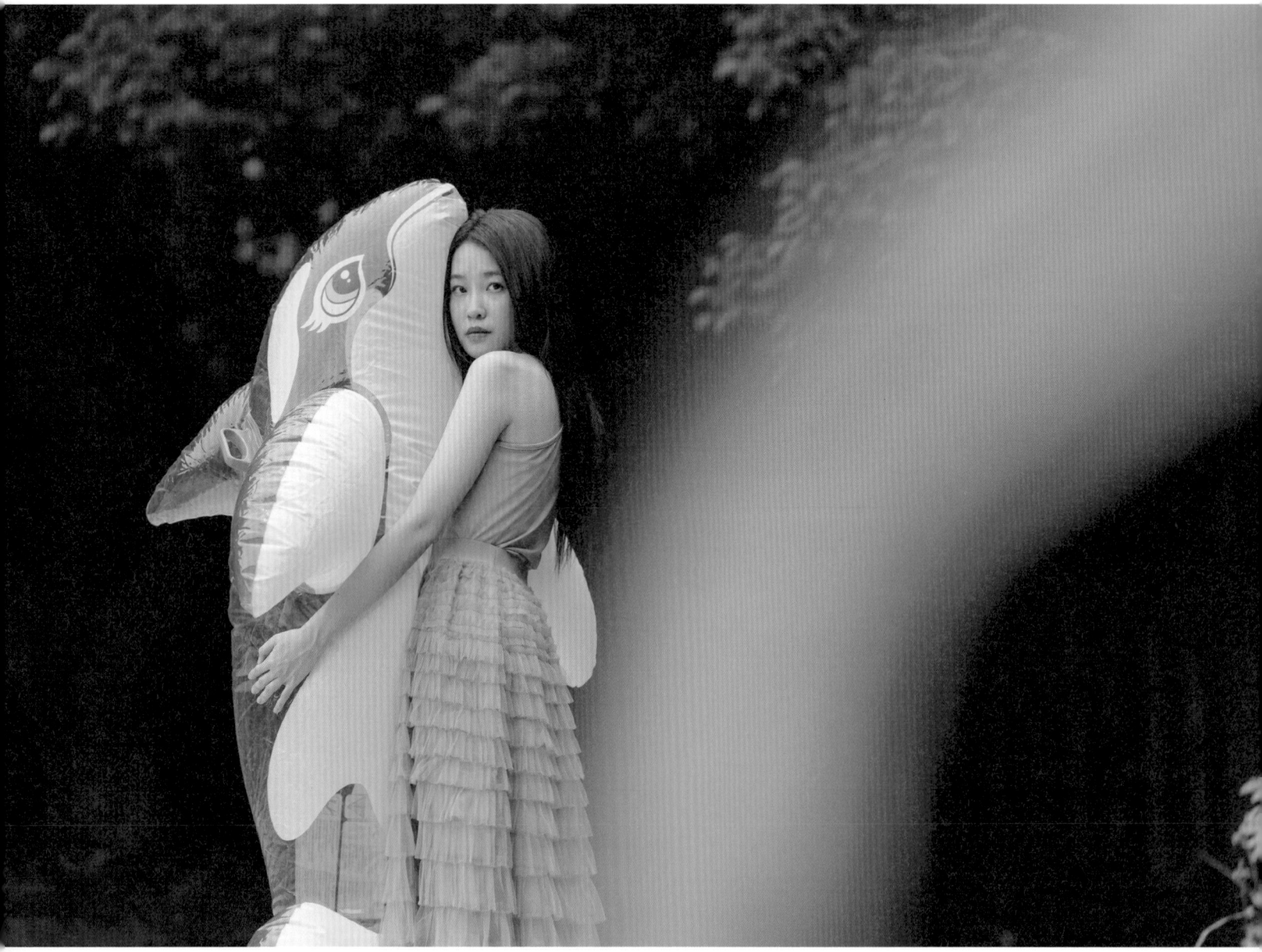

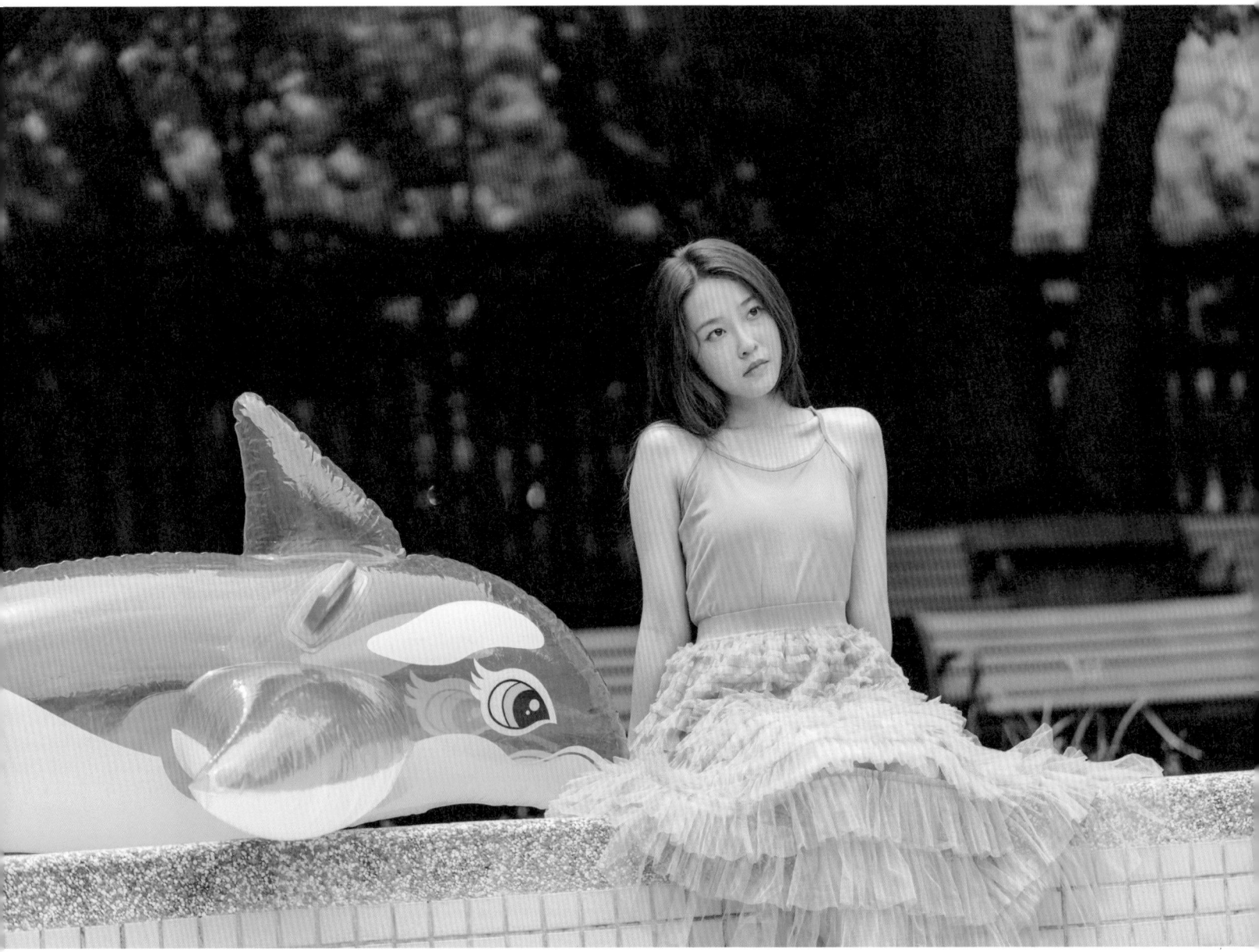

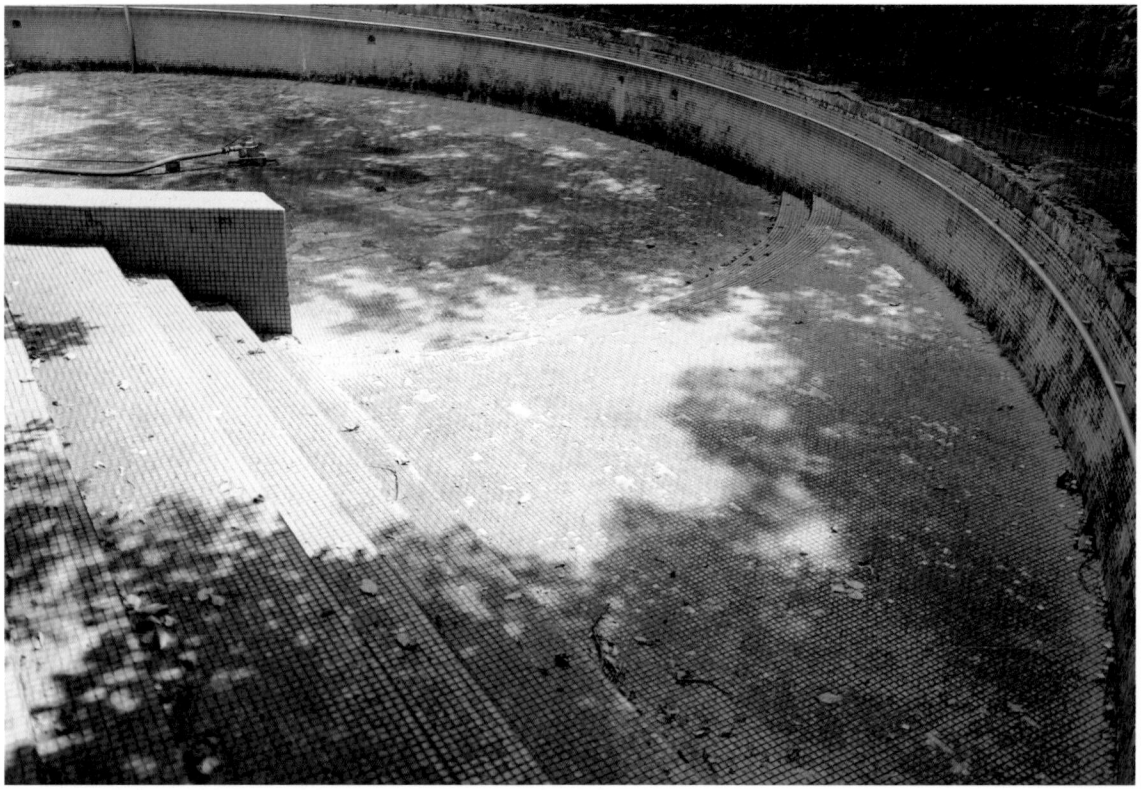

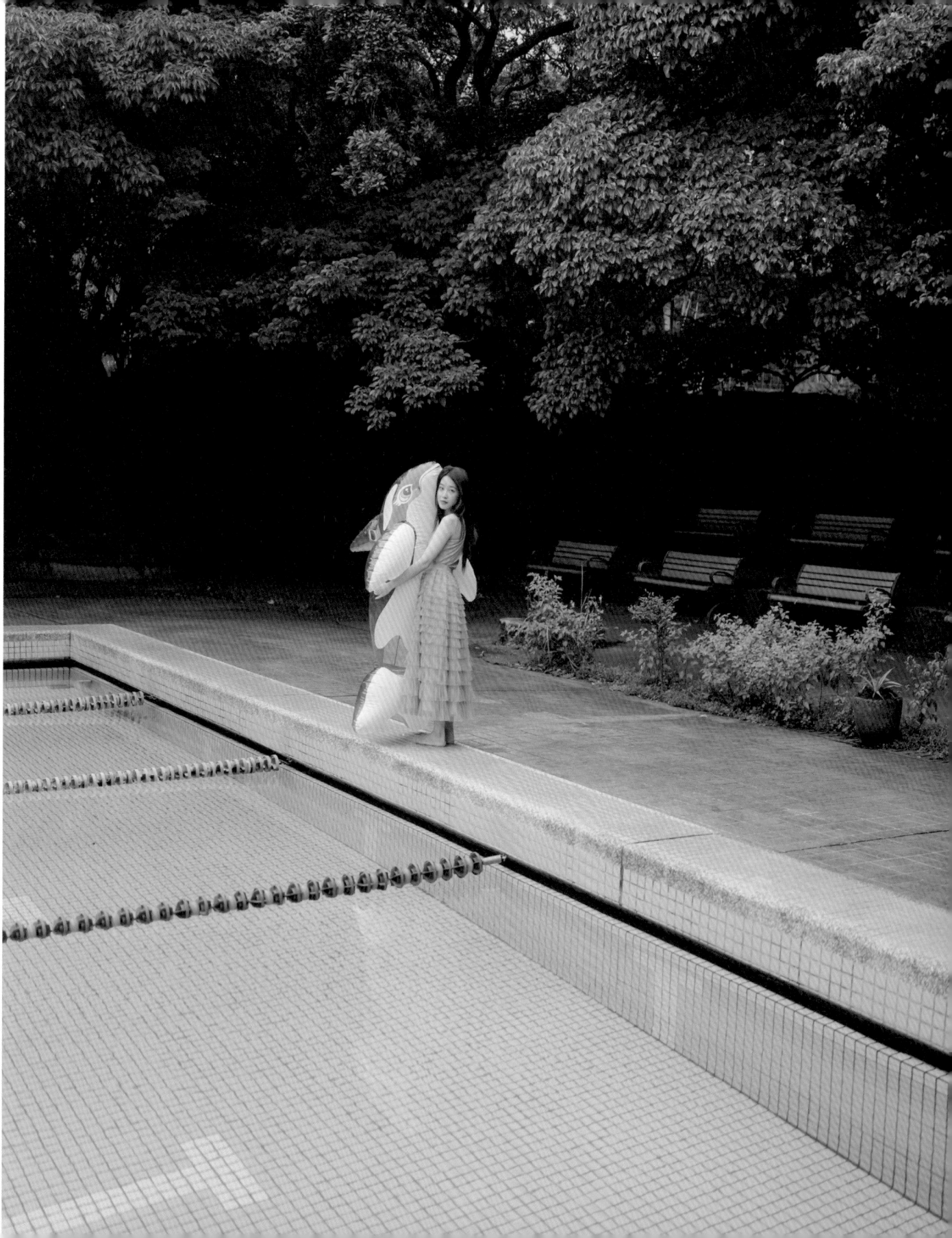

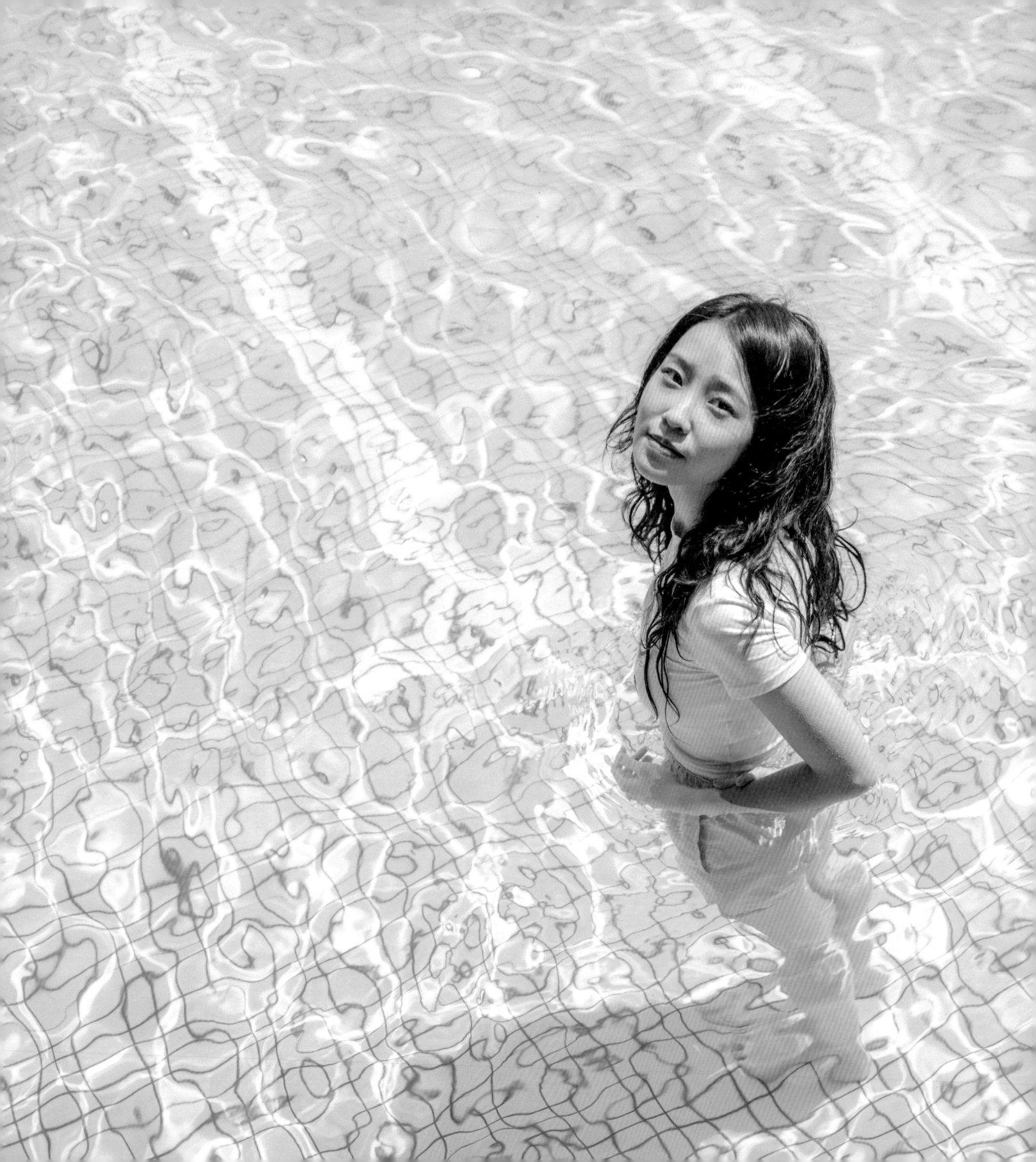

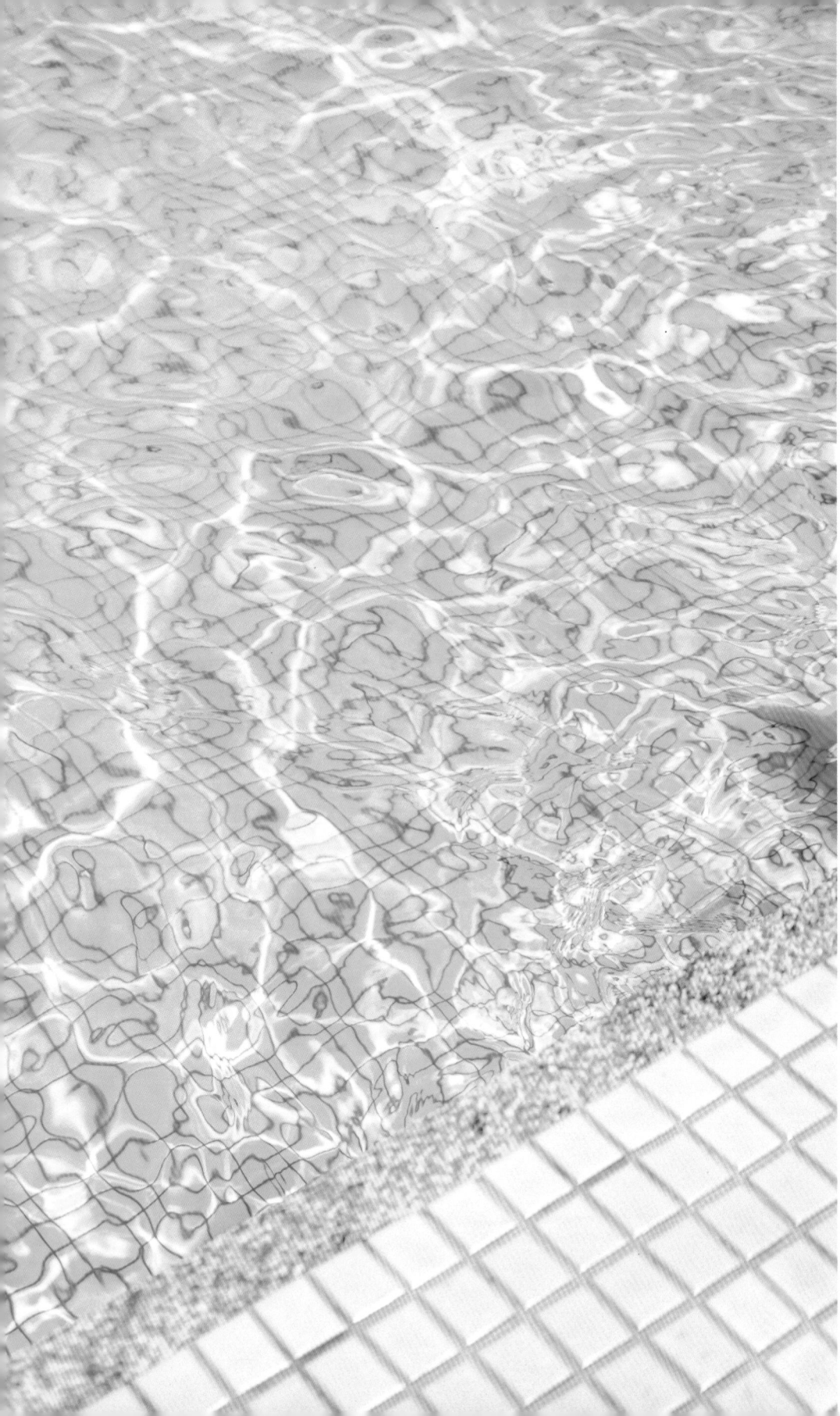

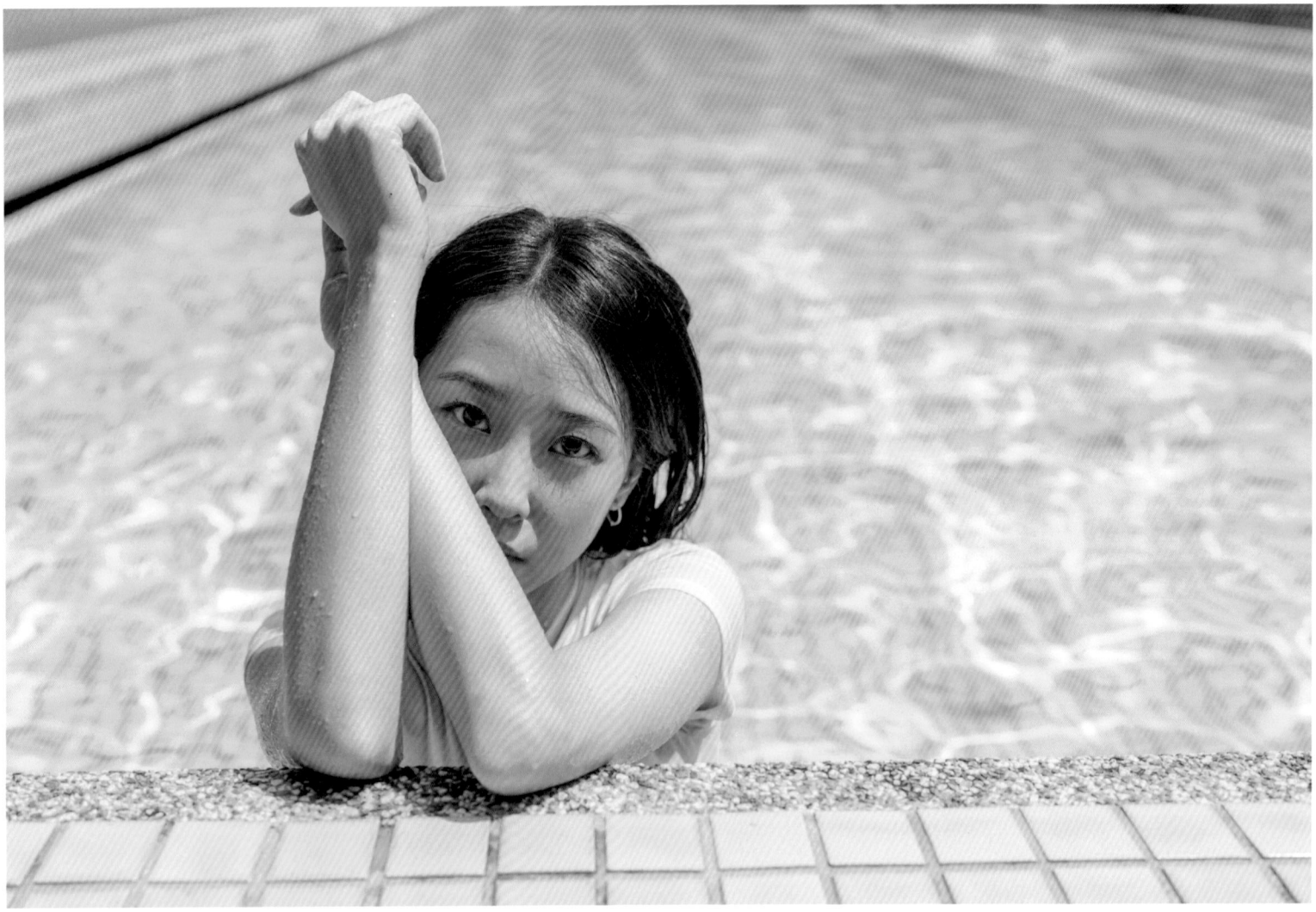

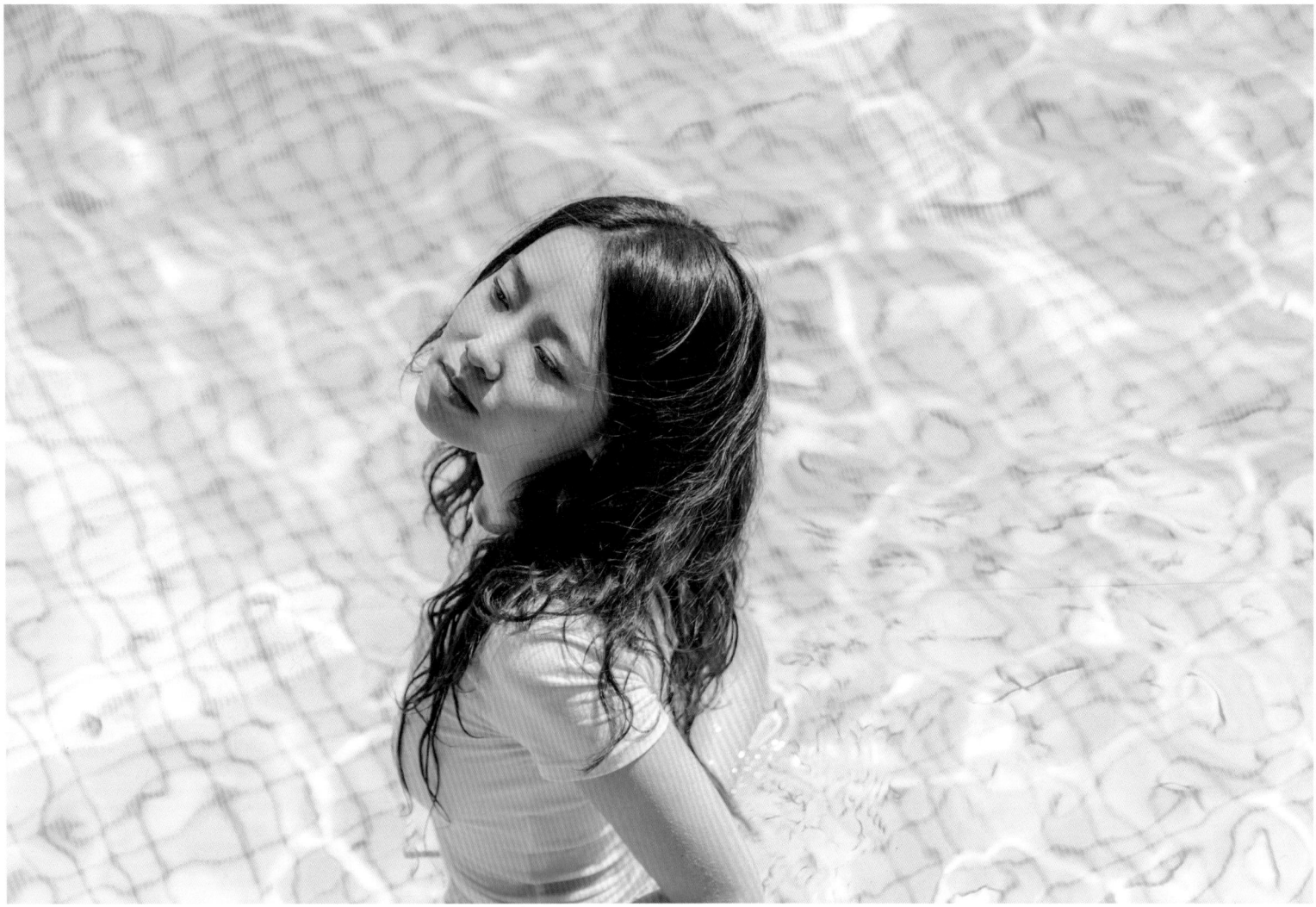

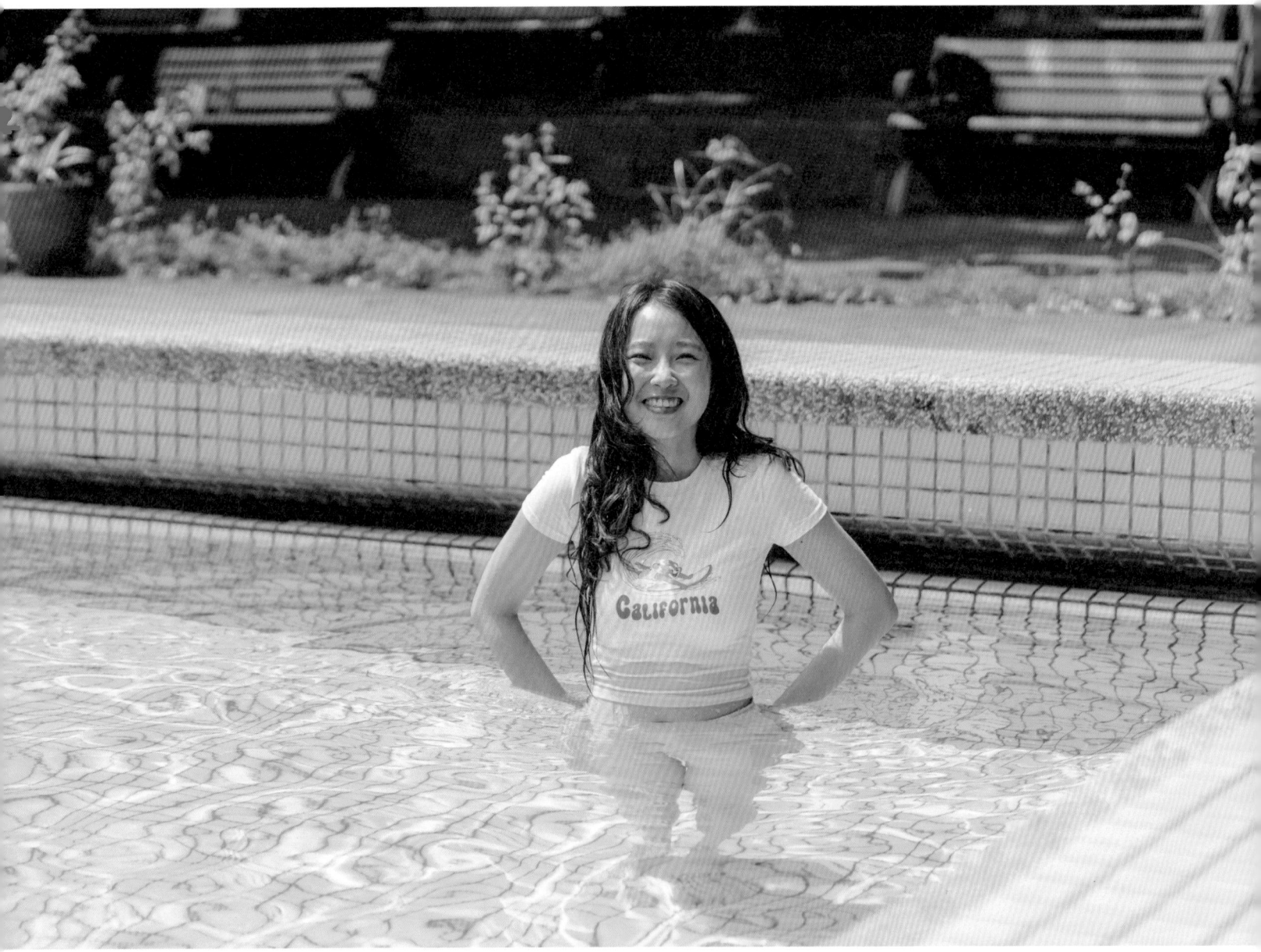
California

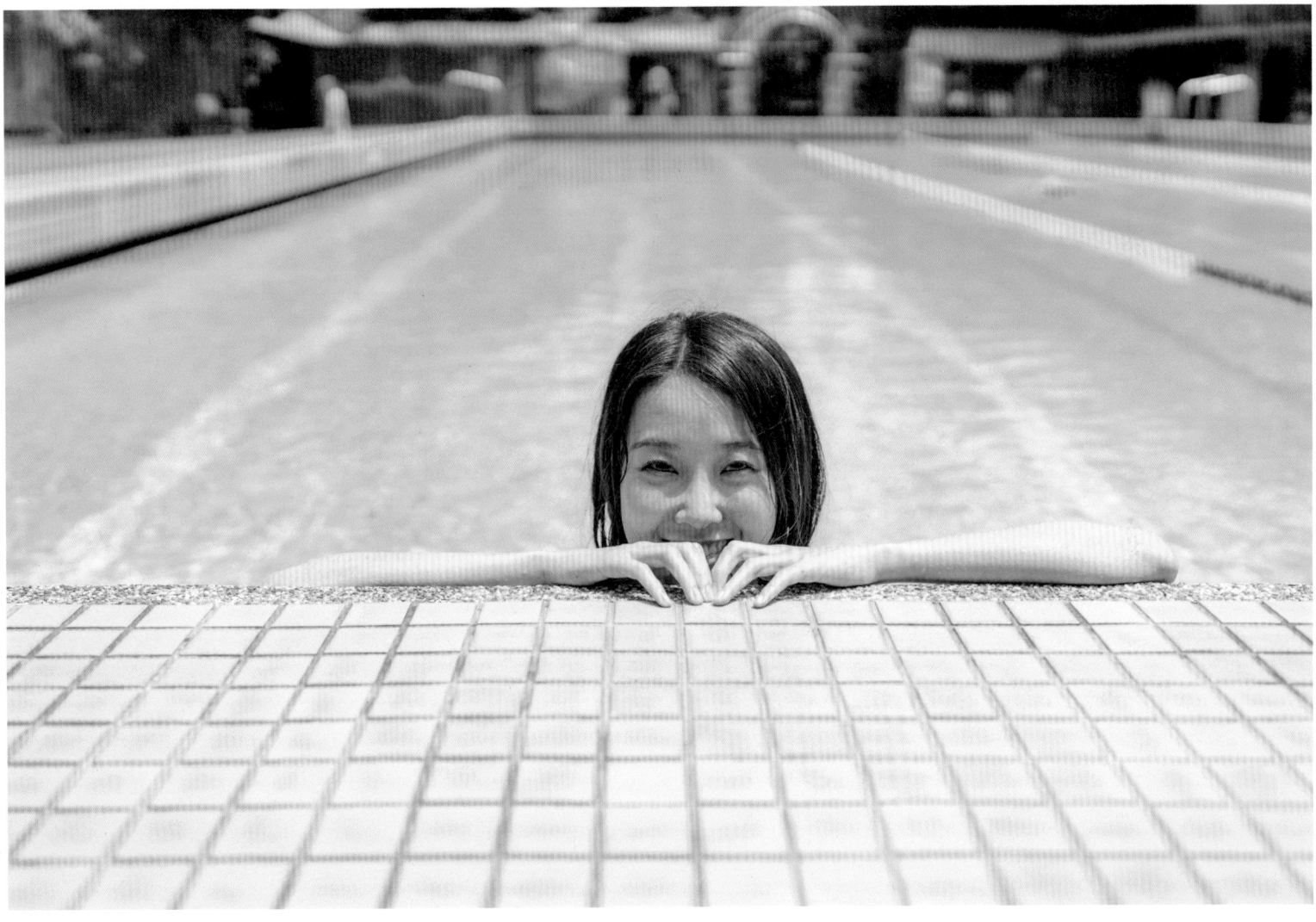

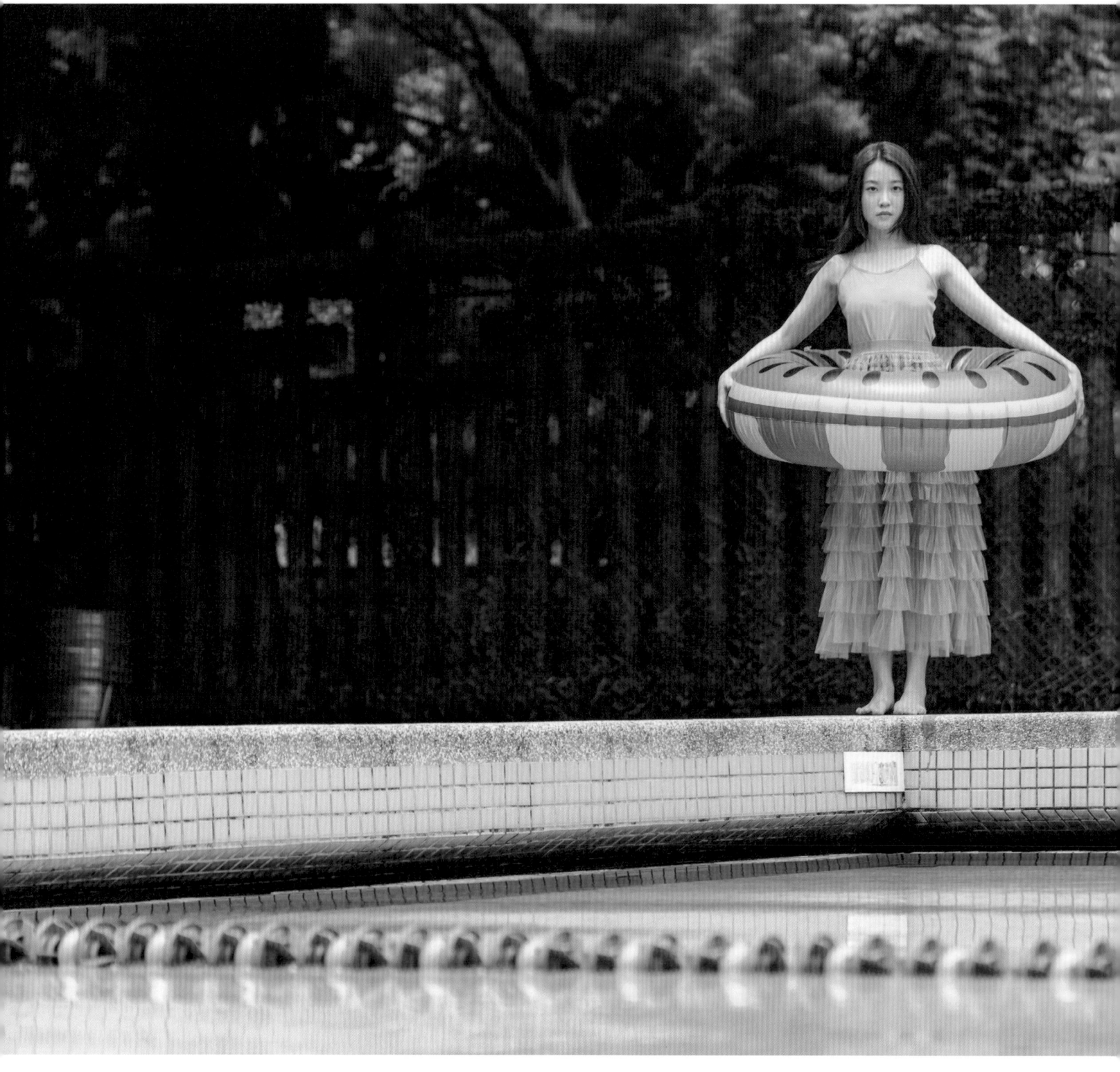

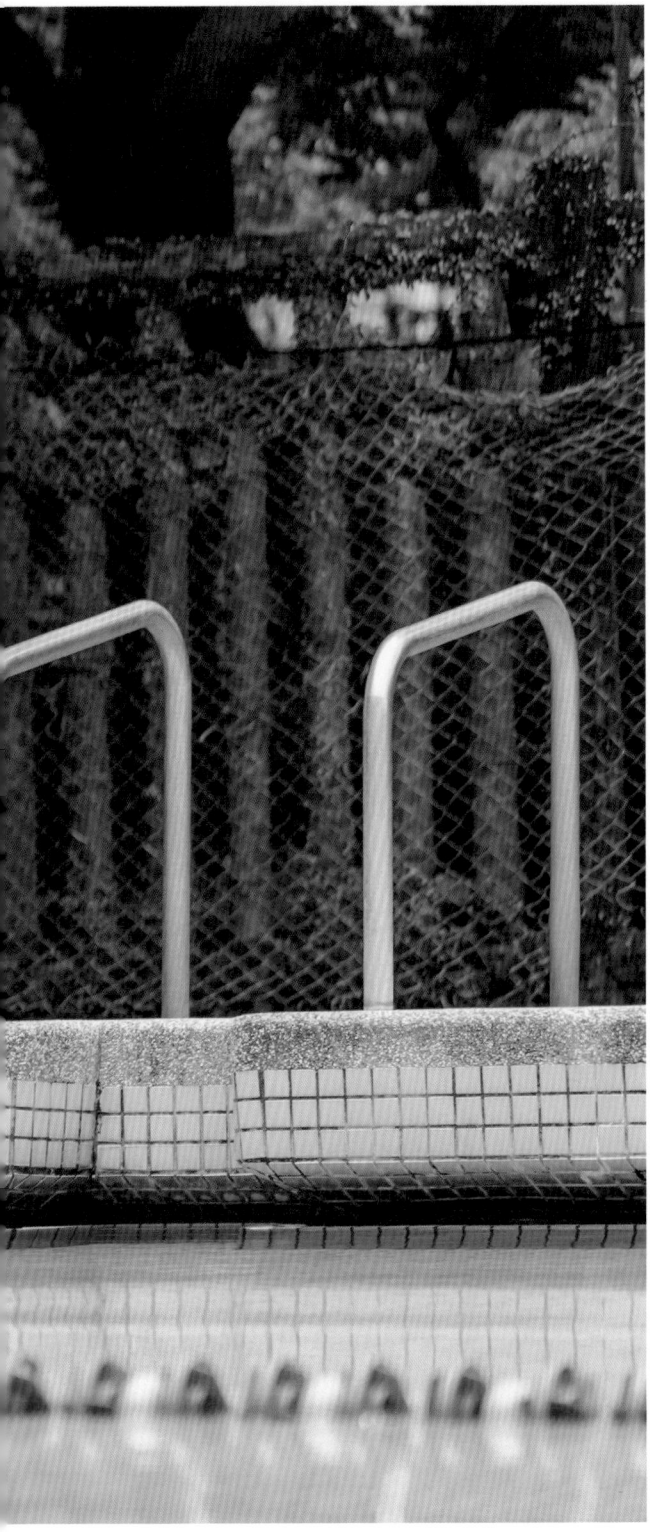

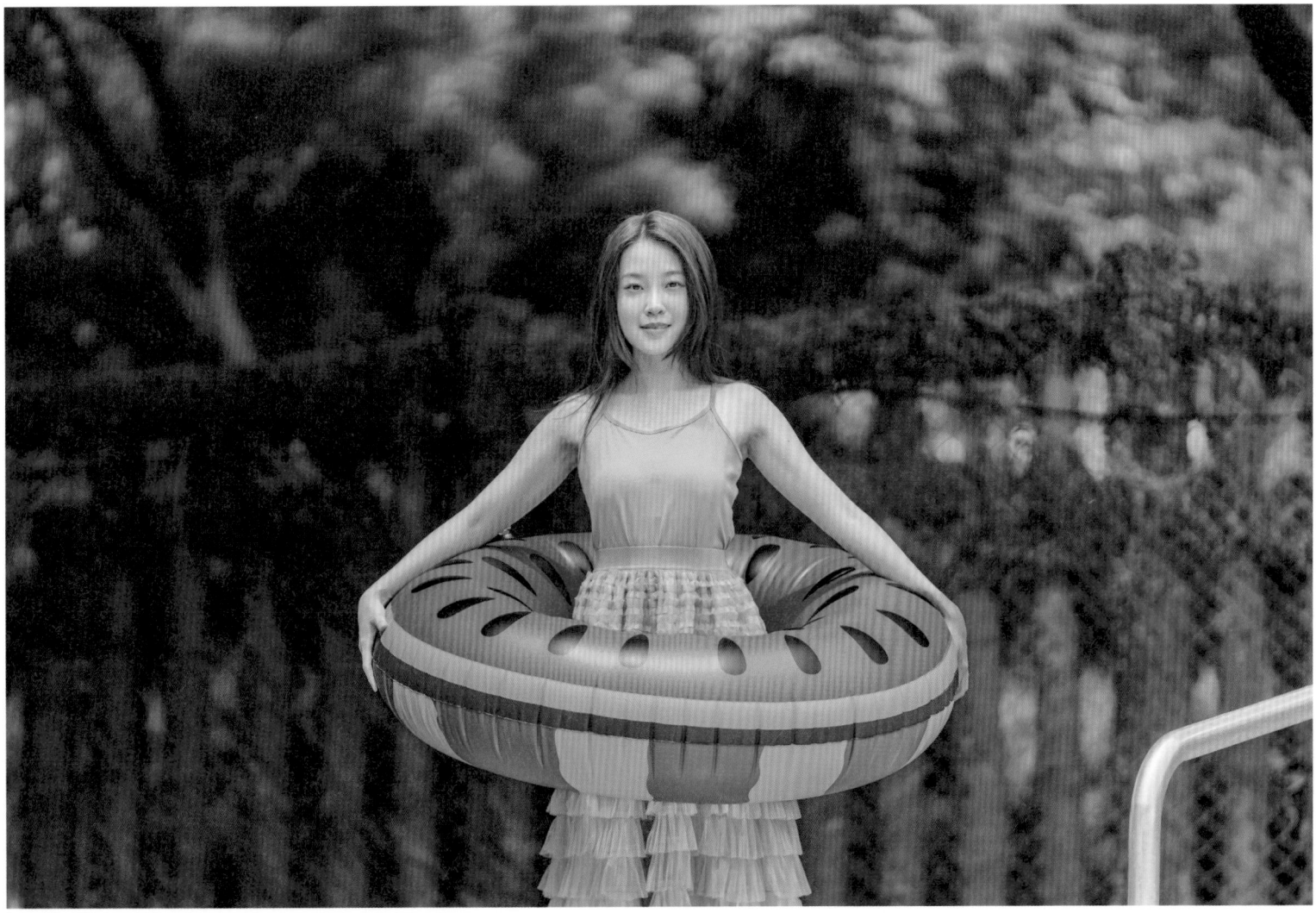

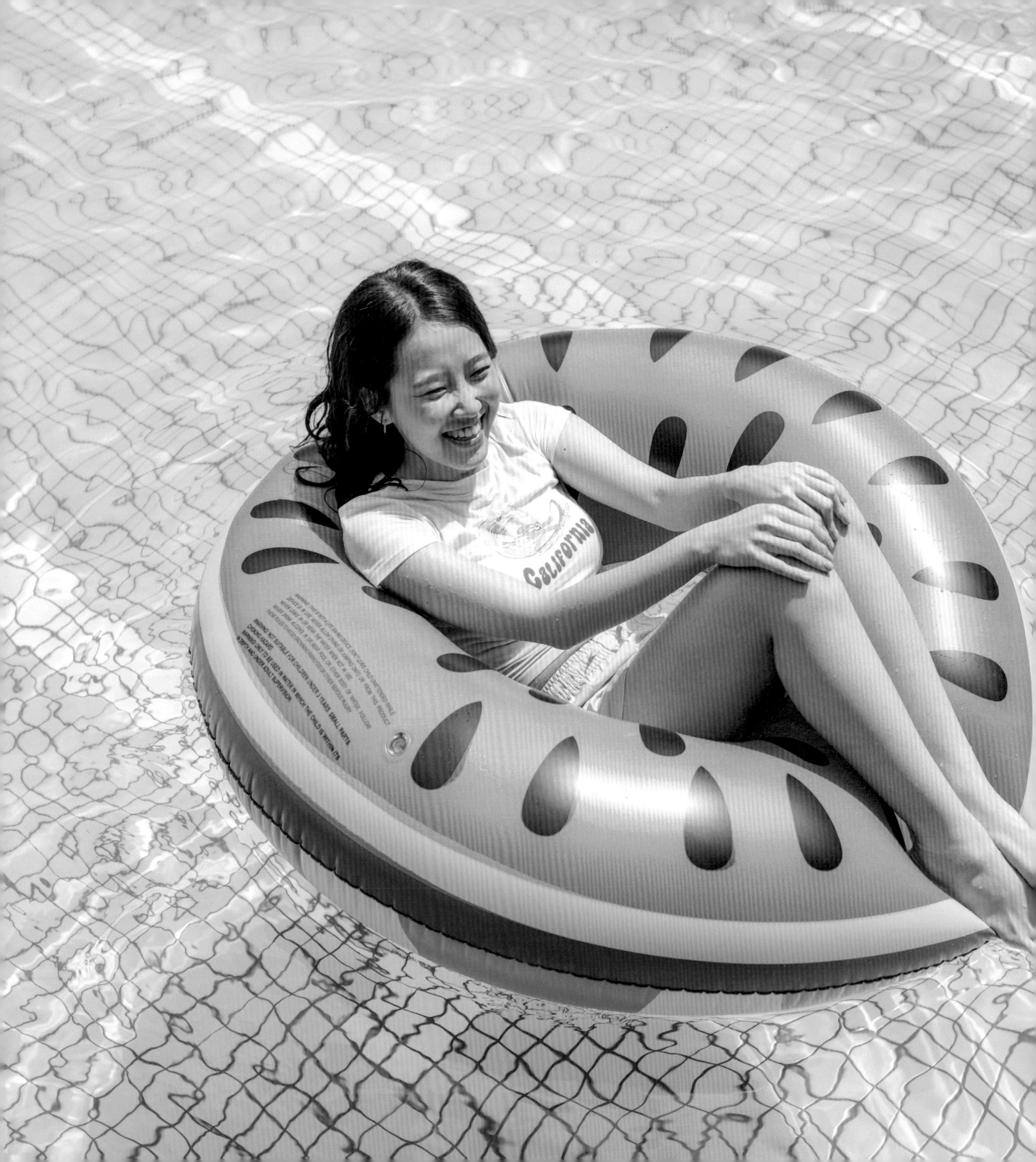
CALIFORNIA

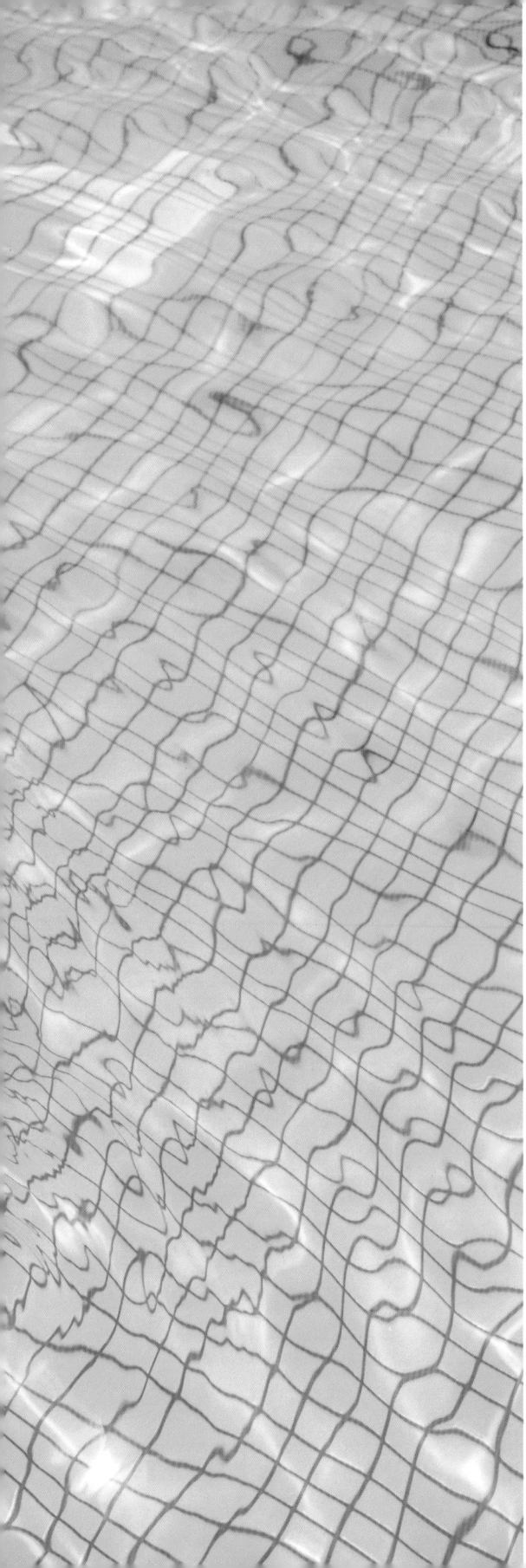

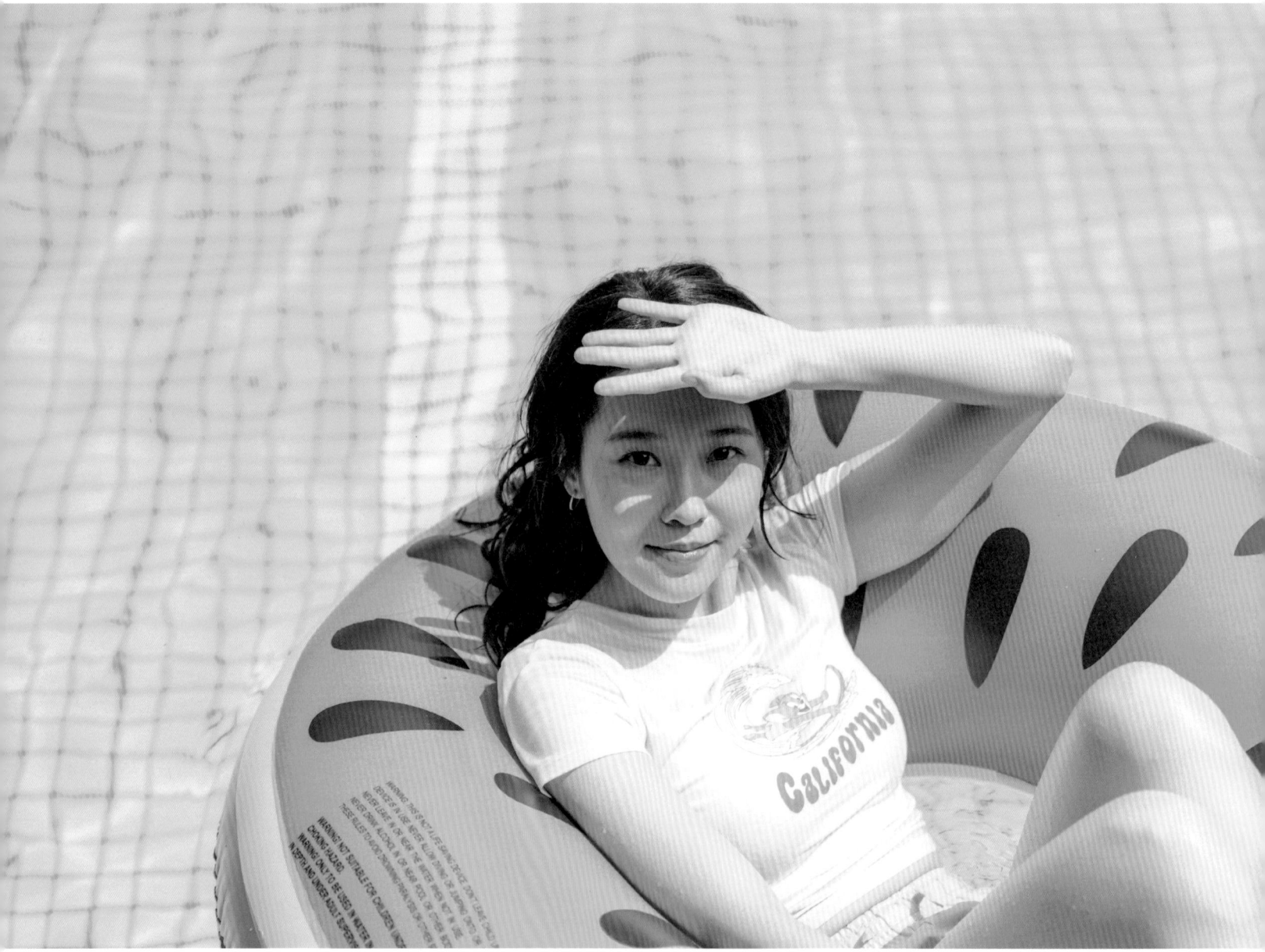
California

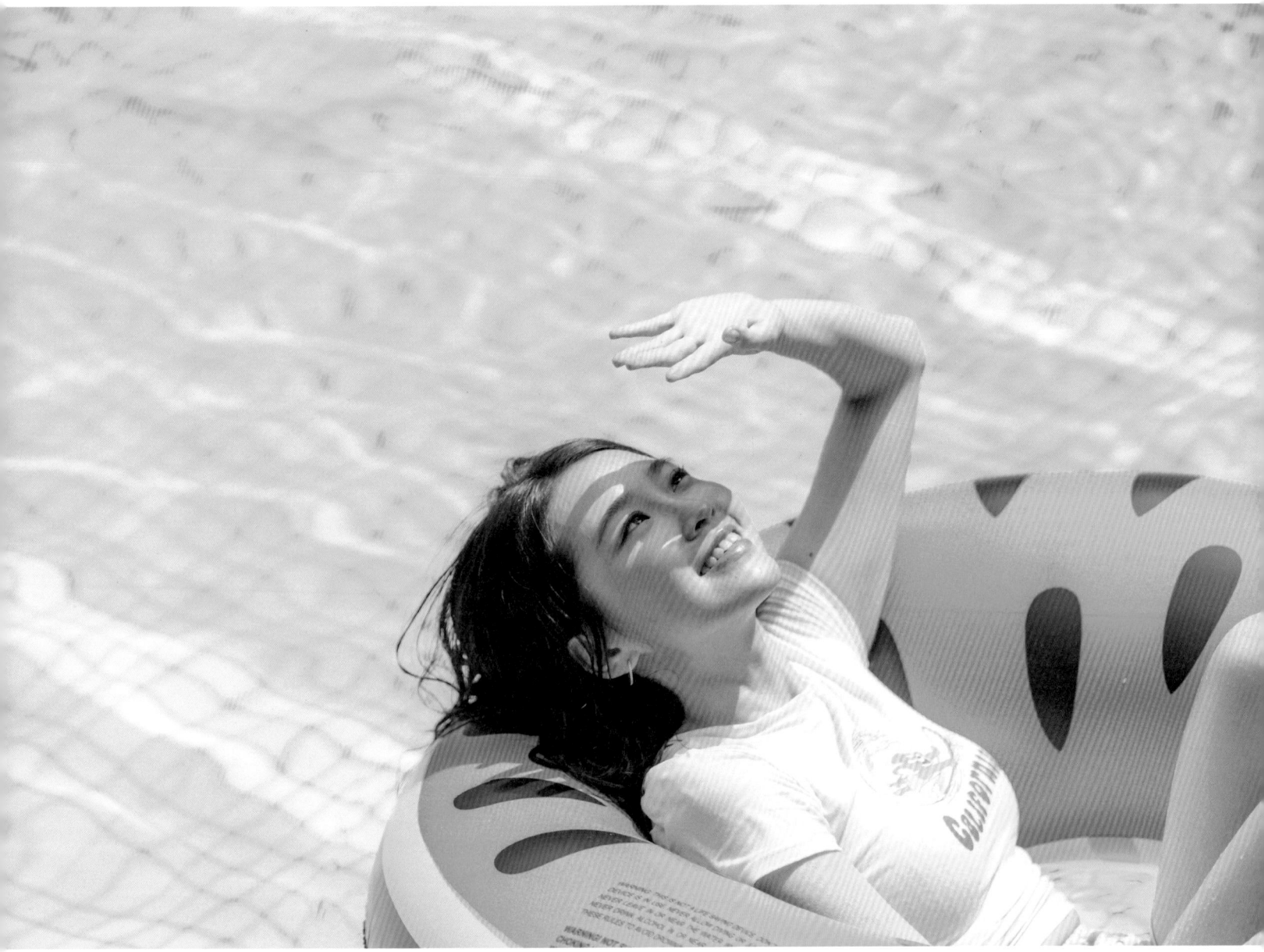

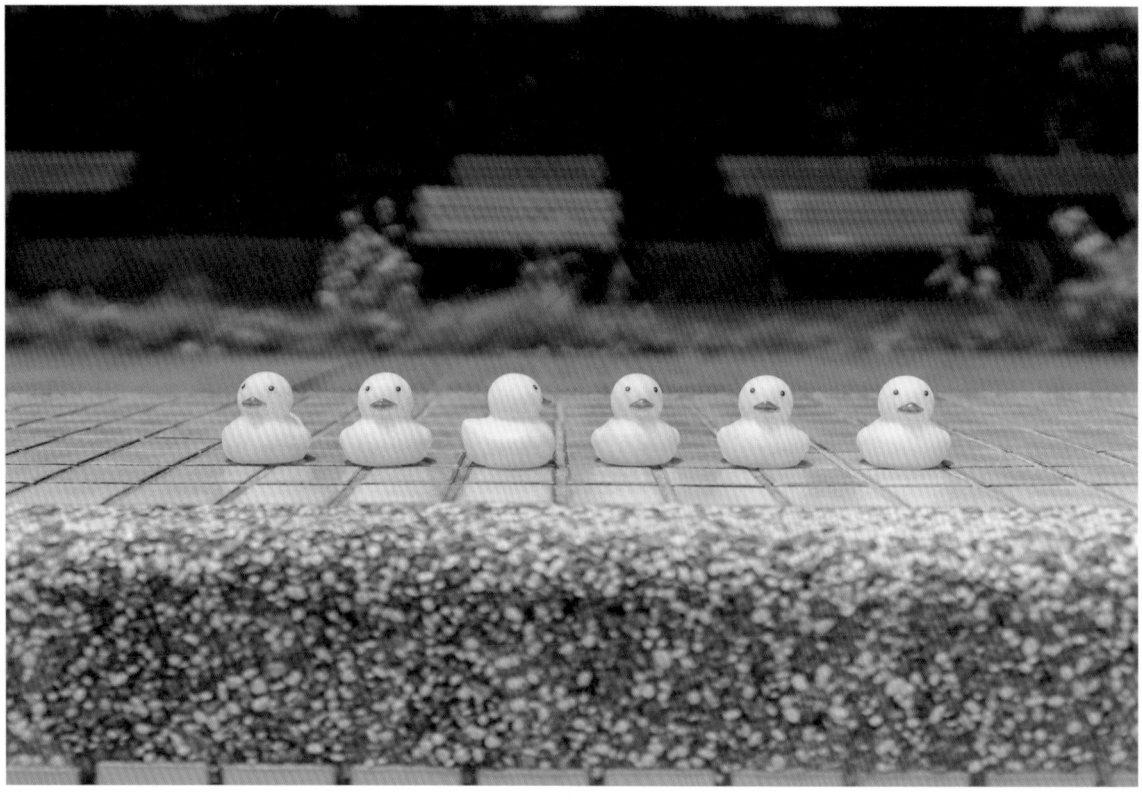

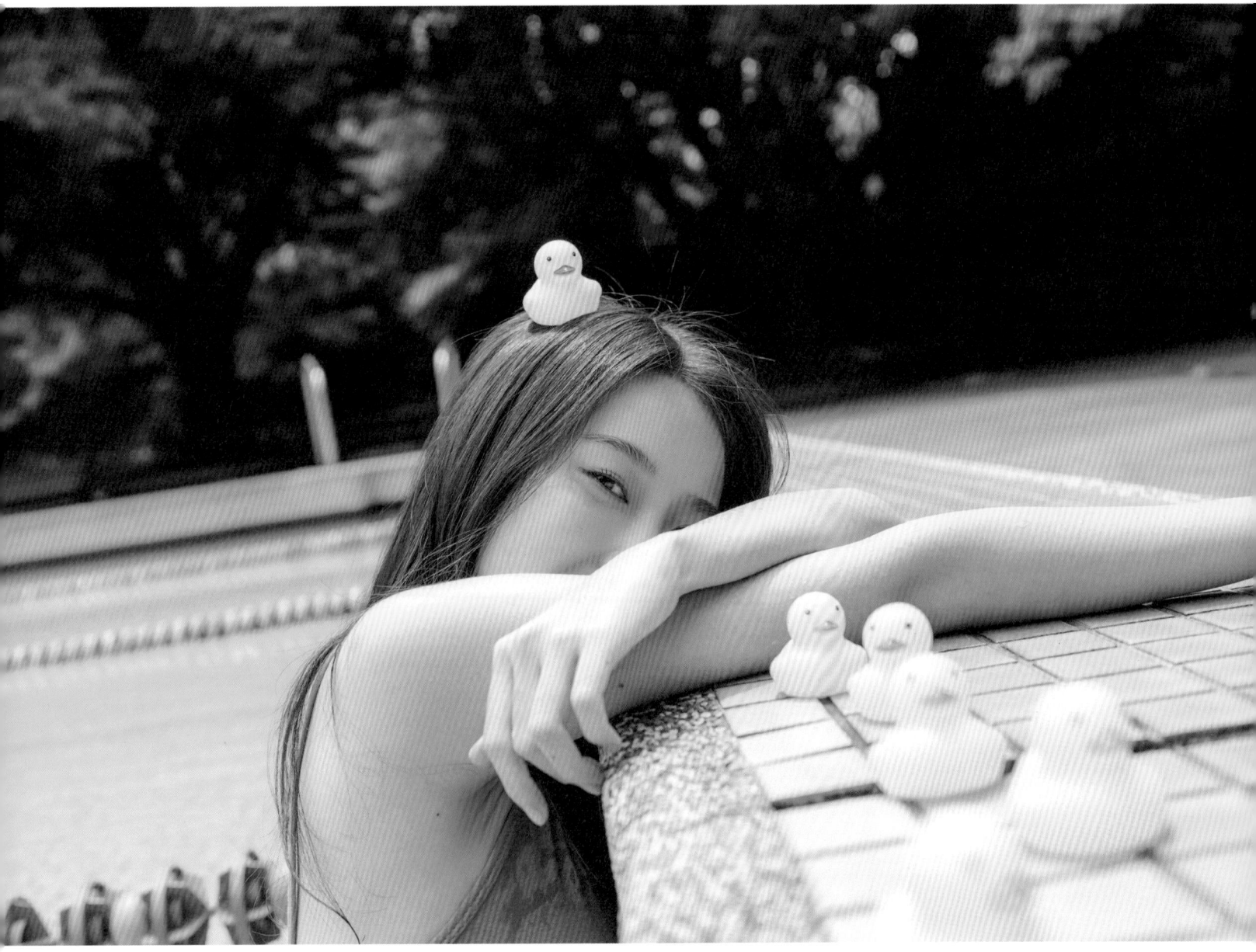

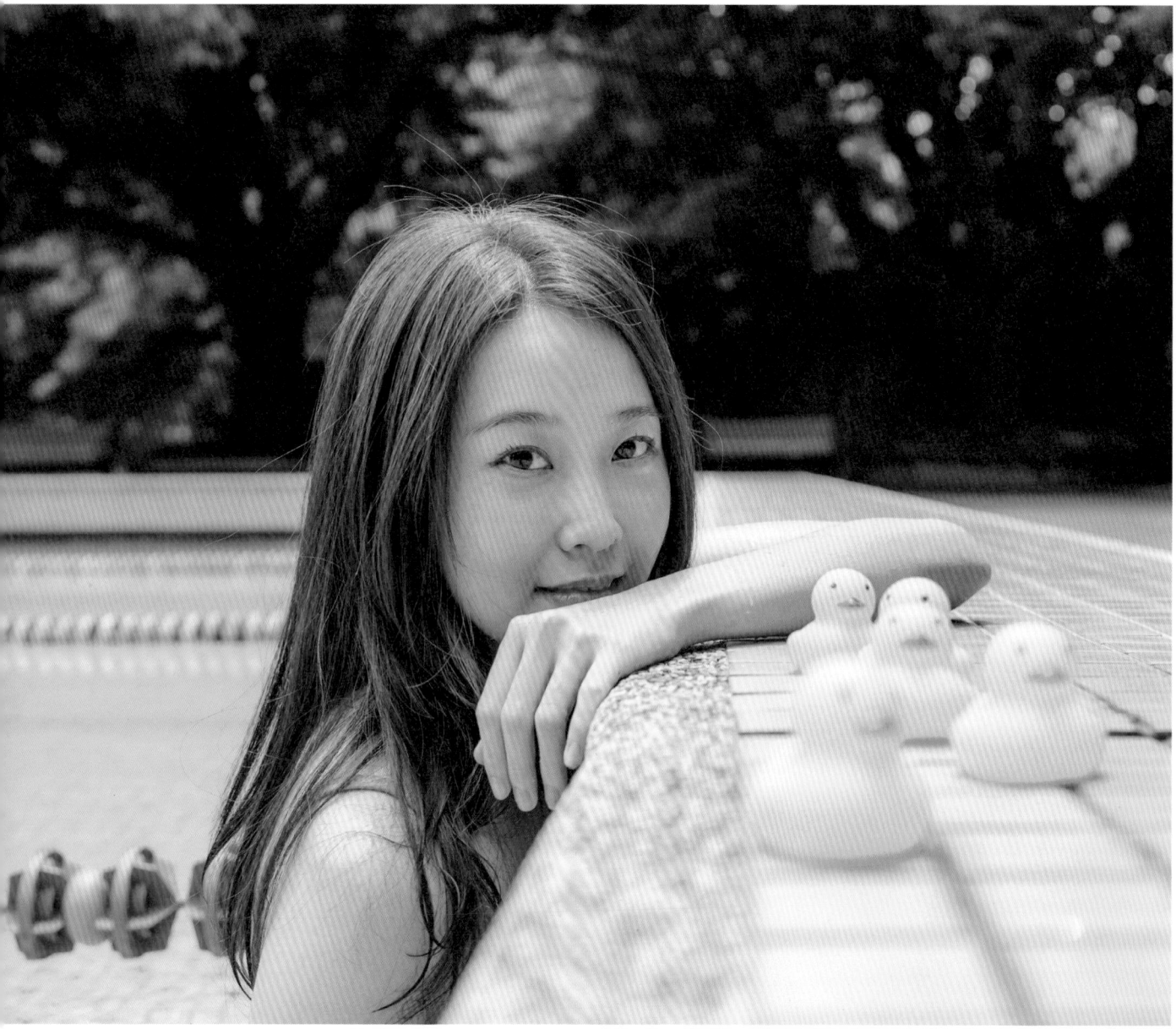

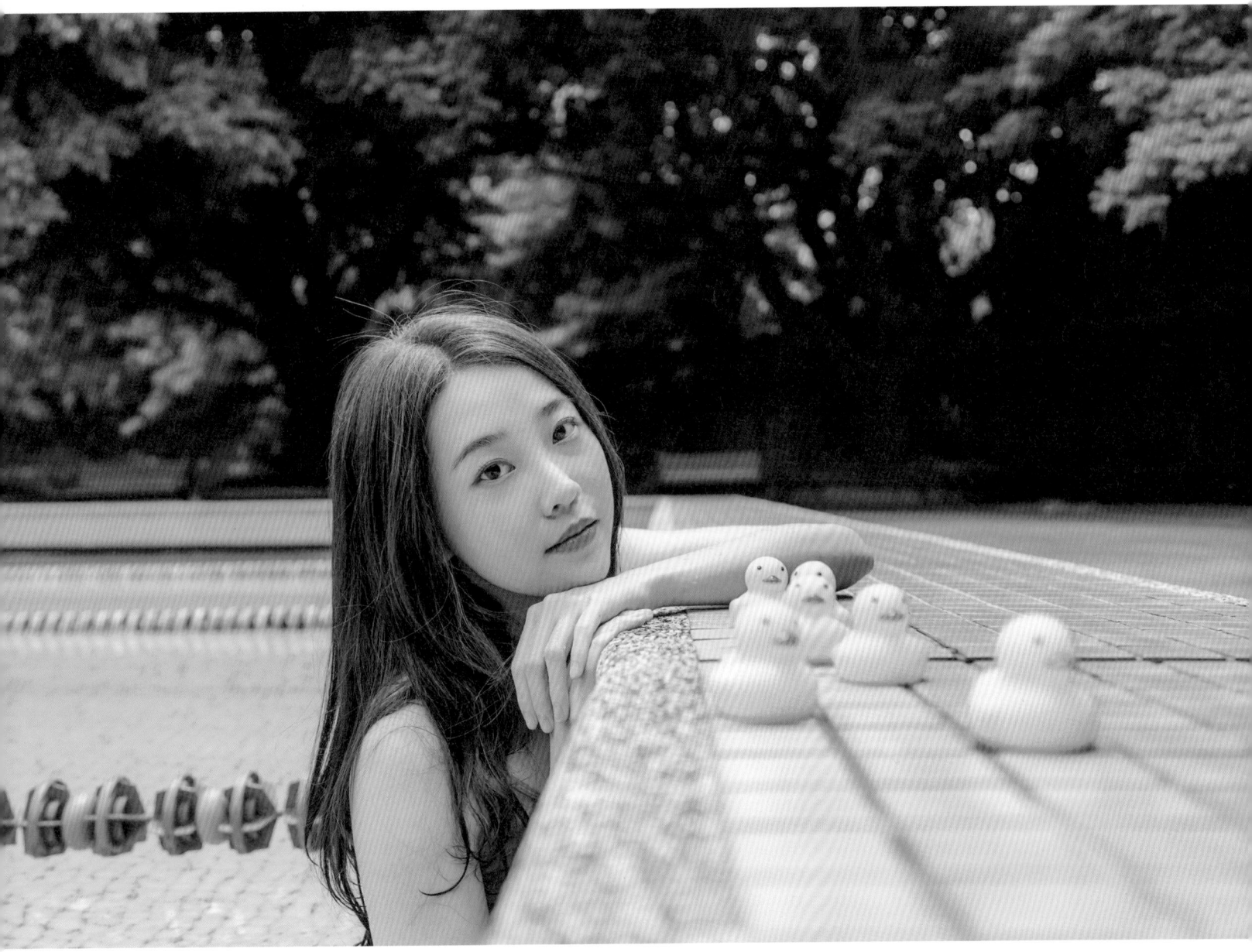

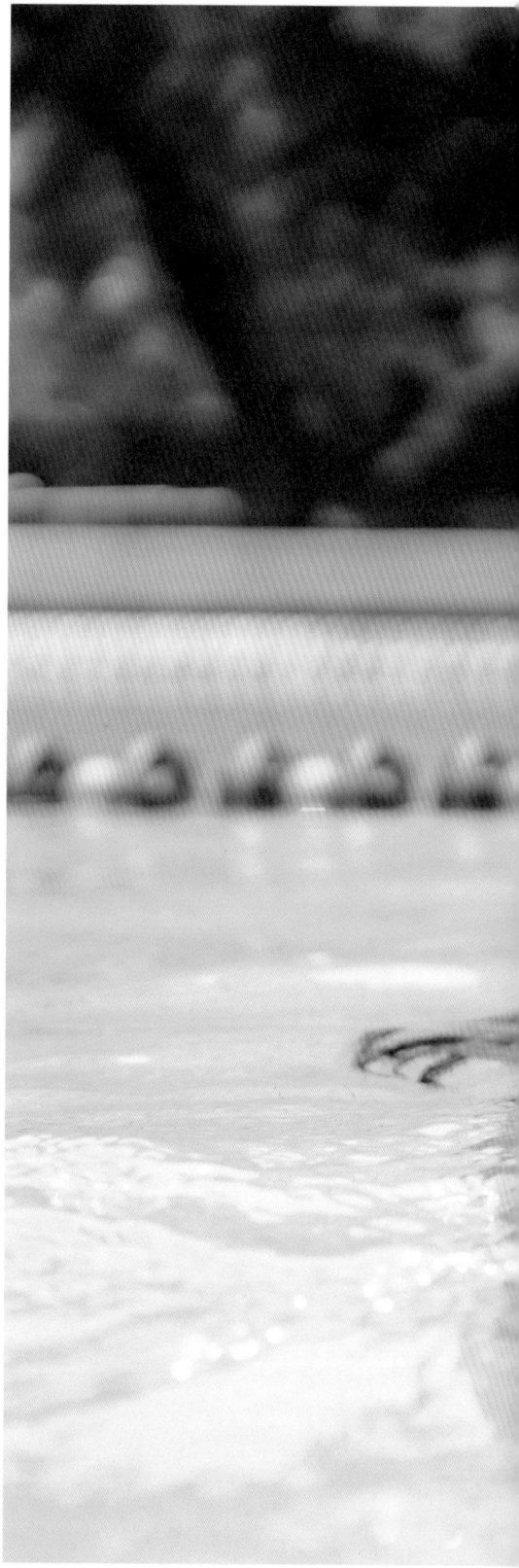

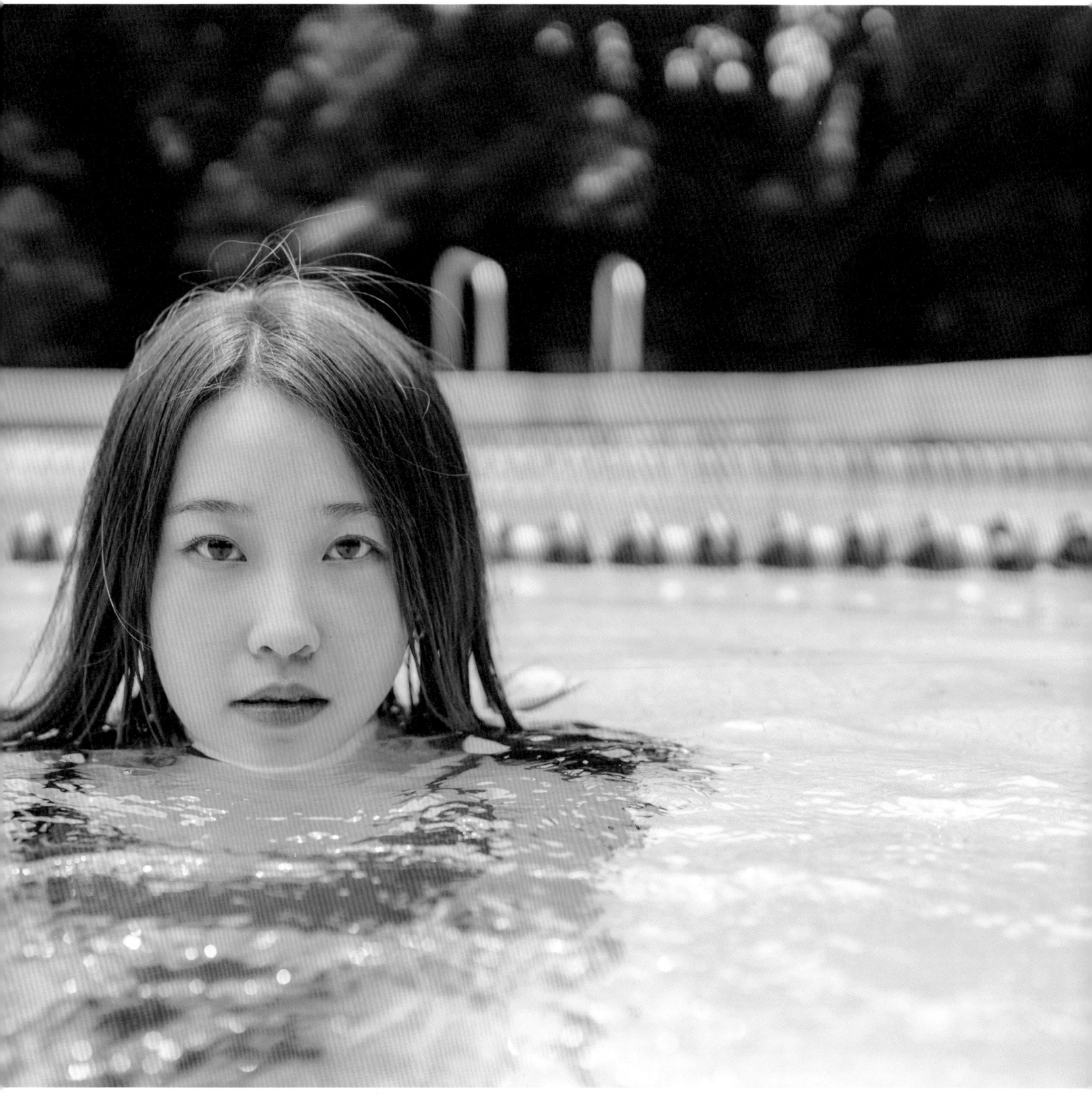

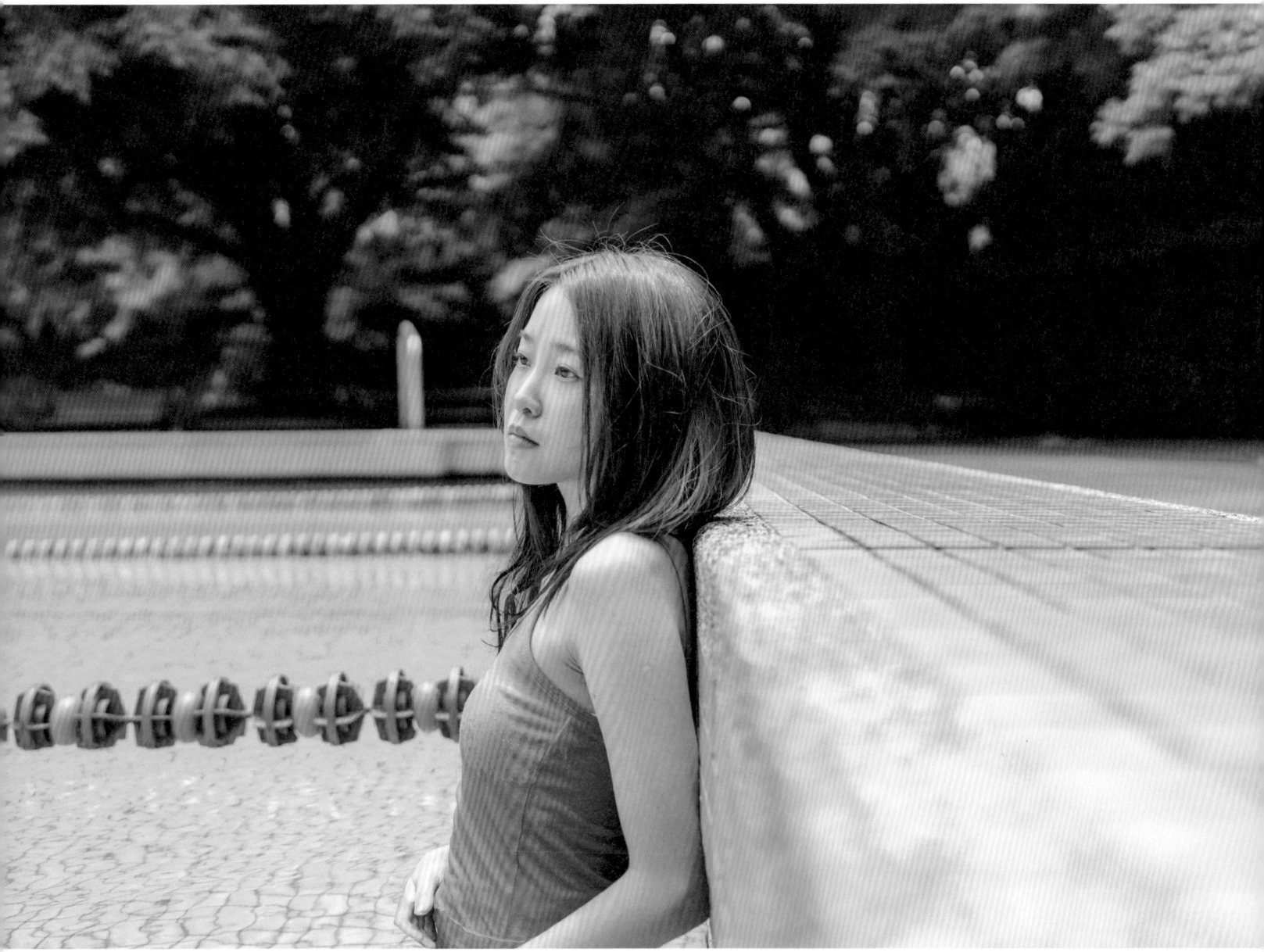

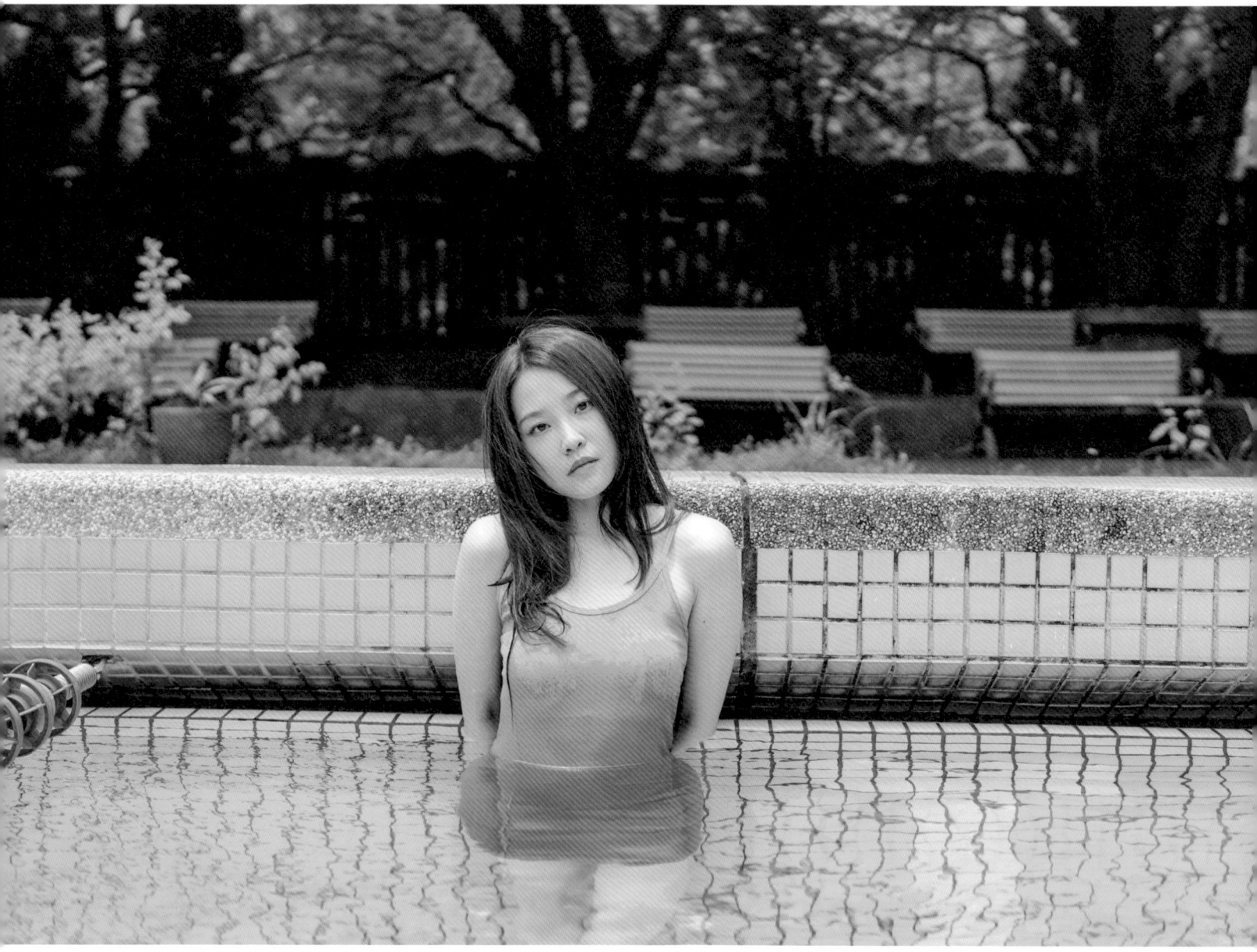

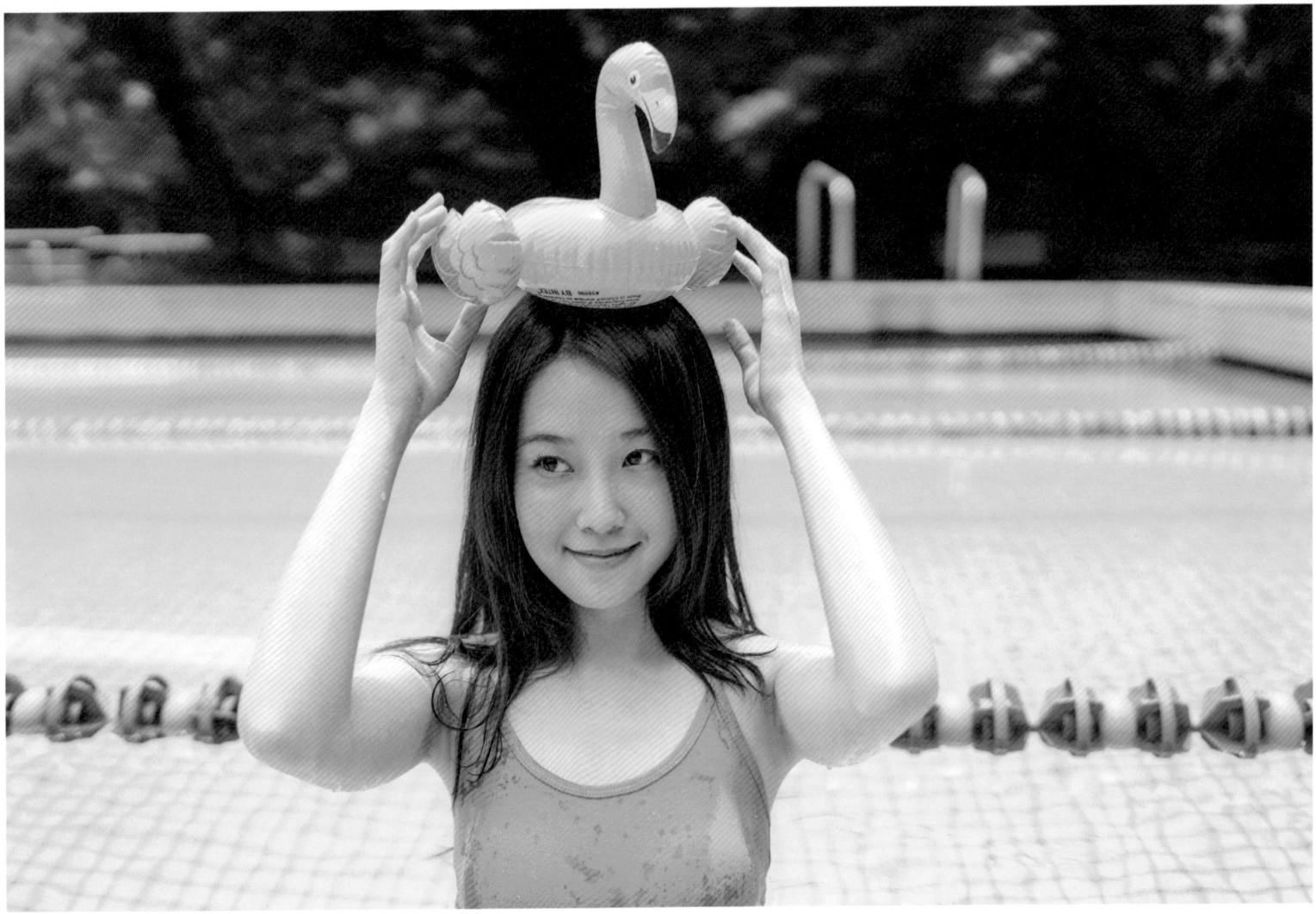

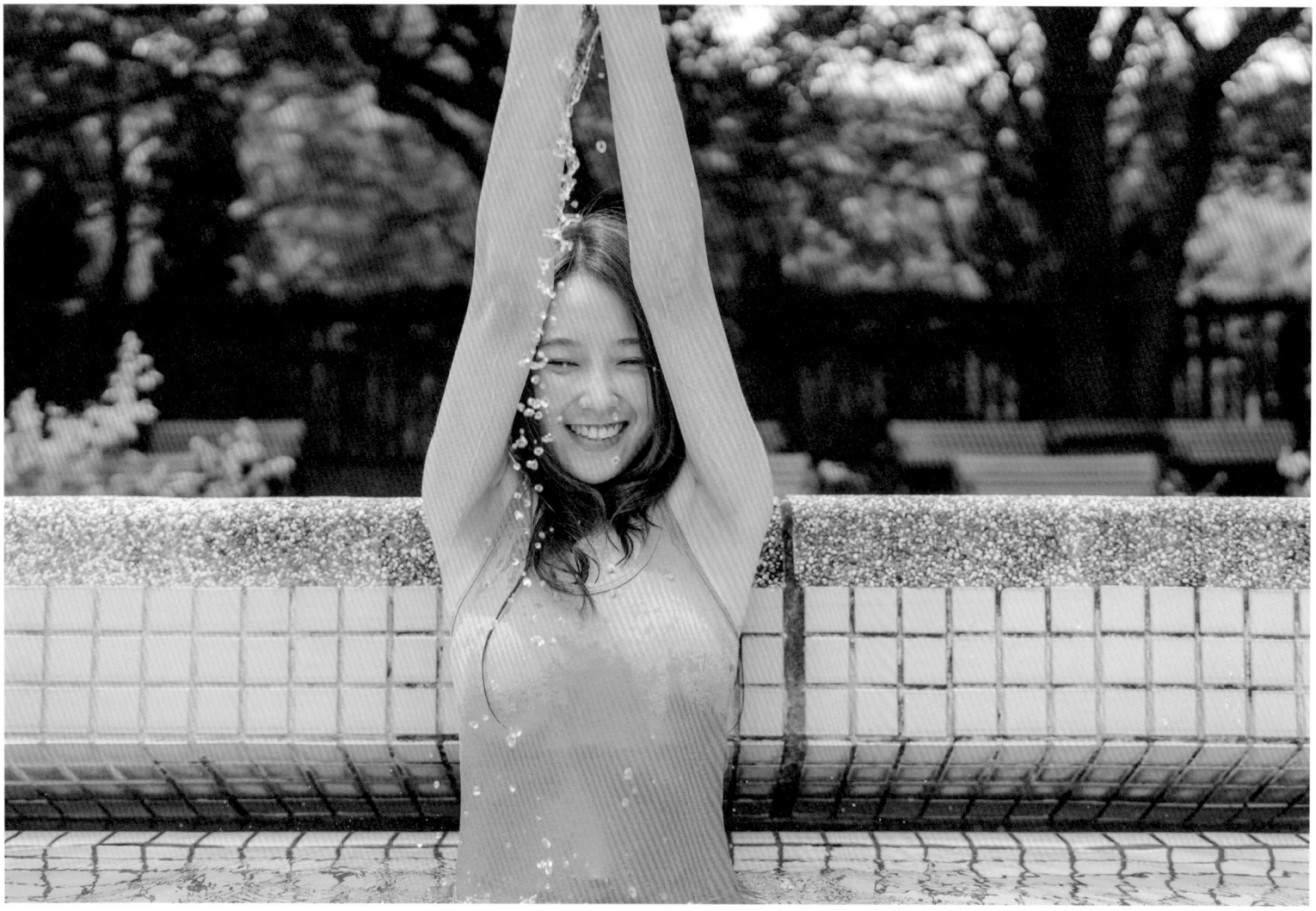

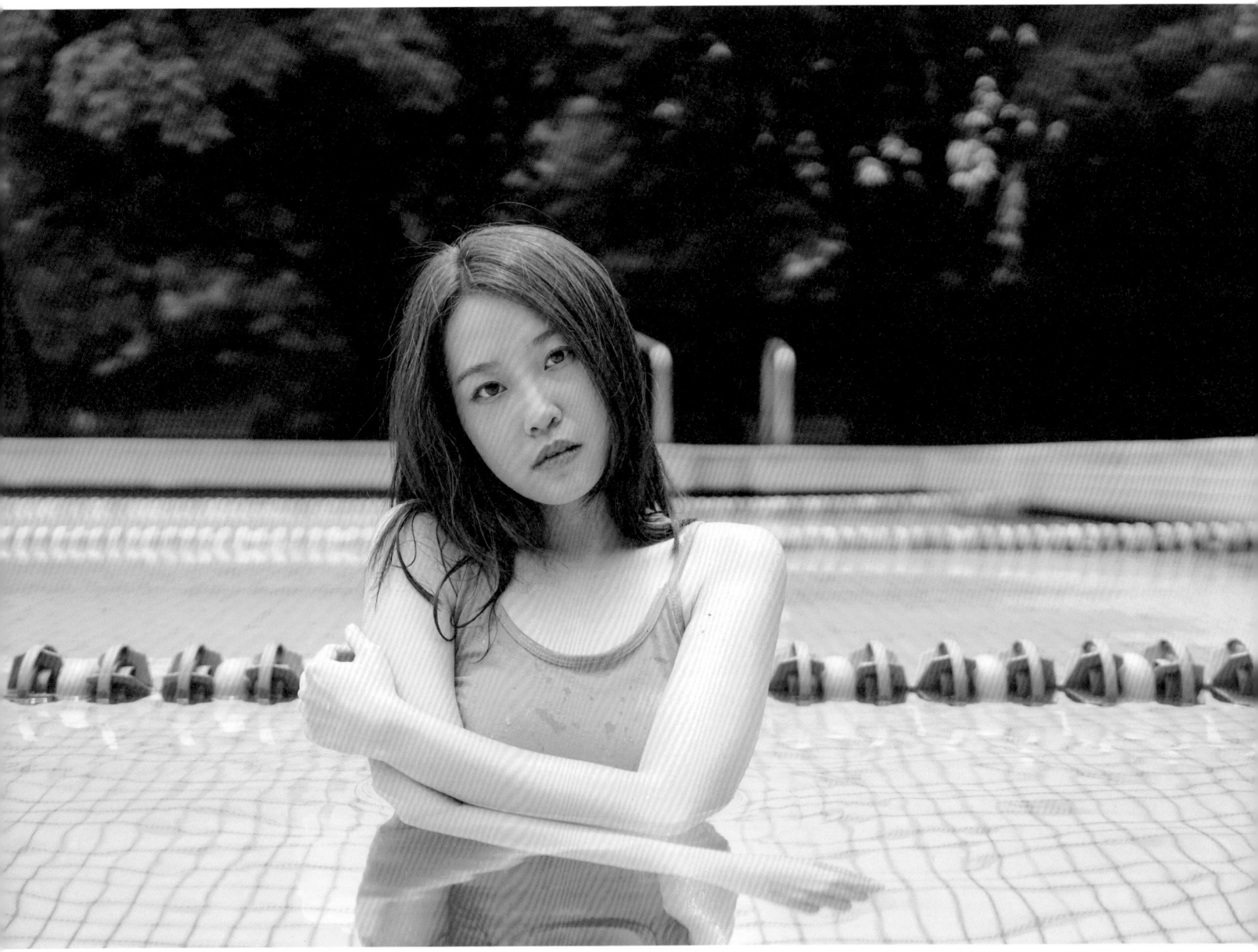

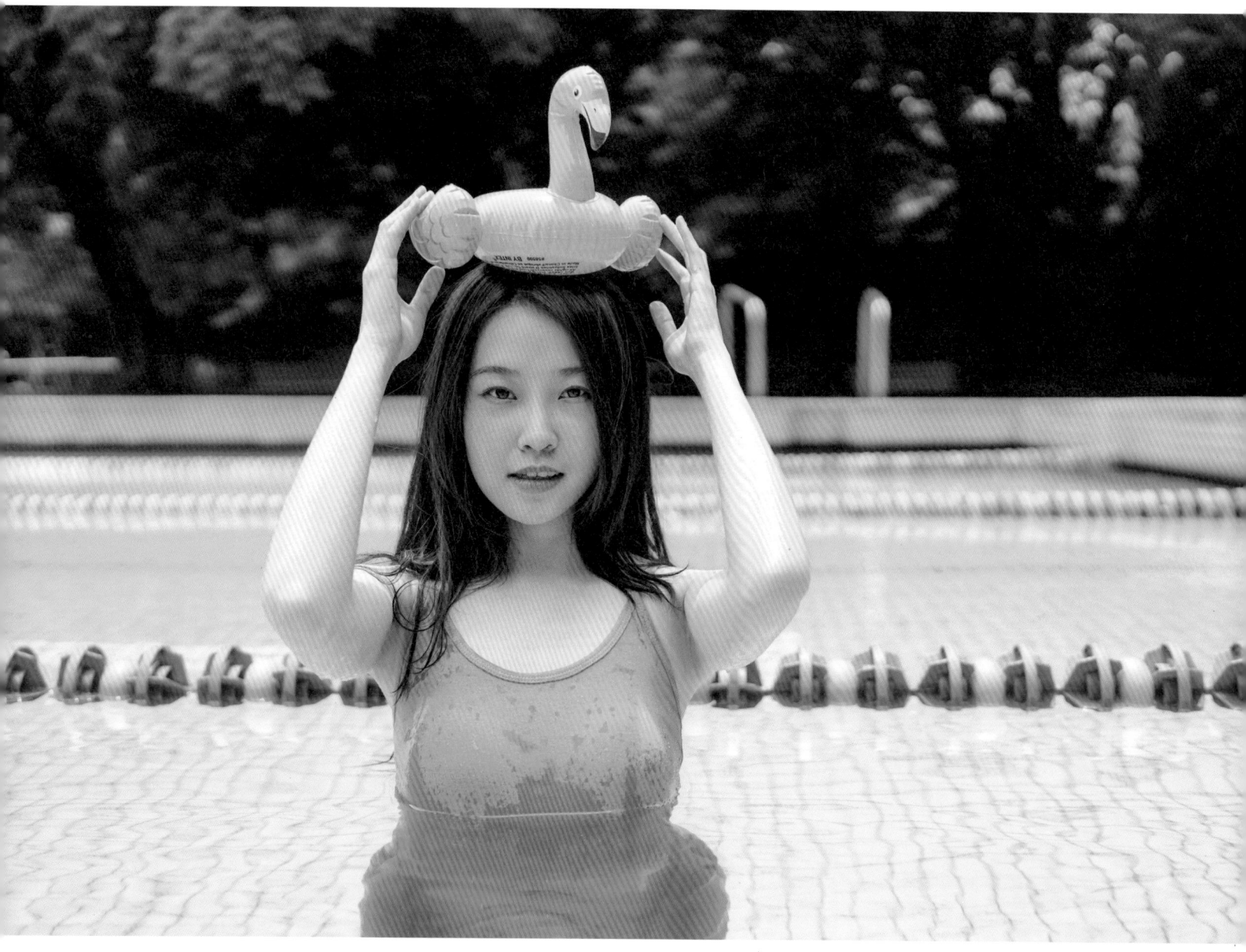

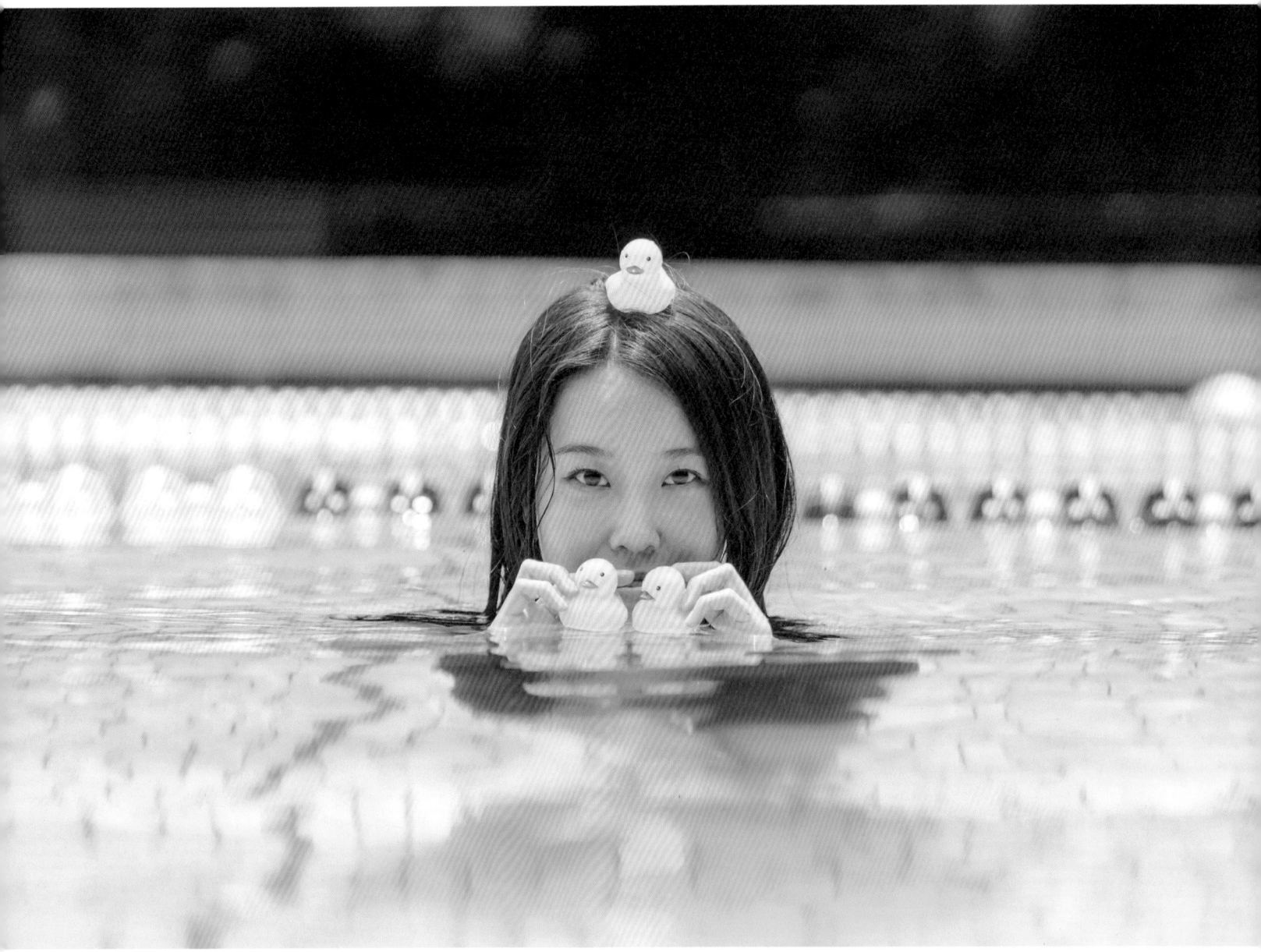

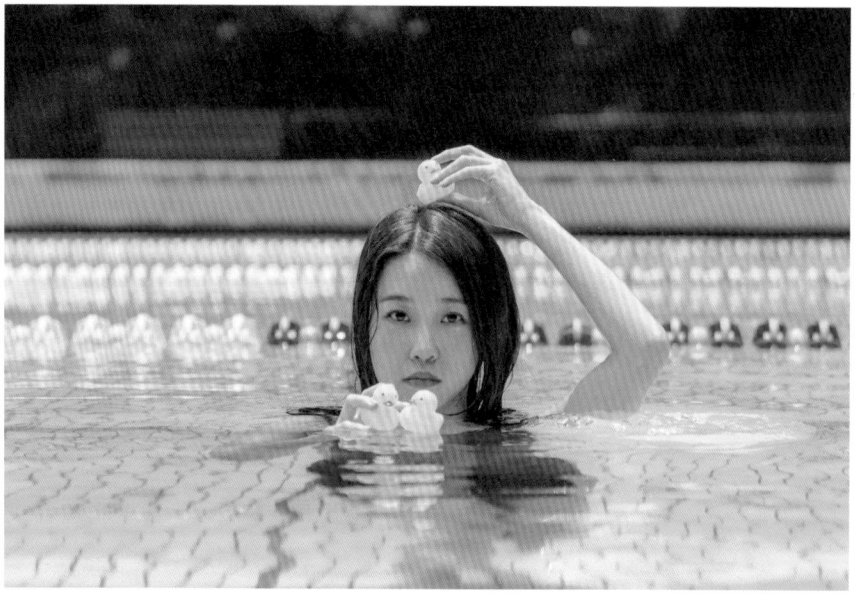

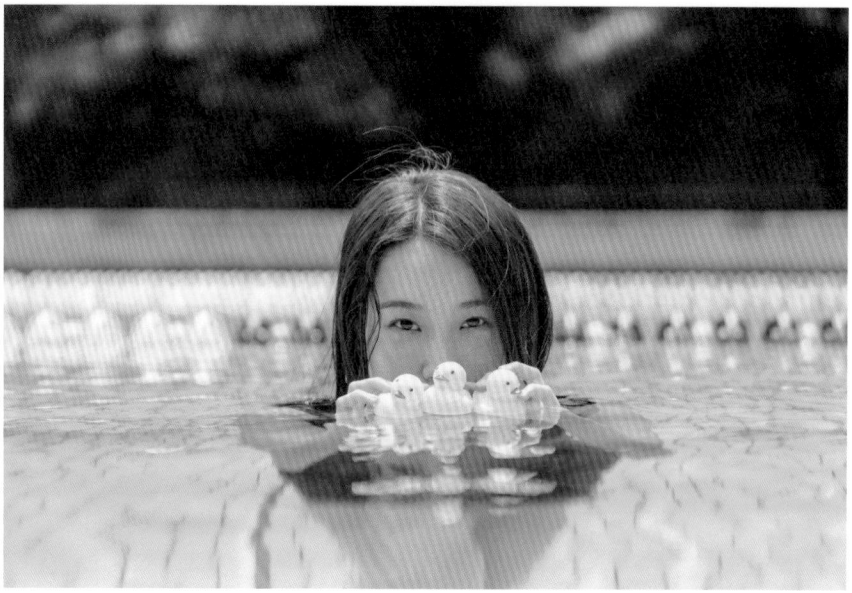

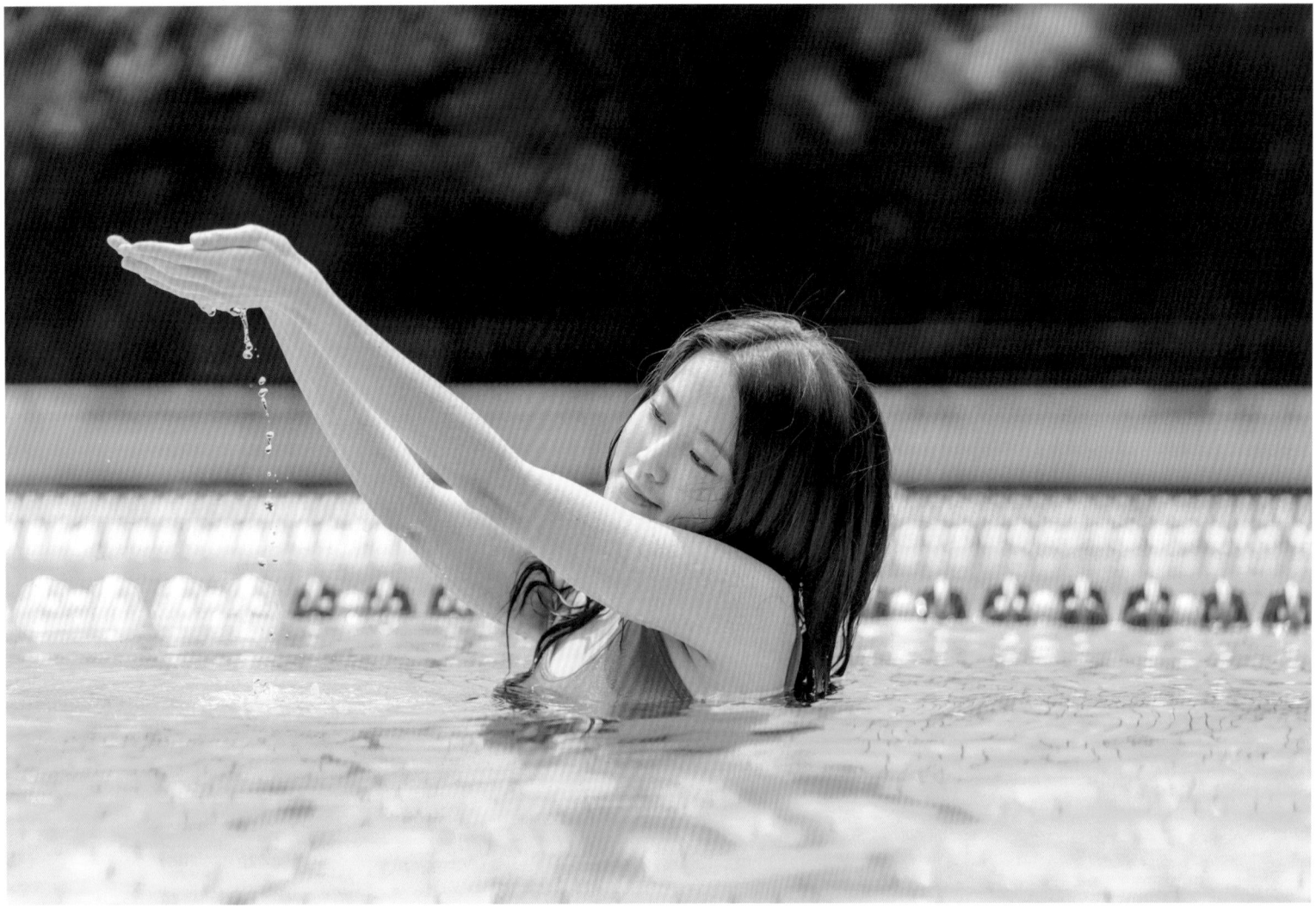

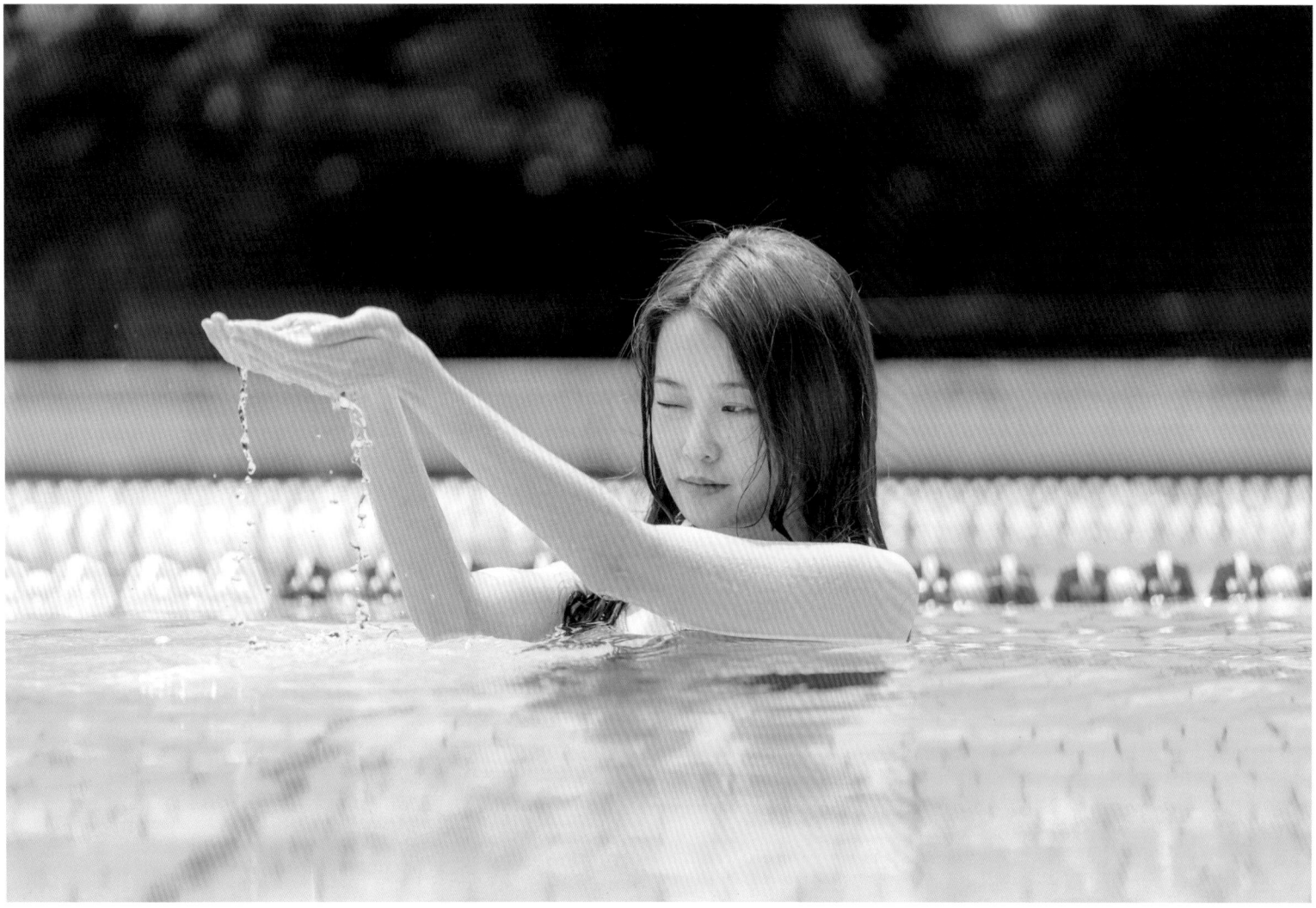

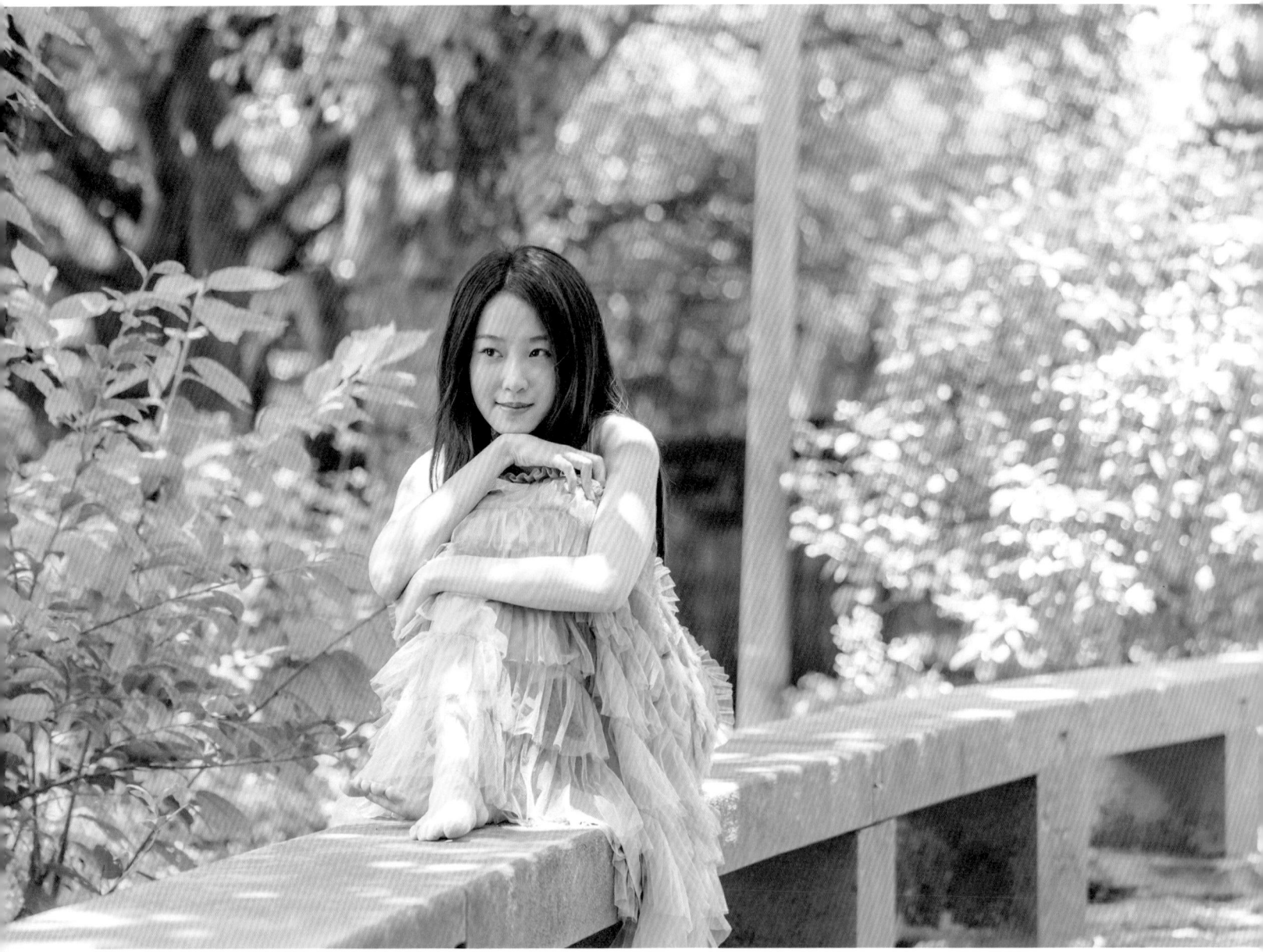

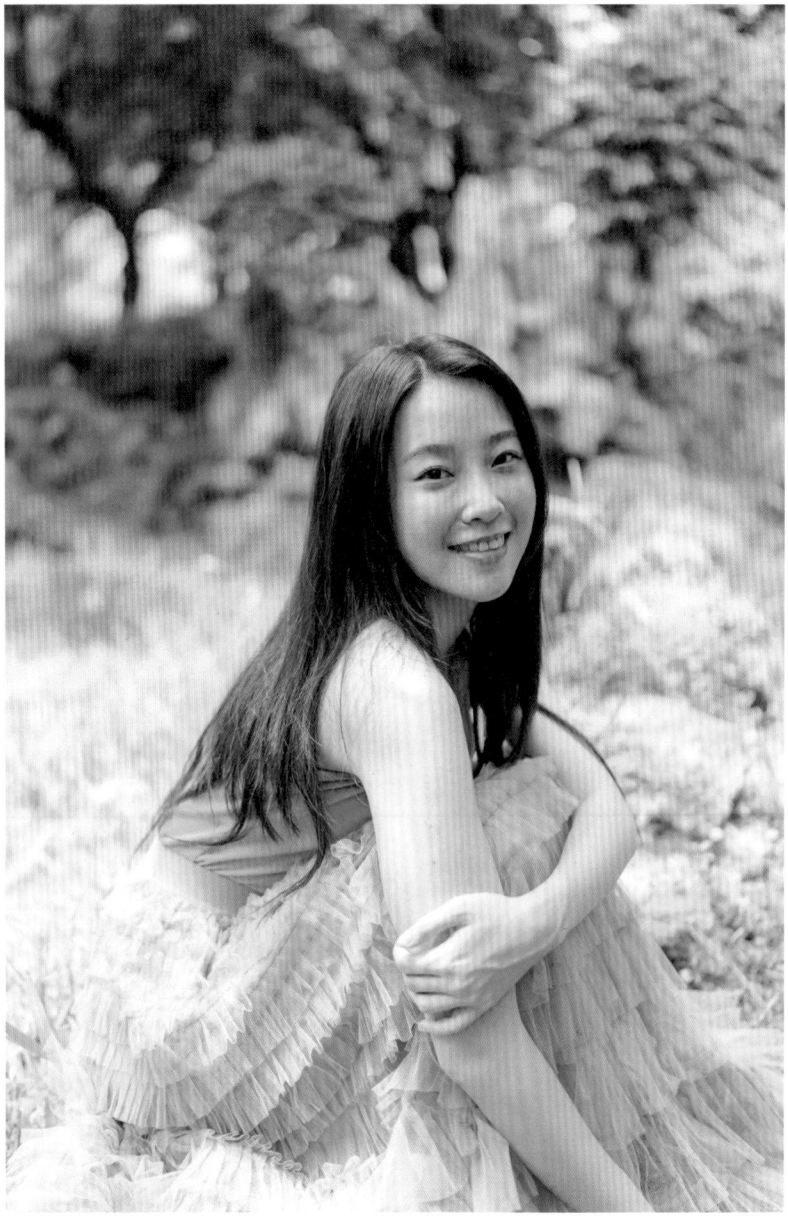

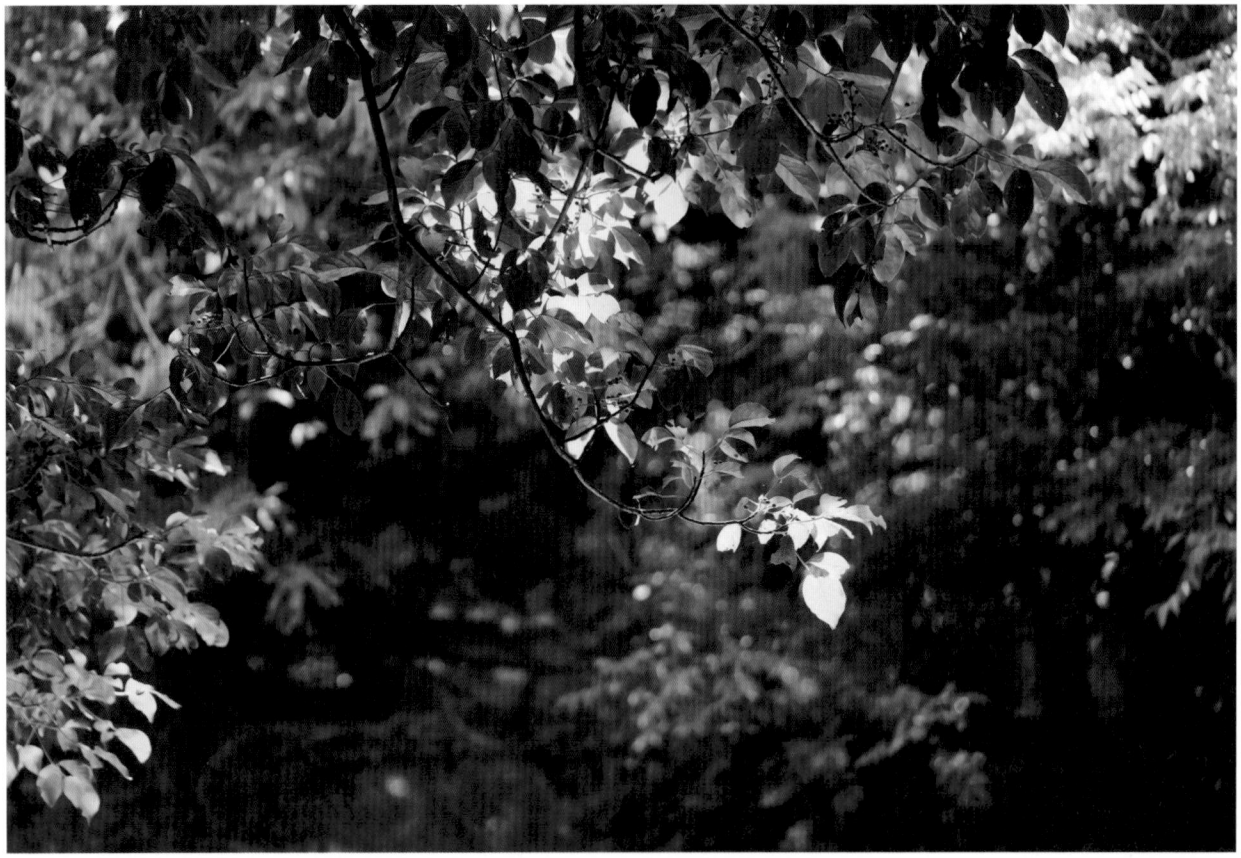

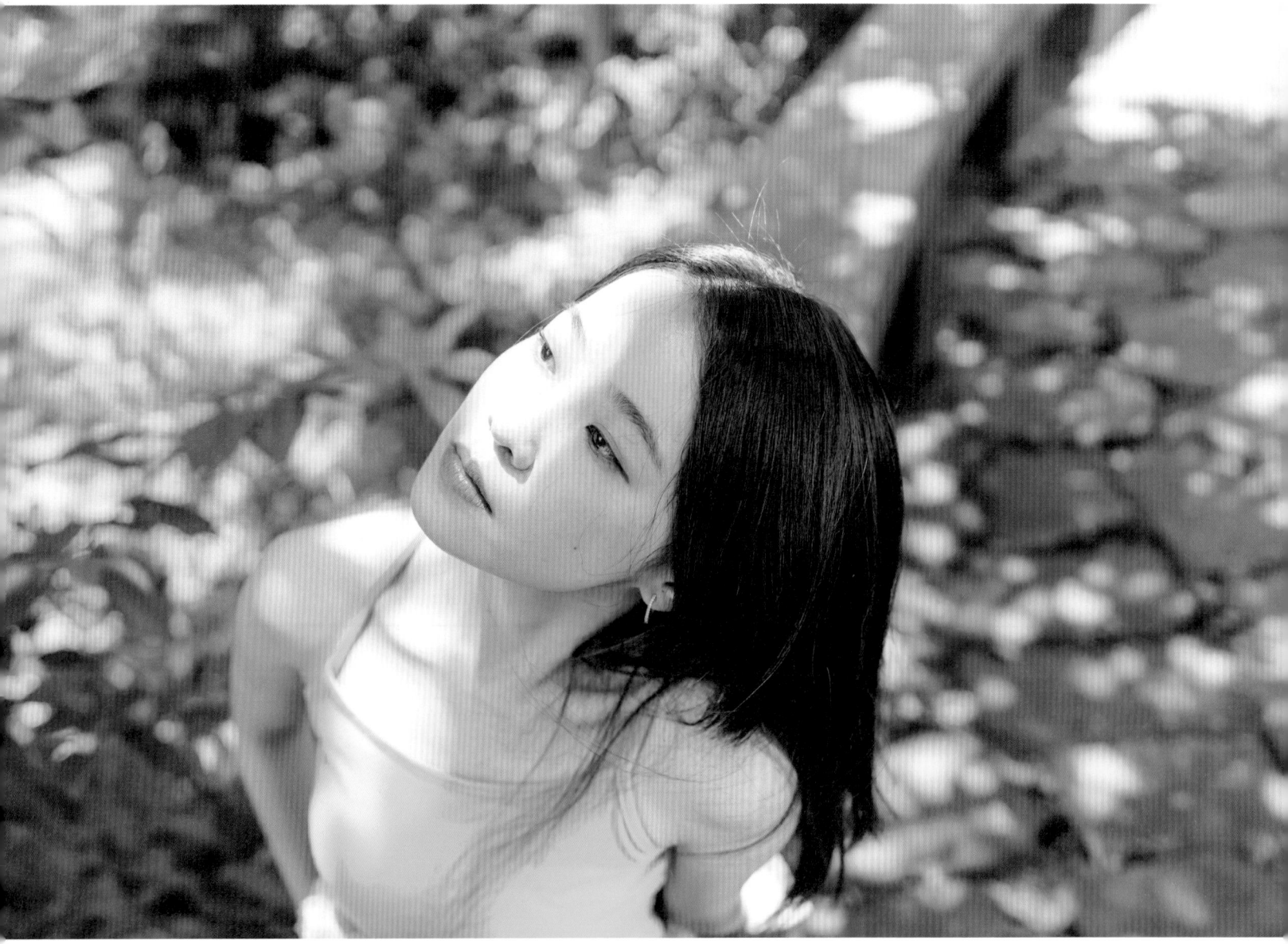

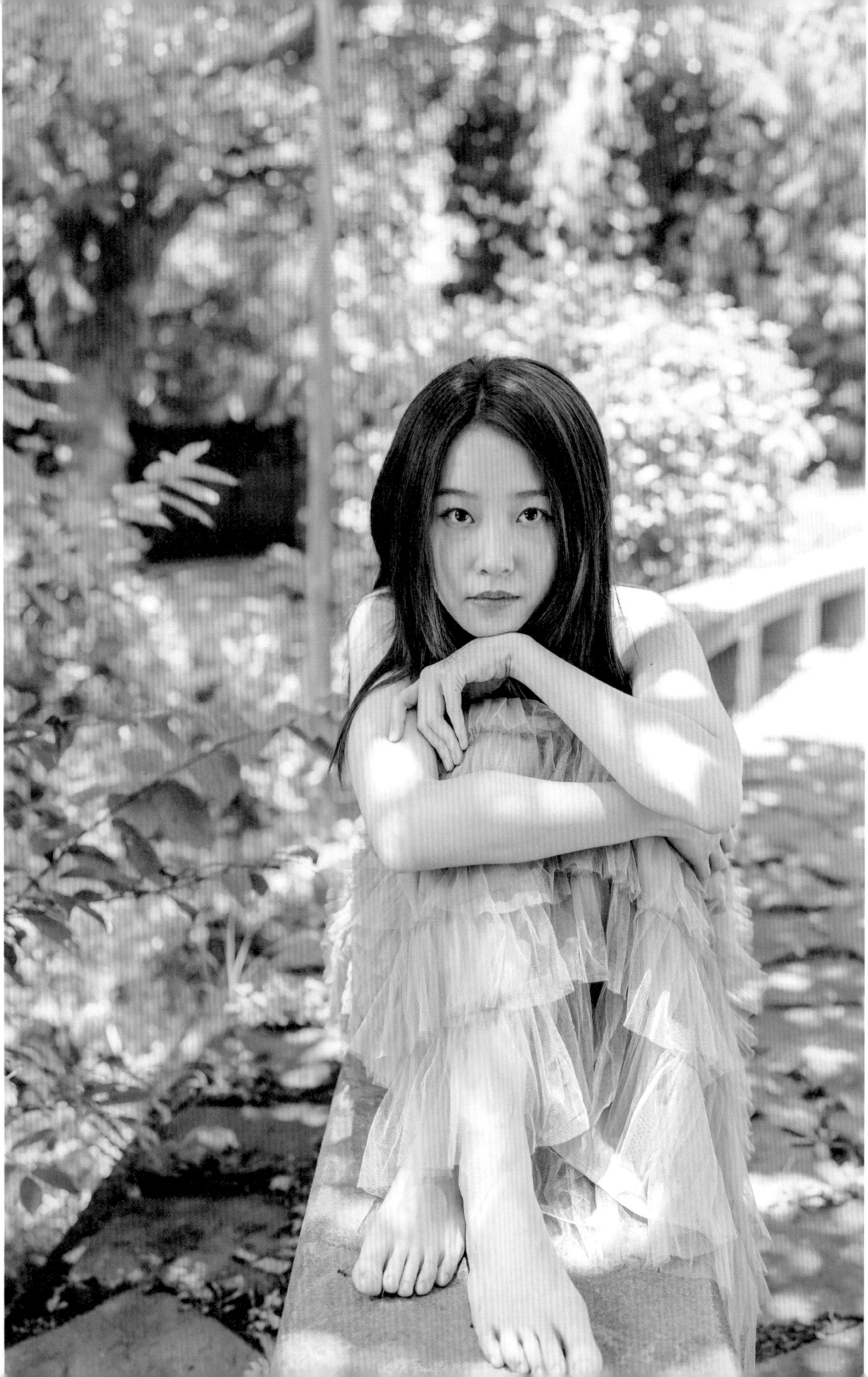

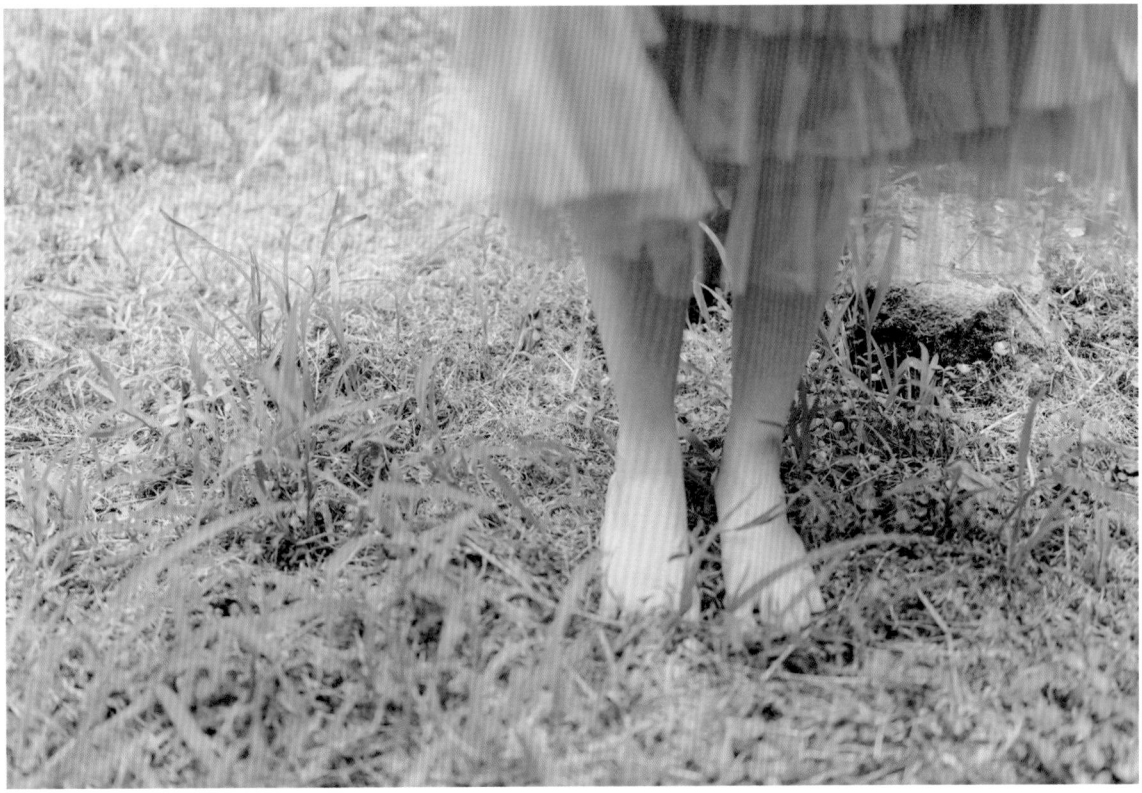

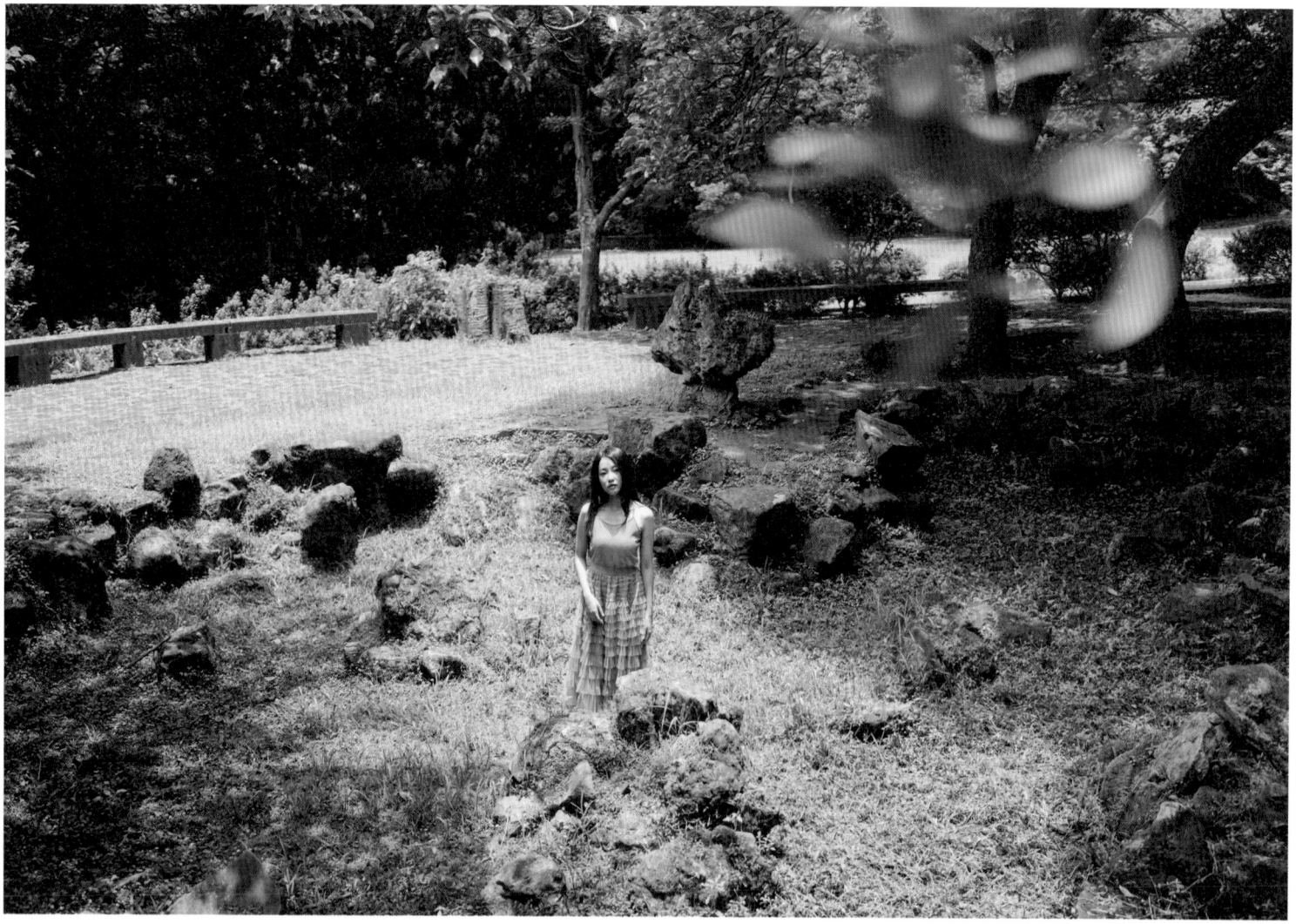

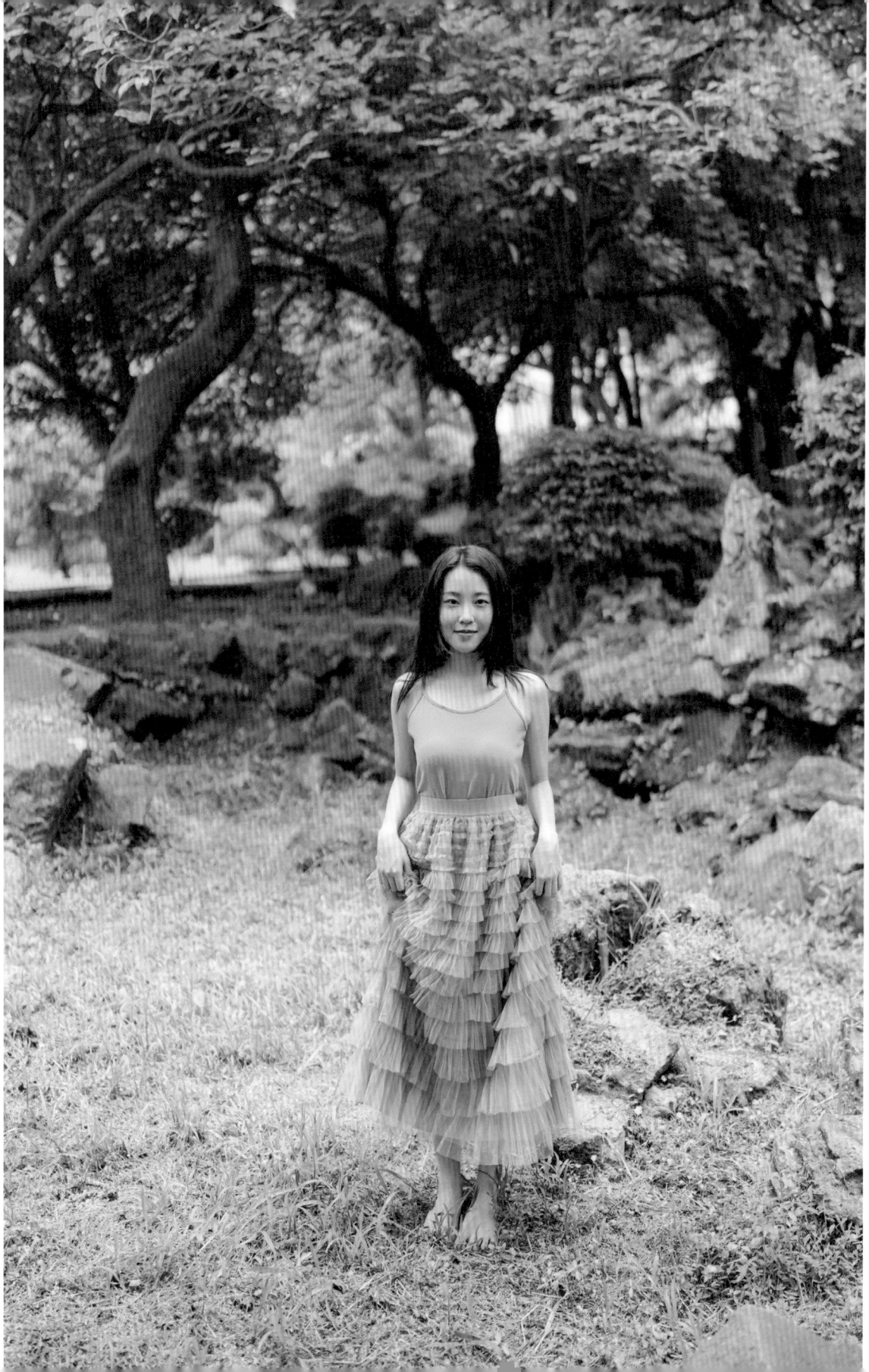

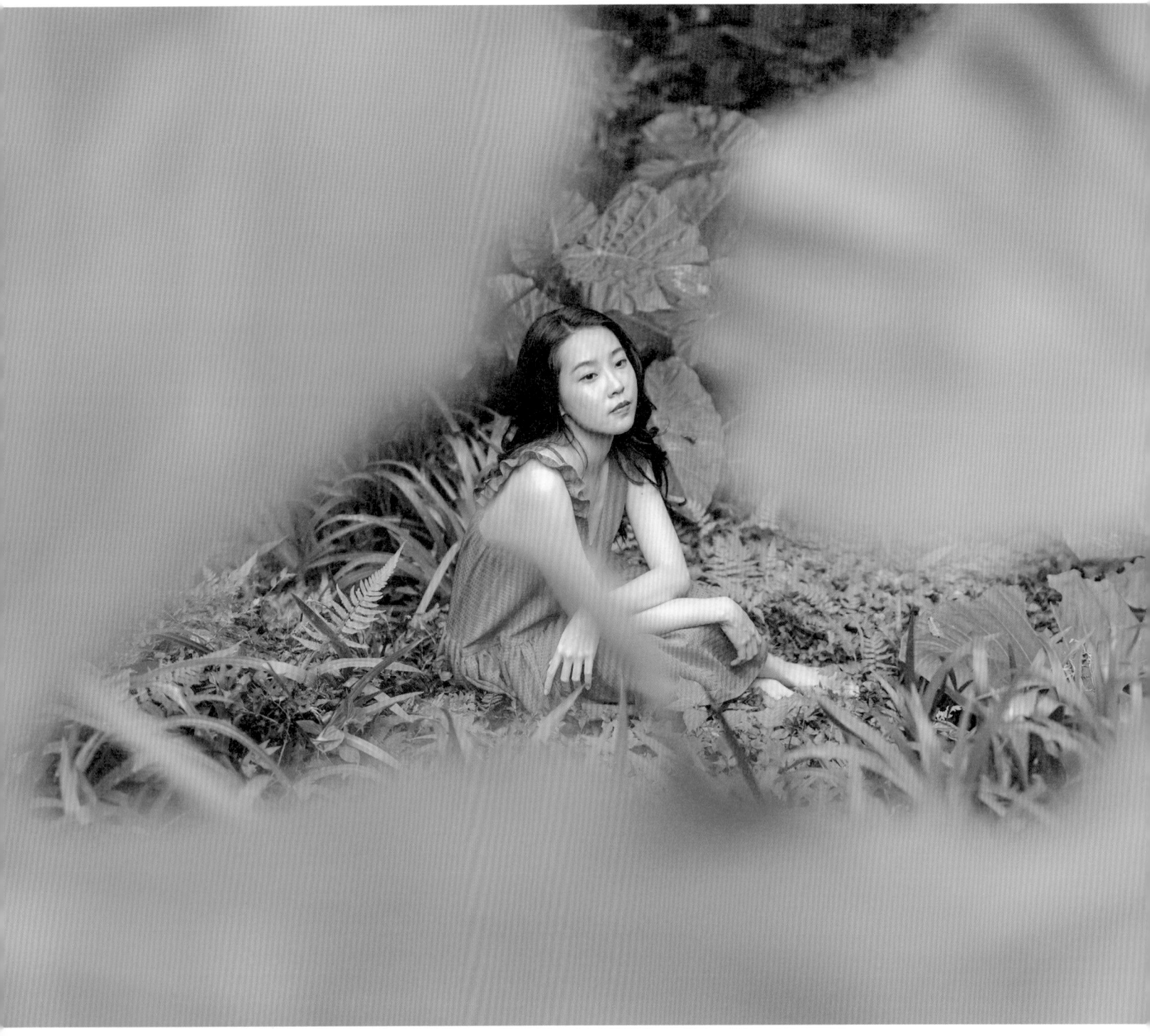

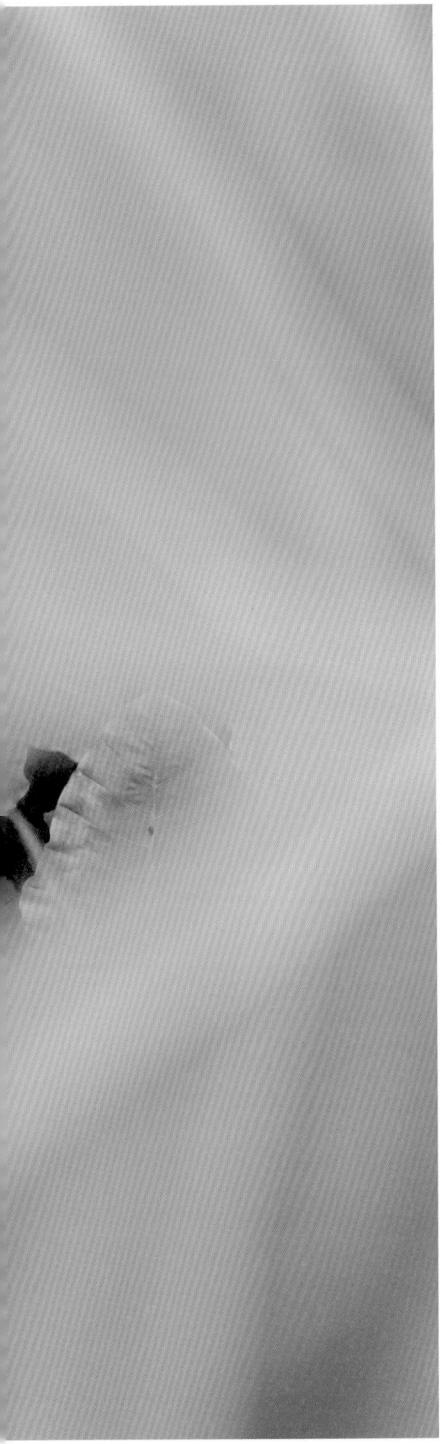

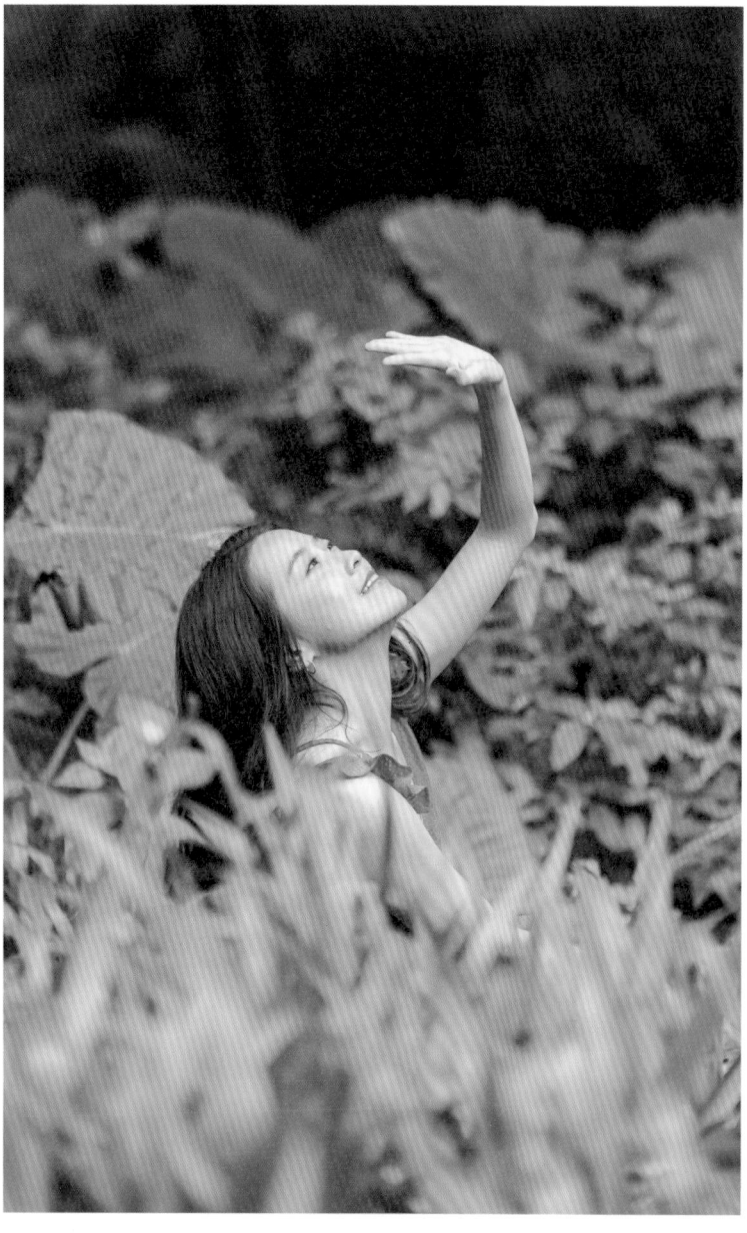

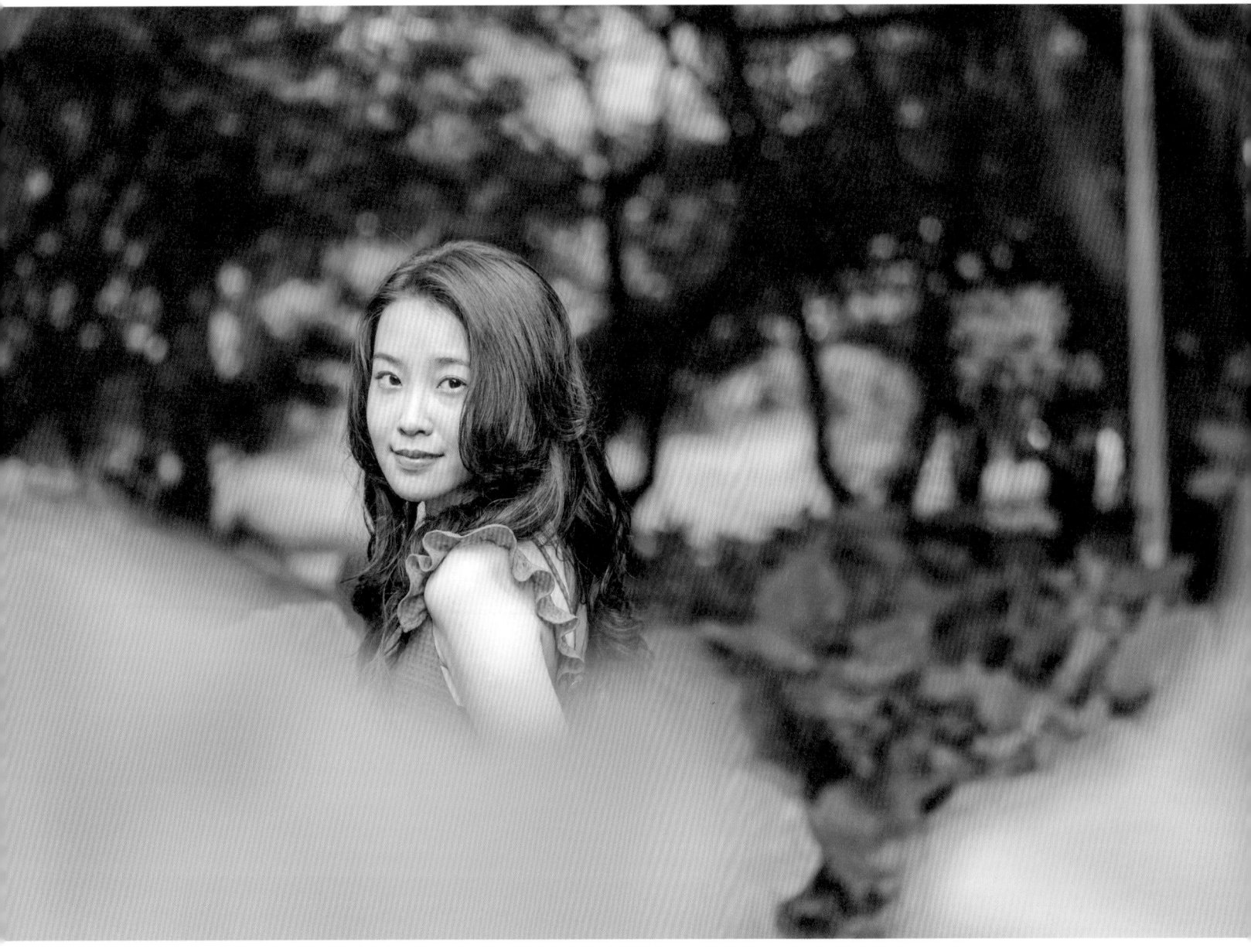

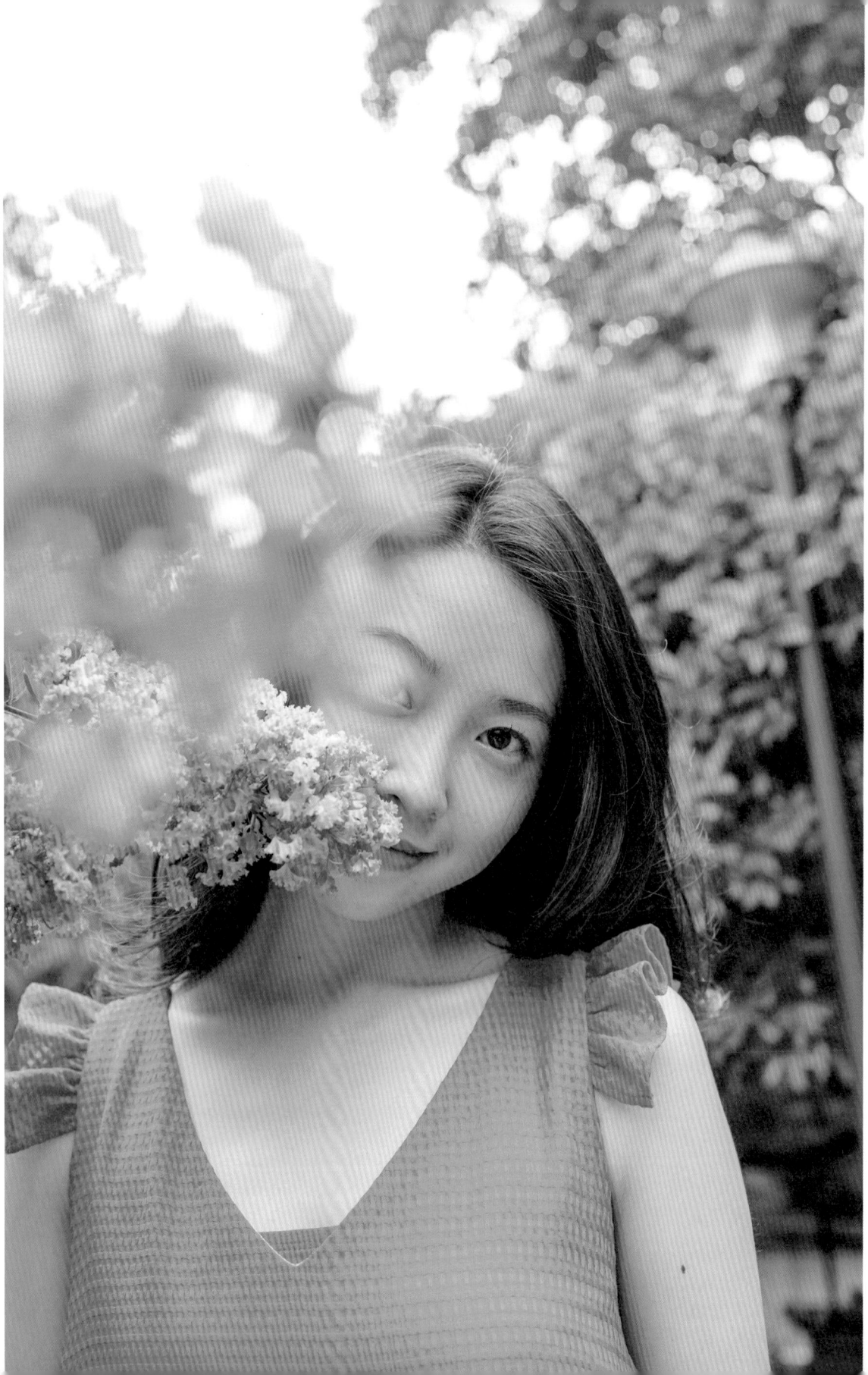

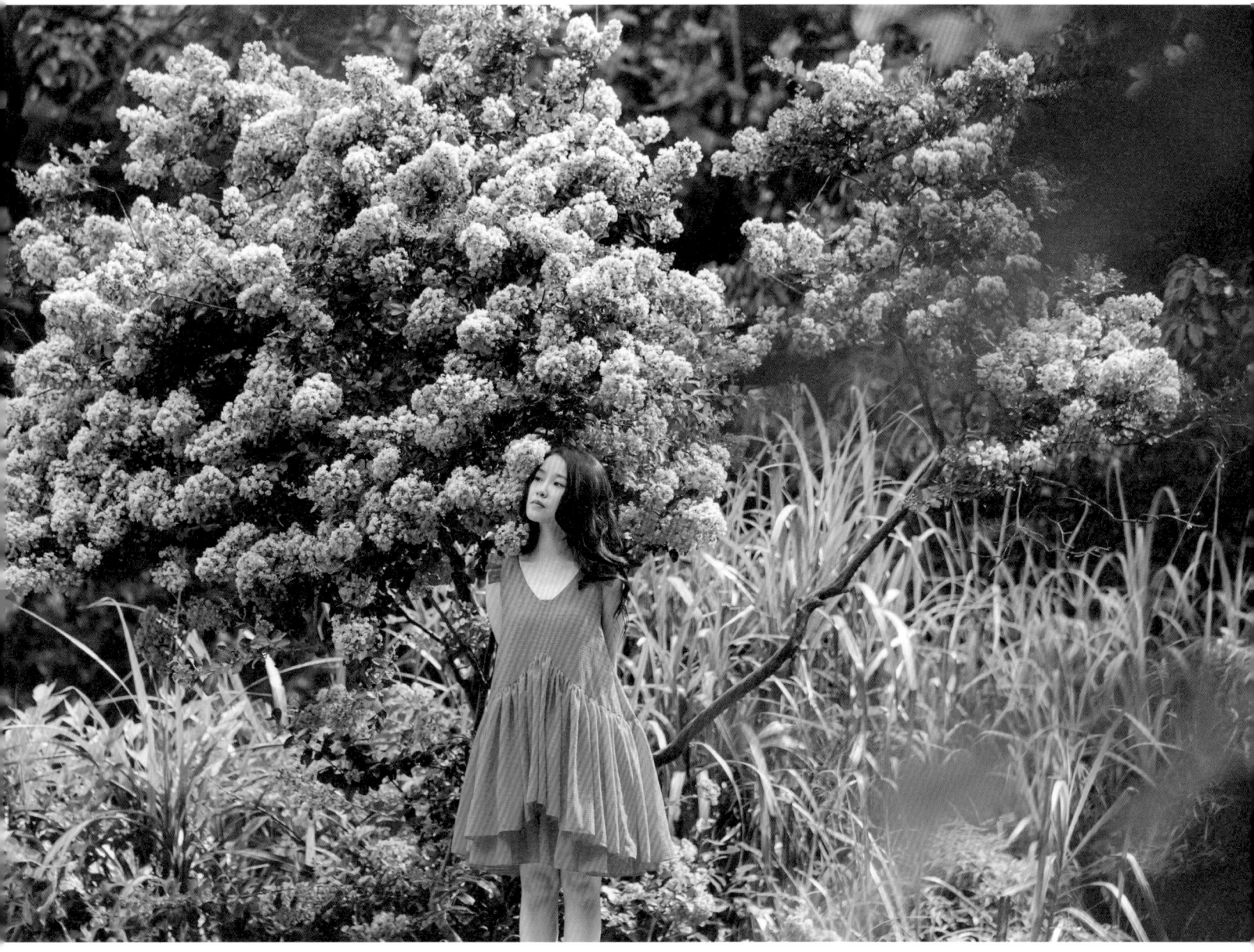

作　　者　陳紫渝
攝 影 師　KRIS KANG

主　　編　蔡月薰
企　　劃　蔡雨庭
美術設計　謝佳穎
內頁編排　楊雅屏

經　　紀　gRANDMISSION 葛稐米遜
髮　　型　郭宏偉
彩　　妝　柯佳妤
造　　型　黃嬿純 / 蔡佳珊
服裝提供　tan tan studio / N.ONE / alufai

總 編 輯　梁芳春
董 事 長　趙政岷
出 版 者　時報文化出版企業股份有限公司
108019 台北市和平西路三段 240 號 7 樓
發行專線　（02）2306-6842
讀者服務專線　0800-231-705、（02）2304-7103
讀者服務傳真　（02）2304-6858
郵　　撥　1934-4724 時報文化出版公司
信　　箱　10899 臺北華江橋郵局第 99 信箱
時報悅讀網　www.readingtimes.com.tw
電子郵件信箱　books@readingtimes.com.tw
法律顧問　理律法律事務所 陳長文律師、李念祖律師
印　　刷　和楹印刷有限公司
I S B N　978-626-374-316-8
初版一刷　2023 年 9 月 22 日
定　　價　新台幣 580 元

版權所有，翻印必究（缺頁或破損的書，請寄回更換）
ISBN | Printed in Taiwan | All right reserved.

時報文化出版公司成立於一九七五年，並於一九九九年股票上櫃公開發行，
於二〇〇八年脫離中時集團非屬旺中，以「尊重智慧與創意的文化事業」為信念。